『学説史』から始める経済学

剰余価値とは何か

大村 泉・宮川 彰・大和田寛 編

八朔社

はじめに

本書の課題と構成

　本書は，マルクス（Karl Marx, 1818-1883）の経済学説に関する入門書です。改めて述べるまでもなく，マルクスの経済学説を代表する作品は『資本論』（全3巻，第1巻「資本の生産過程」（1867），第2巻「資本の流通過程」（1885），第3巻「資本主義的生産の総過程」（1894））です。『資本論』でマルクスは，刻々と様相を変える現実的な社会経済現象の背後にあって，特定の時代の，特定の国や地域の歴史を超える，資本主義経済一般に通じる諸法則の解明に腐心しています。こうした諸法則のなかで，要の位置を占めるのが第1巻で扱われる剰余価値（Mehrwert, surplus-value）の生産と再生産に関わる諸法則です。この剰余価値という範疇は，近代的な賃金労働者とその雇い主である資本家との経済的な利害関係を解明するさい，とりわけ後者による前者の経済的搾取を解明し，資本主義社会における貧富の対立，分配の不平等が生まれる必然性とその根本的な原因を抉り出すさい，決定的に重要となります。本書の課題は，この解明が，マルクス以前の経済学によっていかに準備されたのか，マルクスはそこから何を学び，いかに批判的に再構成したのか，マルクスの剰余価値論の核心は何であり，その現代的意義はどうであるのかを，明らかにすることにあります。本書は，第Ⅰ部「剰余価値論——歴史的系譜」，第Ⅱ部「『資本論』の剰余価値論——その核心・現代的意義」という2部構成です。附論として巻末に「わが国における搾取・貧困告発の先駆者」「学習案内」を置いています。

第Ⅰ部　剰余価値論——歴史的系譜

　剰余価値という範疇を最初に定式化し，その内容を確定したのはマルクスでした。しかしだからといって，マルクスが一人ですべてを成し遂げたわけではありません。これについては，マルクス自身の詳細な研究があります。1862〜1863年に取り組まれた『剰余価値学説史』（原題は「剰余価値に関する諸理論」：Theorien über den Mehrwerth）がそれです。第2次大戦後，1950年代〜1970年代前半までの四半世紀間，わが国では本書に関する要約や入門書が，経済学史関連のテキストとして多数市販されていました。最近でも，経済学史を銘打った大学のテキストであれば，マルクスに一定の紙幅が割かれ，剰余価値への言及がありま

す。けれども，今日では，スミス（Adam Smith, 1723-1790）やリカードウ（David Ricardo, 1772-1823）らマルクスに先行する経済学者が剰余価値という範疇の解明をどのように準備していたのか，その意義と限界はどうであったのかを，主題的に扱ったテキストは，一般の書店では市販されておらず，誰もが簡単に入手できるという状況にはありません。そこで本書の第Ⅰ部には，末永茂喜（1908-1977, 東北大学名誉教授）の『経済学史』（「経済学全書」第2巻，三笠書房，1952）の全文を復刻収録することにし，こうした不都合解消の一助としました。編者が数ある類書のなかで特に末永『経済学史』に着眼したのは，次に述べる『剰余価値学説史』の研究史に関連しています。

　マルクスの『剰余価値学説史』は，『経済学批判』（1861〜1863）草稿の「(5) 剰余価値に関する諸理論」という部分として成立した草稿でしたが，マルクスの生前に公表されることはありませんでした。『資本論』の第2, 3巻をマルクスの遺稿から編集公刊したのはエンゲルス（Friedrich Engels, 1820-1895）でした。『剰余価値学説史』をマルクスの遺稿から最初に公表したのは，エンゲルスの指導を受けたカウツキー（Karl Kautsky, 1854-1938）でした。カウツキーは，1905年に『剰余価値学説史』の第1巻を刊行します。その際，全体のタイトルとして『剰余価値学説史』を，サブタイトルに「カール・マルクスの遺稿『経済学批判』より」を選び，「序文」で，同書は『資本論』の続巻ではなく，1859年に第1分冊が刊行された「『経済学批判』の継続」であり，『資本論』とは「並列」関係にある著作であることを強調しました。マルクス/エンゲルスの生前出版された『資本論』全3巻はいずれもオットー・マイスナー書店から出版されましたが，『剰余価値学説史』は，この間設立されたドイツ社会民主党の党出版社，J. W. Hディーツ社に変更されました。この版本は，ドイツ国内はもちろんのこと，日本を含め，世界各国で広範囲に普及しました。

　その後約50年間，『剰余価値学説史』のドイツ語版本として流通していたのはこの版本だけでした。戦後，旧ソ連，旧東独のマルクス＝レーニン主義研究所が編集した版本がこれに取って代わることになりました（ロシア語版：1954-1961, ドイツ語版：1956-1962）。両研究所は，新しい版本を市場に投入した際，カウツキーが採用したサブタイトルに激しい批判・論難を加えました。両研究所は，カウツキー版『剰余価値学説史』の最大の欠陥は，マルクスが意図し，エンゲルスが実現しようとした構想，すなわち本書を『資本論』第4巻として刊行することを原則的に拒否した点にある，と断じ，研究所の版本のタイトルを『剰余価値学説史』（『資本論』第4巻）とし，『剰余価値学説史』は，マルクスが『資本論』第

1巻初版の序言で予告した，経済学の歴史を扱う『資本論』最終巻に関連する最初で唯一の草稿であったことを強調したのでした。

その後新 MEGA（Marx-Engels-Gsamtausgabe，新『マルクス／エンゲルス全集』全 114 巻，1975 年～，既刊全 55 巻）の刊行が開始され，『剰余価値学説史』を含む全 23 冊のノートからなる『経済学批判』草稿（1861-1863）の全容が 1980 年代に入って初めて明らかになりました。この研究が進む中で，第 1 に，カウツキーが『剰余価値学説史』を最初に公表したとき選んだサブタイトルは，マルクスが生前『資本論』の出版者オットー・マイスナーと結んでいた出版契約に抵触しないようにするために，苦肉の策として付けたものであり，両研究所の批判・論難は失当であったこと，第 2 に，実際には，カウツキー自身はマルクス／エンゲルスの意向を尊重し，彼なりの立場から，本書を『資本論』第 4 巻に相当するものとして編集したので，草稿の構成や内容に相当介入していたこと，両研究所の版本は，草稿の構成や内容に対する介入，削除，改編を原則的に止めたことから，両研究所の版本とカウツキーの版本は，編集された本文テキストに関する限り，いずれもそのサブタイトルあるいはタイトルと矛盾していたことが明らかになりました。

加えて第 3 に，次のように言う必要があります。両研究所の『剰余価値学説史』＝『資本論』第 4 巻説の主たる論拠は，『剰余価値学説史』の成立過程に関する次のような理解でした――『剰余価値学説史』は『資本論』第 1 巻レベルの剰余価値論に関する学説批判史として起筆されたのは確かだが，マルクスは，執筆を進めるなかでその範囲を第 2，第 3 巻で扱われるレベルの剰余価値論に対応する部分にも拡充したのであり，だからこそ，マルクスやエンゲルスはこれを用いて『資本論』の理論的部分に続く学説史的文献的部分を作成することを企図していたのである――。しかし近年，1861～1863 年草稿の全文が新 MEGA に収録され，その編集の誤りが解明されるなかで，こうした両研究所の見解も訂正を余儀なくされています。『剰余価値学説史』が前提にしていたのは，『資本論』第 1 巻の第 2 篇「貨幣の資本への転化」～第 5 篇「絶対的および相対的剰余価値の生産」に対応するマルクス自身の積極的見解だけではありませんでした。マルクスは『剰余価値学説史』部分の起筆に先立って，『資本論』第 3 巻第 1～3 篇の利潤・平均利潤論の骨子も解明していたのです。この限りにおいて，『剰余価値学説史』は起筆時点で既に，こうした詳論及び骨子を基準に，マルクス以前の諸学説を歴史的に回顧する試みとして構想されていたのです。

剰余価値という範疇を最初に定式化し，内容を確定したのはマルクスでした。

マルクスは『剰余価値学説史』で再三再四，利潤や地代が生じるためには，まず剰余価値というものが生産される必要があり，利潤（また利子），および地代は剰余価値から派生する収入形態であって，両者は厳密に区別され，その上で関連づけられなければならない，といっています。ところが，マルクス以前の経済学者は，両者を区別することなく論じ，利潤や地代の法則として剰余価値に固有の法則を考えるという誤りを繰り返していたのでした。こうして剰余価値論史を書こうとすれば，自ずと利潤や地代論史にも踏み込まざるをえない——つまり『資本論』第3巻で扱われる剰余価値の現象諸形態論にも立ち入らざるを得ない——のですが，マルクスは『剰余価値学説史』を執筆する途中でこのことに気がついたのではなく，起筆時点で（それ以前から）既にこのことに十分自覚的でした（以上の詳細は，大村泉『新MEGAと《資本論》の成立』八朔社，1998年，参照）。

　『剰余価値学説史』の要約や入門書が多数市販されていたのは，新MEGAの公刊以前でした。そこではカウツキー版の成立を左右した契約書問題や，『剰余価値学説史』の成立経緯——なかでも『剰余価値学説史』が，利潤に関するマルクスの積極説，すなわち『資本論』第3巻の基礎的部分を前提に，その学説史への適用として成立したこと——は全く考慮されていません。したがって，この時期一番大きな問題になっていたのは，『剰余価値学説史』を整理する際，「『資本論』第4巻」とみて整理するか，それともその最初のタイトルの延長線で『資本論』第1巻レベルの剰余価値論に関する歴史的文献部分として整理するのが妥当であるのかでした。『剰余価値学説史』＝「『資本論』第4巻」説を採る研究者は，『剰余価値学説史』に含まれる経済学批判の諸要素——『剰余価値学説史』では，『経済学批判』第1分冊で扱われている商品論や貨幣論，『資本論』第2巻の資本循環・回転論，第3巻の信用論を除く『資本論』全3巻のほとんどすべての領域に言及があります——，をできる限り同等に扱い，事実上『資本論』全3巻に関する学説史を扱う部分（『資本論』第4巻）として整理し，逆の立場に立つ研究者は，『剰余価値学説史』の論旨を，マルクス以前の剰余価値を範疇の確立・展開を基軸に，事柄の性質上，利潤・地代論史も踏まえて整理します。この結果，例えば，『剰余価値学説史』では，『資本論』第2巻「資本の流通過程」で解明される剰余価値の流通・実現に関する社会的再生産の問題を扱った箇所は，『剰余価値学説史』の本文テキストでは「岐論」と呼ばれていますが，分量的には相当長大であることもあって，前者の立場を取ると本論的に要約され，後者の立場を取ると附論的に要約されます。

　通説（多数説）は前者です。末永の『剰余価値学説史』の整理は明らかに後者

の見地をもっとも徹底したもので，編者らが知る限り，唯一の例外です。編者らが特に末永の著作に着眼したのは，次の2つの理由からです。

　第1は，本書のねらいに関連します。第Ⅰ部の主要課題は，マルクスの剰余価値という範疇が，マルクス以前の経済学者によってどのように準備されていたのか，その意義と限界はどうか，彼らは，なぜ，利潤や地代，あるいは利子と剰余価値とを混同したのか，両者を区別する意義はどこにあるのか，という問題の解明なので，『剰余価値学説史』の論旨を総花的に「『資本論』第4巻」と見る方向で整理すると肝腎の問題が不鮮明になるからです。

　理由の第2は，末永の『剰余価値学説史』の要約の先駆性にあります。末永の著作は「緒論」と本文全3篇8章から成り立ちます。この「緒論」では，マルクス剰余価値論の骨子と共に，マルクスの利潤や地代論の要点が紹介され，続く本論では，これらをマルクス以前の経済学者の見解を引きながら骨太に詳論しています。この末永『経済学史』の構成は，新MEGAの公刊以後に解明された『剰余価値学説史』の成立過程研究の最新の研究成果の核心部分を事実上先取りしているといえなくもありません。確かに，末永の利潤論や地代論史の扱いは，『剰余価値学説史』当該箇所の記述ほど徹底したものではありませんが，基本線は，結果的に，従来の通説よりもはるかに『剰余価値学説史』の成立過程に近似したものになっているのです。末永が『経済学史』を公表した時点では，『剰余価値学説史』の刊本としてはカウツキー版があるだけでした。タイトルはともかく，実際の編集でカウツキーは，カウツキーなりに（エンゲルス生前に，収録すべき箇所などで相当多くの指示を得ていたと思われます）この草稿から，『資本論』第4巻を実現しようとしたために，草稿の執筆順序を入れ替え，削除や術語の変更などテキストに多数の介入が企てていたので，本来の草稿の状態を確認することもきわめて困難であったのです。当時は『剰余価値学説史』の前にマルクスが剰余価値論ばかりか，利潤論の骨子も書いていたということは全く予想だにされない時代でした。

　第Ⅰ部の本文全3篇8章の概要，相互の関連は，復刻部分の「序」および「緒論」を参考にして下さい。末永の著作復刻に際し，原本の縦書きを横書きに変更したほか，使用漢字を当用漢字に改め，明らかな誤植や誤記，校正ミスを訂正しました。またマルクス，エンゲルスやスミス，リカードウの著作邦訳からの引用については，現時点で入手しやすい翻訳書の当該ページを引用文末尾に付記し（引用文の末永原本における翻訳は変更していません），活用の便を図っています。さらに，第Ⅰ部末尾では，末永の生涯と本書が復刻収録した末永『経済学史』誕

生の経緯について述べ，本書の先駆性をカウツキー版『剰余価値学説史』との関連でいま少し立ち入って解明しています（大和田寛「末永茂喜評伝」参照）。

第Ⅱ部 『資本論』の剰余価値論──その核心・現代的意義

　第Ⅱ部は 9 章構成です。これら各章の概要は次の通りです。
　序章　『資本論』執筆当時の労働者の状態　マルクスの剰余価値論は『資本論』第 1 巻によって 1867 年 9 月に公表されました。『資本論』そのものはドイツ語で書かれ，ドイツ・ハンブルクの書籍商，オットー・マイスナー書店から刊行されました。しかし，『資本論』が執筆されたのはマルクスの亡命先，ロンドンにおいてであり，『資本論』で解明された諸法則を例証するために用いられたのは，当時の最先進国，イギリスの事例でした。『資本論』では，こうした事例の多くが，『工場監督官報告書』，『児童労働調査委員会報告書』，『公衆衛生報告書』から引用されています。これは，マルクスが，こうした事例の引証を，できる限り客観的で確実な典拠に基づくものとするために，執筆者の見地が公正明確な公的機関の報告書に求めたからです。前の 2 つの報告書は，当時のイギリスの労働時間や工場内部の様子を活写する際，第 1 巻第 8 章「労働日」，第 13 章「機械と大工業」で活用され，後の 1 つは資本主義の発展と労働者の生活状態との関連を，第 1 巻第 23 章「資本主義的蓄積の一般的法則」で例証するさい用いられています。前の 2 つは，今日でも当時の長時間労働を例示する際，しばしば参照されますが，社会科学の分野で『公衆衛生報告書』が直接参照されることは殆どありません。そこで本書第Ⅱ部の序章では，この報告書に直接遡り，世界の工場と呼ばれ，世界各地に植民地をもち，世界に君臨していた当時のイギリスの労働者の生活状態，その貧困，彼らと当時の資本家（工場主）や地主の経済＝所得格差を考察します。
　本書の第Ⅱ部の序章〜第 8 章で目指したのは，『資本論』第 1 巻「資本の生産過程」の剰余価値論の核心部分を中心に整理要約し，可能な範囲内で現代的な諸問題と適宜結びつけて解説することです。この部分は，第Ⅰ部で復刻した末永茂喜『経済学史』「緒論」と一部重なります。しかし末永の「緒論」は，マルクス価値論には殆ど立ち入らず行論の前提として処理し，剰余価値の 2 形態や資本蓄積と相対的過剰人口の関連も非常に圧縮した説明にとどめています。この第Ⅱ部の本論第 1〜8 章の考察は末永「緒論」を大幅に補正し，末永『経済学史』の本論部分でさまざまな経済学者の見解と対比的に提示されるマルクス剰余価値論の内容を体系的に整理するのに役立つでしょう。
　第 1 章　価値　第 1 章では，マルクスの投下労働価値学説をとりあげ，商品

価値の実体を人間の投下労働に求め，その量を投下労働時間とみなす考え方が，そもそもどのような根拠をもって提示されているのかを明らかにしています。マルクスの価値概念は，スミス，そしてとりわけリカードウのそれを継承発展させたものですが，剰余価値論の直接の前提はこの学説です。

第2章　剰余価値の生成　　第2章では剰余価値が生成するメカニズムを明らかにします。商品をその価値よりも高く売ることによって剰余価値（利潤）は生まれると一般には理解されています。ここではこうした売買差額に剰余価値の源泉を求める俗説は誤りであり，剰余価値はあくまで商品の等価交換を原則に解明されるべきこと，この隘路を突破するのがマルクスの発見した労働力商品の売買であり，この論理によって利潤や地代の共通の実体である剰余価値は，等価交換の法則を侵害することなく生成するのです。

第3章　剰余価値と剰余労働　J. S. ミル，ディルク　　第3章では，J. S. ミルとディルクの剰余価値論を取り上げます。剰余価値の源泉は剰余労働です。リカードウら古典派経済学はこの剰余労働が一定の強制関係があって初めて生成するということに全く無関心でした。リカードウ自身は剰余価値の源泉問題を直視したことがなかったのです。その結果，彼の衣鉢を継ごうとした J. S. ミルがどんなに不合理な解説を源泉問題ですることになったのか，第3章の前半はこの問題を扱います。後半は，マルクスに先行して剰余価値の源泉を剰余労働にあると喝破したディルクを取り上げ，マルクスが激賞した彼の箴言「富とは自由にできる時間であってそれ以外の何ものでもない」の含意を探ります。この章は，第Ⅱ部第2章および第Ⅰ部を補完します。

第4章　労働日と剰余価値　　この第4章でいう「労働日」(Arbeitstag, working day) とは一日の労働時間のことです。この「労働日」はどのようにして決まるのか？　マルクスは『資本論』第8章「労働日」で，この問題は，「ピールの有名な質問『一ポンドとは何か？』よりもはるかに重要」だと言っています。この章ではこの問題の原理的な解明に続け，イギリスで標準労働日が制定される過程について経過を追い，教訓を引き出します。

第5章　労働生産力の発展と剰余価値　　第5章では，資本主義の下での生産力の増大と剰余価値生産との関係が明らかにされます。マルクスは『資本論』第1巻第13章「機械と大工業」の冒頭段落で，J. S. ミルの『経済学原理』から「これまでに行われたすべての機械的発明が，どの人間の労苦を軽くしたかどうかは疑わしい」を引いた上で，すぐに続けて「とはいえ，そのようなことは，資本主義的に使用される機械の目的では決してない」と皮肉たっぷりにコメントし，さ

らに注記して「ミルは『ほかの人々の労働によって養われていないどの人間かの』というべきだったろう。というのは，機械が上流の怠けものの数を非常に増やしたことは疑問の余地がないからである」としています。この章では，機械などによる労働生産力の発展が剰余価値生産に及ぼす影響を詳論し，このマルクスのコメントの意味を考えます。

　第6章　労賃　　第6章は次のような問題を取り上げます。労賃＝「労働の価値または価格」。これは常識的な労賃の定義です。この定義の前提は，労働者が資本家に販売する商品は「労働」であり，労働者は資本家に彼の8時間なら8時間の生きた労働を販売していて，この生きた「8時間の労働の価値または価格」が労賃であって，それが1万円なら1時間の「労働の価値または価格」は1250円です。第6章は，こうした日常的な術語法が，価値法則と両立するのかどうかを問い，こうした術語法を無批判的に経済学に持ち込んだリカードウ学派は，学派としての解体を余儀なくされたこと，「労働」商品の売買論は，剰余価値の源泉が剰余労働にあること，資本主義社会における資本家の賃金労働者に対する搾取の問題を隠蔽することを明らかにします。

　第7章　資本蓄積と分配問題の原理的解明　　第7章では，剰余価値が個人的に消費されて食いつぶされる場合（単純再生産）であれ，生産拡大に振り向けられる場合（蓄積）であれ，剰余価値の所有・取得の行方をつきとめる問題として，資本主義的富の取得法則をめぐる問題が扱われます。いうまでもなく財産関係は経済的物質的利害対立がむき出しにぶつかりあう場です。だれにとっても切実で大きな関心の的でしょう。現代社会の経済的富を生み出しているのはいったいだれか，そしてその生み出された成果を摘み取ってわがものにするのはだれか，そうした財産の取得がどのような法則的な仕組みやからくりで繰り広げられるのか，ここでは資本主義の下での分配不平等の必然性が原理的に明らかにされます。

　第8章　資本主義的蓄積の一般的法則と現代社会　　第8章では，次のような問題が取り上げられます。スミスは『国富論』で，下層階級（労働者）が貧困から逃れることができるのは，唯一，社会の富が富裕になるとき，すなわち資本の蓄積が促進され，資本主義的生産が加速度的に発展する場合である，と述べました。こうした主張にマルクスは早くから批判的でした。例えば『経済学＝哲学手稿』(1844)で，マルクスは，そのような場合においても，働き過ぎと早死に，機械への転落，彼に面と向かって無気味に蓄積されていく資本の奴隷，新しい競争，労働者たちの一部の餓死または乞食状態が不可避である，としたのでした。この第8章では，『資本論』第1巻第23章で解明される「資本主義的蓄積の一般的法

則」を取り上げ，この法則を簡潔に紹介すると共に，この法則が21世紀の現代社会の貧困解明にも有効であることを明らかにします。

コラム，搾取・貧困告発の先駆者，学習案内　第Ⅱ部では，以上9つの章に適宜コラムを配し，本論の補完に努めています。第8章の直後に「搾取・貧困告発の先駆者」と「学習案内」を置きました。前者では，官憲の激しい弾圧の中，身命を賭して搾取・貧困問題が早急に解決すべき社会問題であることを告発した先駆者，河上肇と小林多喜二の略歴と主著を紹介しています。

後者の「学習案内」には「インターネットでマルクスを学ぶ」「文献リスト」を収め，マルクスを学ぶためのインターネット情報と本書の理解を深めるための原典，関連図書を紹介しています。インターネットには多数のマルクス・エンゲルス関係の資料があります。第一次文献となるマルクス・エンゲルスの代表的なものは主要な外国語で読むことができます。また，CD-ROMなどによって全集や関連資料を参照できます。さらにここでは，マルクスを学ぶために必要な経済学説の資料についても触れているので，経済学全般の理解に役立てることができます。

本書に末永茂喜著『経済学史』を復刻収録するに際し，故末永茂喜東北大学名誉教授ご令室の末永よし様，ご子息の末永顕二様，ご息女の古家潤様からご快諾を頂くことができました。記して感謝の意を表します。

2009年2月8日

編者識

目　次

はじめに

第Ⅰ部　剰余価値論──歴史的系譜

はしがき ……………………………………………………… 3
　緒　論 …………………………………………………… 4
第1篇　いわゆる経済学者 ………………………………… 17
　第1章　ステュアート …………………………………… 17
　第2章　重農学派 ………………………………………… 28
　第3章　アダム・スミス ………………………………… 45
　第4章　リカードウ ……………………………………… 63
　第5章　マルサス ………………………………………… 86
　第6章　ジェイムズ・ミル ……………………………… 92

第2篇　プロレタリア的反対論者 ………………………… 97
　第7章　ホジスキン ……………………………………… 97

第3篇　歴史性の発見 ……………………………………… 109
　第8章　ジョーンズ ……………………………………… 109

末永茂喜評伝 ………………………………………………… 122

第Ⅱ部 『資本論』の剰余価値論――その核心・現代的意義

序　章　『資本論』執筆当時の労働者の状態 ………………… 136
　　　　――19世紀中葉，イギリスにおける格差社会――
第1章　価　　値 ……………………………………………… 148
第2章　剰余価値の生成 ……………………………………… 159
第3章　剰余価値と剰余労働　J.S.ミル，ディルク ………… 167
第4章　労働日と剰余価値の生産 …………………………… 186
第5章　生産力の発展と剰余価値 …………………………… 194
第6章　労　　賃 ……………………………………………… 207
第7章　資本蓄積と分配問題の原理的解明 ………………… 214
第8章　資本主義的蓄積の一般的法則と現代社会 ………… 225

〈わが国における搾取・貧困告発の先駆者〉 ………………… 236
　　河上肇の生涯と『貧乏物語』 …………………………… 236
　　小林多喜二とその作品 …………………………………… 241

〈学習案内〉 ……………………………………………………… 244
　　インターネットで学ぶマルクス ………………………… 244
　　マルクス／エンゲルス文献 ……………………………… 257

参考文献一覧

〈コラム〉
①イギリスの度量・通貨単位について　146　　②政治経済学　150　　③トヨタ生産方式の特徴とは？　172　　④三六協定　183　　⑤レナード・ホーナー　192

第Ⅰ部　剰余価値論
——歴史的系譜——

［復刻・末永茂喜『経済学史』(「経済学全書」第 2 巻, 三笠書房, 1952 年)］

凡　例

　本書に末永茂喜『経済学史』(「経済学全書」第2巻，三笠書房，1952)を，復刻収録するに際し，以下の方針にもとづいて，いくつかの改訂・補訂を試みた。

1　旧字体は新字体に，旧かなづかいは新かなづかいに改めた。また，当用漢字以外の漢字で読みにくいものは，ひらかな表記に改めた。
2　いまではあまり使われない漢語表現で，近似の漢語表現に改めたものがある。
　　　　例) 闡明 → 解明，捷径 → 近道
3　人名のカタカナ表記は，最近使われている表現に統一した。
　　　　例) リカアドウ → リカードウ，フィズィオクラート → フィジオクラート
4　引用文献・参照文献については，現在入手しやすいものを[　]で補った。その際，岩波書店の岩波文庫，大月書店の国民文庫，日本評論社の世界古典文庫については，出版社名を省略して，文庫名だけを記載した。
　なお，下記に示す『剰余価値学説史』以外のマルクス・エンゲルスの引用については，ディーツ版の Karl Marx・Friedrich Engels Werke で補い，そのページを示し，例えば，[MEW, Bd.13, S.133.] のようにして示した。これは，その日本語訳であるいわゆる大月書店版『マルクス・エンゲルス全集』には，ディーツ版のページが示されていて，参照が容易だからである。加えて身近な文庫本も挙げておいた。
5　本書に頻出する『剰余価値学説史』の引用は，いわゆるカウツキー版 Theorien über den Merhwert, Aus den nachgelassenen Maniskript "Zur Kritik der politischen Ökonomic" von Karl Marx herausgegeben vom Karl Kautsky 1905-1910, である。これは，4冊本(第1巻，第2巻第1分冊，同第2分冊，第3巻)からなっているが，その日本語訳は，戦前のいわゆる改造社版『マルクス・エンゲルス全集』の第8巻-第11巻(1929-1931年)である。訳者はそれぞれ，第1巻(改造版『マルクス・エンゲルス全集』第8巻，以下同様)向坂逸郎，第2巻第1分冊(全集第9巻)大森義太郎，同第2分冊(全集10巻)猪俣津南雄，第3巻(全集第11巻)林要，榎本謙輔，後藤信夫，である。

　末永原本では上記の記述を，引用ごとに行なっているが，ここでは，Th.I, S.222.(第2巻第2分冊の場合は，Th.2-2, S.222.)のように略記する。なお，現在流布している剰余価値学説史の原本は，カウツキー版ではないが，参照の便を図るために，上記 MEW 版の3冊本(第26巻第I分冊，第2分冊，第3分冊)の当該箇所を，[MEW, Bd.26-1, S.133.] として補う。

はしがき

　私は，この小著において，『剰余価値』という範疇が，マルクス以前のイギリスおよびフランスの経済学者たちによってどのように解明され準備されてきたか，その跡をたどってみようと思う。

　私も，最初は一般的な経済学史を書いてみようかと思って，事実しばらくはその準備を進めたのであるが，しかし一方から言えば，剰余価値という範疇は，それによって商品や貨幣が単なる商品，単なる貨幣に終らないで資本となるところのもの，それによって資本制生産がはじめて成立するところのものとして，経済学が資本制生産の説明を使命とするかぎり，それにとって非常に重要な，基礎的な範疇であり，価値の理論にとっても労働者の剰余労働あるいはその生産物が商品形態を通して生産手段を所有する人たちの収入となる関係を適切に説明しうるか否かということが試金石となるほどであるから，ある意味からいえば，この方が却って有意義ではないかと考えて，これにしたのである。

　しかし剰余価値という概念が分析され解明されてきた過程を研究したものとしては，すでにマルクスの綿密な『剰余価値学説史』がある。そこで私はこの小著でそれの私なりの解釈を書いてみた。ただこの『剰余価値学説史』という本は，分量からいってもそうであるが，特にその内容からいって実に大変な本である。少くともそれは私にとっては非常に難解な本で，今でもまだこの箇所はこのように解釈してよいのかと疑問に思うところが少くない。もしもこの小著がともかくもそれの簡単な解説たることに成功したとすれば，私として望外の幸いである。

　私は，この小著を書き上げてみて，自分でも満足できない点がはなはだ多い。知らず識らずのうちにおかしている誤りは，なおさら多いであろう。この方面の研究に興味を持たれる方々の御教示を仰いで，改善してゆきたいと思っている。

　この小著を書くに際しては，多数の先輩友人諸氏の御世話になったが，特に京都大学の豊崎稔教授と三笠書房編集部の小池喜孝氏には非常に御世話になった。ここに記して厚く御礼を申上げる。

緒　　論

1

　私は，この小著で，『剰余価値』という範疇がイギリスおよびフランスのいわゆる古典派経済学においていかに分析されてきたか，その跡を簡単に辿って見ようと思う。剰余価値という範疇は，ここで私が改めて述べるまでもなく，マルクスの研究思索によって，資本家と労働者との間の関係を規定する一般的基本的な範疇であることが明らかにされ，経済学のもっとも重要な範疇となったものであるが，それは，マルクスひとりの力によって一挙に発見され完成されたものではなくて，スミス，リカードウ，ホジスキン，ジョーンズというような，マルクス以前のイギリス，フランスの経済学者たちの手でそのそれぞれの側面が明らかにされ，最後にマルクスによって剰余価値という範疇に仕上げられたものであった。もっともスミス，リカードウ等によって明らかにされたそれぞれの側面がマルクスによって取り上げられ，剰余価値という範疇に仕上げられたという場合，それらの側面は，もちろん，ただ単に拾い上げられて集大成されたというばかりではなかった。それは，それぞれがもつ深い意味が明らかにされ，その深い意味にしたがって統一されて，それによって資本制生産の基礎の全体が統一的に理解されるようになったものであって，この点におけるマルクスの功績は非常に重要なものと言わなければならないものであるが，しかしそれはともかく，剰余価値というものをわれわれが理解するための材料が，漸次，マルクス以前の経済学者の手で準備されてきたことは，事実であった。この剰余価値のそれぞれの側面あるいは性質がマルクス以前の経済学者の手で，マルクスに到るまでのあいだにどのように解明され報告され理論化されてきたか，その跡を辿ってみよう——というのが，この小著で私が計画していることである。

　このような研究は，少くとも私たちの剰余価値というものに対する理解を深くし，広くし，かつ確かなものとしてくれるであろう。私たちが今日剰余価値について知ろうとする場合，私たちにとっては，結局においてマルクスの学説に賛成することができるか否かにかかわらず，マルクスが書いたもの，特に『資本論』

を繙読するのがもちろん一番の近道である。近道であるというよりも，むしろそれが正道であって，マルクスが20年以上にもわたってスミス，リカードウ等々の学説を研究し思索した跡を，いま一度私たちがマルクスから独立してやり直すということは，もしも剰余価値という範疇の解明ということが目的であるならば，考えのない迂路であるという以上に，邪道であろう。剰余価値というものの種々なる側面が，マルクスに到るまでのあいだに，古典派に属する経済学者たちの手で明らかにされてきたその跡を，今日において私たちが辿ってみることは，マルクスから独立して剰余価値の理論をいま一度作り上げることが，その目的ではない。私たちは，むしろ思わぬ誤解をしていた場合にそれを是正し，私たちの剰余価値に関する理解を深め，確めてくれることを，それに期待すべきである。

　しかしこのような剰余価値に関する学説の発達史については，実はマルクスの非常に詳細な研究がある。マルクスが1861年から1863年にかけて書いた草稿の一部をカウツキーが編纂して，1905-1910年の間に出版した『剰余価値学説史(Theorien über den Mehrwert. Aus dem nachgelassenen Manuskript "Zur Kritik der politischen Ökonomie" von Karl Marx herausgegeben von Karl Kautsky)』がそれである。もっともこの『剰余価値学説史』を，上に記したような剰余価値に関する学説のみの歴史と解することに対しては異論があって，それは，そうではなくて，むしろマルクスが『資本論』第1巻第1版の序文のなかで予告しているところの，経済学史を取扱うという『資本論』の第4部に当るものであると解釈されている。私は，この問題については以前に書いたことがあるので，いまここでは立ち入らないことにするが，しかし私はいまだにこの解釈に承服することができないので，この本をそういうものとして，この小著を，それの私なりの解釈にして見たいと思う。

　『剰余価値学説史』を解説した著書としては，すでに森戸辰男，笠信太郎共著の『剰余価値学説略史』（改造社「経済学全集」第50巻，1933）があり，また外国でも『剰余価値学説史』がはじめて公刊されたときにクノーやエックシュタインやヒルファディングが書いた非常に詳しい紹介（Heinrich Cunow: Theorien über den Mehrwert. I. Die Anfänge der Theorie vom Mehrwert bis Adam Smith, usw. Die Neue Zeit, 23. Jahrgang, 1. Band, Nr.16-17; Gustav Eckstein: Marx' Kritik Ricardos. Die Neue Zeit, 24. Jahrgang, 2. Band, Nr.34, Nr.36 および Rudolf Hilferding: Aus der Vorgeschichte der Marxschen Oekonomie. Die Neue Zeit, 29. Jahrgang, 2. Band, Nr.43-44, Nr.51．［玉野井芳郎・石垣博美共訳「マルクス経済学前史より」『マルクス経済学研究』新装版，法政大学出版局，1968年，1-80頁］）がある。どれもそれ

ぞれ特色のある有益な解説である。また私たちがこのような問題を調べようとする場合に，一般の経済学史の教科書が参考となることは言うまでもないことであるが，そのような教科書としていかなるものがあるかということは，邦文のものも欧文のものも，東京商科大学一橋新聞部で編集された『経済学研究の栞——経済学説史篇』（春秋社，1948年）の附録『経済学通史文献』で知ることができる。

2

　以上が私がこの小著において計画している事がらの大要であるが，実際にその計画の実行に入るまえに，
　①　このような研究の過程を通して明らかにされた剰余価値というものは結局においてどういうものであるかということ。および，
　②　剰余価値学説史は大体においてどのような輪郭をもっているかということ。
を簡単に見ておこう。その方が都合が好いであろう。
　剰余価値がどういうものであるかということ，あるいは剰余価値というものにいわば集中的に表現されるところの資本制生産の諸関係がどういうものであるかということは，本来は，このような経済学史あるいは剰余価値に関する学説の発達史が取扱うべき問題ではなくて，経済学自身が，経済学の理論が研究し解決すべき問題である。またなぜそのように解釈しなければならないかという問題も，やはりそうである。それであるから，それらの点の詳細は経済学の理論を説いた書物，結局は『資本論』なり，それを研究し解説した書物なりを見ていただかなければならないわけであるが，いま簡単にその結論をまとめて見ると，次のとおりである。
　資本家の手にあって，日常の生活のための，あるいはいわゆる個人的消費のための基金としてではなしに，産業資本として使用される貨幣は，個人的消費のために支出される貨幣とは異なって，G—W…P…W'—G' という流通を描いていま一度その資本家の手もとへ，しかもその価値を増大して回流してくる。企業に投じられた資本の場合も同様である。このようないわゆる『前払い』された貨幣の，この増加分が剰余価値である。そしてこの増加分——いわゆる資本の価値増殖分——が，最初の貨幣を，個人的消費のために支出される貨幣のような単純な貨幣に終らせないで，資本たらしめる，決定的な契機である。資本としての貨幣は，いつも，この剰余価値が少しでも大ならんことを期待せざるを得ないものである。けだし，個人的消費のために支出される貨幣などの場合には購入される商品の効

用あるいは使用価値が問題となるのであるが，資本としての貨幣の場合には，そのような事情が存在しないからである。この剰余価値は，言うまでもなく，私たちが日常見ているところの，個々の個別的資本が取得している利潤とは異なったものである。利潤は，この剰余価値が一定の条件のもとで採るところの転化した形態である。しかし剰余価値の転化した形態といえば，それは利潤に限られたものではない。剰余価値は利潤，地代，利子等となり，実際にはこれらのものとして現われる。剰余価値は，これらのものの共同の実体である。そして剰余価値は，資本家と資本家，資本家と土地所有者のあいだの関係を基礎として利潤，利子，地代等となるのであるが，しかしこの関係とその産物である利潤等を誤りなく理解するには，利潤等とは異なった剰余価値というものと，これに現われる資本制生産の諸関係とをまず明らかにしておかなければならないのである。このような剰余価値というものがあるということ，そしてそれは利潤，地代，利子等の共同の実体ではあるが，しかしそのようないわゆる分身とはまったく相異なった法則によって支配される特別の範疇であるということを初めてはっきりと認め，意識的にそれの特別の性質を詳しく研究した人は，マルクスであった。それであるから，マルクスは『すべての経済学者が，剰余価値を純粋にかかるものとして考察しないで，利潤あるいは地代という特殊形態におけるそれを考察するという誤りを共に犯している』という言葉をもって『剰余価値学説史』を書き起しているのである（Th.I, S.29. 改造社版全集，第8巻，53頁［MEW, Bd. 26-1. S.6］)。

　この剰余価値の発生は次のように解釈される。

　剰余価値は，単なる商品交換そのものから発生するものではない。けだし商品交換そのものは，単なる等価物の交換であるとしか，解釈せられえないからである。また剰余価値は，商品を販売するものが，たまたま，その商品の価値と見られるものよりも高い価格をもってその商品を販売することによって取得するものである，と解釈することもできない。なぜかといえば，この場合には，個々の商品販売者は剰余価値を獲得するであろうが，その代りに商品の購買者はそれだけの損失を被り，したがって商品の販売者と購買者とを併せて考えると，そこには何ら積極的な価値の増加が認められないわけであるが，剰余価値というものは，そのような積極的な価値の増加であって，社会的にいっても既存の資本を減少させることなしに個人的消費に充てることができ，また生産拡張の基金とすることもできるものでなければならないからである。そこで貨幣を所有するものが剰余価値を取得し，それによってその貨幣を資本たらしめるには，その人は——少くとも個々の貨幣所有者をとらないで，資本家階級全体をとって見るならば——そ

れ自身の使用価値が価値の源泉であるような特殊な性質を有し，それの使用の過程が同時に価値の創造の過程であるような特殊な商品を，市場において見出さなければならない。しかしこのような特殊な性質を有する商品というのは，人間の労働力である。けだし商品の価値を創るものは人間の労働であるが，人間の労働力の使用は，一定の条件のもとにおいてこの労働となるからである。そこで資本家は，賃銀労働者からその労働力を購買し，その労働力を使用する権利を取得し，そしてその労働力を使用する。しかし労働力の使用の過程は同時に新しい商品の生産の過程であり，新しい価値の創造の過程である。資本家が労働者を雇って使用するのは，このような意味をもつものである。

　資本家——あるいは資本家となろうとしている貨幣所有者——は，賃銀労働者から，その労働力を，他のすべての商品を買い入れる場合と同じように，その生産に社会的に必要とされる労働量によって規定された，その価値をもって買い取る。個々の場合の労働賃銀は，その時その時の事情にしたがって，この労働力の価値以上となったり，あるいはそれ以下となったりするが，そして賃銀がそのように騰貴あるいは下落するということは，労働者に対してはもちろん，資本家に対しても大きな影響を及ぼすものであるが，それはこの場合どうでもよい。労働力の再生産に必要とされ，したがって労働力の価値を規定するところの労働量は，少くとも資本制生産が行われているところほどに労働の生産力が発達したときには，もちろんその労働力がなしうる労働量よりもはるかに小である。したがって資本家は，労働者に，1日のうちの一小部分だけ，たとえば6時間だけ労働せしめ，その間に生産された商品を販売すれば，それで賃銀として支払った価値を回収することができるわけである。が，しかし資本家は，労働力を購買するに当って，6時間ではなくして，それ以上に全1日，たとえば12時間その労働者に労働せしめる権利を取得し，かつこの権利を行使する。この12時間の生産物も，生産が資本家の工場や鉱山で行われ，労働力そのものさえも資本家の所有物として使用されたのであるから，その資本家の所有に帰するが，労働者に支払った賃銀にはたとえば6時間の労働しか含まれていなかったのであるから，その差額6時間が剰余価値となるのである。資本家は，したがって，生産した商品をその価値をもって販売しても，剰余価値が以上のような性質のものであるから，なお剰余価値を取得することができるわけである。資本家が剰余価値を取得するのは，彼がその商品をその価値よりも高い価格をもって販売するからである，と解釈する必要はすこしもなく，またそのように解釈するのは誤りである。また資本家と労働者とのあいだの，労働力の売買を内容とする交換においては，相等しい

労働量の交換が行われない。資本家は，たとえば6時間の労働をふくむ貨幣を支払って，12時間の労働を取得する。それであるから，剰余価値を生ずるのである。したがって，そこでは2つの商品は，そのなかに含まれている労働量が相等しい場合に，相等しい価値のものとして交換されるとする，価値に関する一般的規定が，少なくとも結果において破棄されている。この問題は，資本家が購入する商品が，12時間の労働そのものではなくして，それとは異なった，労働力という商品であることを明らかにすることによって解決されるものであるが，この問題を解決したのもマルクスであった。スミスも，リカードウも，労働力という商品を発見しえなかったためにこの問題の解決に失敗し，そのため剰余価値の発生の説明に大きな疑問と混乱を残したのであった。

このような，労働力の価値を回収するには生産された商品の価値の一部で十分であるから，その残りの部分が剰余価値となる，という関係は，また生産せられた，たとえば綿糸というような商品量のそれぞれの部分としても，また労働者の1日の労働のそれぞれの部分としても，表現することができる。この場合，剰余価値は剰余生産物あるいは不払いの剰余労働として現われる。もっとも資本家は労働者から労働力を買い取り，それを自分の所有物として消費し，自分の生産物を生産するのであって，生産された商品，あるいはその価値，あるいはそれを生産するための労働が資本家と労働者とのあいだに分割されるわけではない。マルクスは，剰余価値を表現する公式にこの3種があることを重要視した。そしてリカードウが生産された商品あるいはその価値の分割という形でのみ剰余価値の発生を考察したことを非難し，リカードウにおいて剰余価値の形成の機構が明確にならず，剰余価値の性質が歪められて理解せられたのは，一部はこれによるものだと言っている (Th.II-1, S.125. 改造社版全集, 第9巻, 167頁 [MEW, Bd.26-2, S.407-408])。

剰余価値がこのような方法で創られるものであるから，それは，本来は資本全体の産物ではなくして，そのうち労働力を購買するために賃銀として支出された部分だけの産物である。したがって資本は，剰余価値の生産という見地から見れば，第1に，労働力の購買に充当され，自分の価値量を不変のままにしておかないで，それを生産過程において増大させ，剰余価値を生産するところの，そしてこの理由から可変資本と呼ばれるところの，この部分と，第2に，生産手段を購入するために支出され，その価値を変化せしめることなしに（一挙にあるいは部分的に）生産された商品のうえに移転し，それゆえに不変資本と呼ばれるところの部分と，この2つの部分に分けられる。そして不変資本部分は，新しい商品

の価値を形成するに当っては，単に一定量の対象化された労働として取扱われる。また剰余価値を投下された資本の全体と比較した場合のいわゆる利潤率も，たしかに資本制生産にとって大きな意味をもっているが，これとは別に，剰余価値を可変資本部分のみと比較した，いわゆる剰余価値率も，大きな意味をもっている。それは，資本家と労働者とのあいだの，労働者の労働なり，あるいはその生産物または生産物の価値なりが，どのような割合で分割されるかという関係を表現するものである。不変資本と可変資本との区別や剰余価値率という範疇をはじめてはっきりと確立したのは，マルクスである。

　資本家の手に集積された貨幣がこのような価値の増殖をなし遂げて資本となるには，一定の歴史的な前提条件が必要であるが，それはともかくとして，剰余価値がこのような性質のものであるから，それを形成し，増大させるには，2つの基本的な方法があるわけである。第1は，1日の労働時間の延長であり，第2は，必要労働時間の短縮である。第1の方法によって形成されるものが絶対的剰余価値，第2の方法によって形成されるものが相対的剰余価値である。資本は，それぞれの時期に，それぞれの方法によって，これを増大させようとする。1日の労働時間の長さ——すなわち労働日の大きさ——をめぐる資本家と労働者とのあいだの闘争や，労働日の延長あるいは短縮を目的とする政府の干渉やは，労働日の延長が剰余価値増大のための方法であるということを基礎とし，それの一種の応用問題である。また資本制生産のもとでは種々なる時期に種々なる方法によって労働の生産性の向上が図られ，事実，労働の生産性の著しい向上ということは資本制生産のひとつの歴史的特質となる事がらであるが，これは資本制生産は剰余価値の生産を目的とするが，労働の生産性の向上による必要労働の短縮が剰余価値増大のための方法であるということを基礎とするものである。労働の生産性が向上するにつれて，同時に労働日が短縮されないかぎり，剰余価値率は上昇する。一方，利潤率は，資本制生産の発展とともに低下する傾向を示すが。

　この資本制生産は単純な生産物の生産あるいは単純な商品の生産ではなく，資本も単なる生産手段あるいは生産期間中における労働者の生活資料ではない。資本は特殊な『歴史的に規定された生産関係』であり，資本制生産は，特殊な歴史的な生産様式であって，それは，

① 　一般に商品生産がある比較的に高い水準に達し，その上で個々の個人の手にある貨幣額が蓄積されること。

② 　土地と生産手段を失い，したがって自分の労働力を販売する以外には何ら生活をつづけて行く途を持たない無産の——そして労働力を販売するに当っ

て何の拘束をも受けない自由な——労働者が存在すること。
という歴史的前提条件を必要とする。このような条件が与えられたときに，貨幣は，以上のような剰余価値を生む資本となり，資本制生産が行われるようになる。しかしこのような労働者は，歴史の発端から存在したものではなく，中世の封建制度が崩壊して，直接の生産者たちが一般的に封建的な支配服従の関係から解放され，かつその生産手段（特にその当時までずっと主要な生産手段となってきた土地）を失って無産の労働者となる，いわゆる資本の原始的蓄積の過程を経て，初めて資本に対して与えられたのである。

　そして一旦このような条件が満たされて，資本制生産が行われるようになった場合，資本家は，資本と生産とを阻害することなしに，剰余価値を個人的消費のために使用しうる。また剰余価値の一部を資本に転化することによって，資本を特別の限界に打ち当ることなしに増加してゆくこともできる。資本が増加すれば，それとともにその下で行われる資本制生産も拡大されてゆく。しかしこの場合に資本に転化される剰余価値は，労働者の剰余労働に由来するものであるから，資本から剰余価値が生まれ，その剰余価値から新しい追加分の資本が生まれてくるこの過程は，実は労働者階級が，ある１年の剰余労働をもって，その翌年に追加分の労働者を使用すべき資本を創り出すことを意味するわけである。また資本制生産の規模が拡大されるにつれて，従前の労働者とは違ったタイプの労働者が増加する。この場合に必要とされる追加分の労働者は，資本家が競争戦において自営の農民や職人を破り，彼らにその生産手段を失わしめることによって，確保される。資本に転化される剰余価値は，本来の資本と同じように，その一部は労働力の購買に支出されるが，他の一部は生産手段の購入に支出される。スミスやリカードウは，資本化される剰余価値は，その全部が労働力の購買に支出されるように考えていたが，それは誤りであって，この誤りを正したのはマルクスであった。しかし剰余価値の資本化によって資本の量が大となるにつれて，単に資本化される剰余価値の一部が不変資本として使用されるというばかりではなしに，総資本中における不変資本の割合が増大し，可変資本のそれが減少する。すなわちいわゆる資本の有機的構成の高度化が進行するわけであるが，これは，資本の中位的な価値増殖欲に比べて相対的に過剰なる労働者人口——産業予備軍——を創り出す。産業予備軍は，資本家に対する労働者の立場を不利なものとするというばかりではなく，そもそも資本制生産と剰余労働との基礎的条件となるものである。資本制生産がある程度以上に発展すると，このような資本の蓄積は好況と恐慌や不況などという諸局面をふくむ景気の循環を通して発展するようになるが，

緒　論

この循環形態は，産業予備軍が不断に形成されたり吸収されたりするという事実にもとづいて生ずるものである。また資本の蓄積と並行して資本の集中が行われる。ここでは，自営の労働者ではなくて，多数の労働者を使用する資本家がその資本を奪われるのである。
　資本家の手にある貨幣は，以上のようにして剰余価値を取得し，それによって資本となるのであるが，しかし資本はこの剰余価値を可変資本部分が価値を増殖するがゆえに生じたところの価値増殖分という形態では取得しえないで，投下された資本全体の産物として取得する。これが資本の利潤という形態である。剰余価値はこのような利潤の形態において資本に帰する。しかし種々なる産業部門のなかには資本の有機的構成の高いものと，それの低いものとがありうるが，資本の構成の低い産業部門に投じられた資本は，もしもその商品が価値にしたがって販売され，その資本がみずから占有した剰余価値をみずから取得するとすれば，その利潤率は比較的に高いものとなり，反対に資本の構成の高い産業部門に投じられた資本においては，利潤率が低いこととなる。しかしある産業部門から他の産業部門への資本の移動の自由は，これらの産業部門の利潤率を平均せしめ一般利潤率を確立する。そして個々の産業部門およびそこに投下された資本をとってみると，その商品は，原則としてその価値をもって販売されないで，消費された資本あるいはいわゆる費用価格に平均利潤を加えたものに相当するところのいわゆる生産価格をもって販売されることとなる。そしてこの生産価格は，原則としてその大きさが商品の価値と一致しない。したがってそれを生産した資本が取得する利潤も，その資本が占有した剰余価値とは一致しないわけである。しかしこれは個々の産業部門および個々の商品種類をとるからであって，ある社会の商品全体の生産価格の総額はそれの価値と一致し，利潤の総量は剰余価値の総量に一致するものである。
　剰余価値の一部は，また地代となる。農業に投じられた資本の構成が平均的な資本構成よりも低い場合，土地所有が資本の自由なる流入を妨げ，土地は特殊の報償に対してのみ資本の利用に供されるために，農業生産物は，生産価格を超え，その価値あるいはそれに近い価格をもって販売され，かくして成立する剰余価値が地代——いわゆる絶対地代——となる。また農業生産物の平均的な市場価格が，現在耕作されている各種の土地のうち肥沃度のもっとも低い土地，あるいは位置のもっとも不利なる土地で生産された部分の個別的生産価格に一致したとすると，その最劣等地に投じられた資本は平均利潤を獲るに過ぎないが，優良な土地に投じられた資本は，ひとつの特別な超過利潤を取得しうる。この超過利潤も，それ

が正常的に生ずる場合，かつそれの基礎である高い肥沃度が資本の直接的な産物でなく，また独占せられうるもので，事実，独占されている場合には，やはり地代──差額地代──として土地所有者に帰する。

マルクスは剰余価値が利潤や地代の共同の実体でありながら，地代とはもちろん，利潤とも異なった法則によって支配される，まったく特殊な範疇であり，したがって商品の価値がその生産価格とは異なったものであることを，はじめて明確にした人であるが，それに対応して，剰余価値が利潤に転化し，一般的利潤率が確立され，商品がその価値をもってではなしに，これとは異なった生産価格をもって売買されるようになる機構をも，はじめてはっきりと分析し，これらの点に関するスミスやリカードウ，特にリカードウの誤りを正したのであった。

3

エンゲルスは，剰余価値というものに関する私たちの科学的な認識の発端を，次のように説明している。

『資本制下の人類は，すでに幾世紀にもわたって剰余価値を生産してきたが，その間に，またそれと並行してだんだんとその剰余価値の発生についても思索をめぐらすようになった。かくして生じた最初の見解は，商人たちの直接の経験にもとづくものであって，それは剰余価値というものは生産物の価値へのある追加から発生するものである，と解していた。重商主義に属する人たちのあいだでは，この見解が支配していた。しかしジェイムズ・ステュアートは，もし事情がこの通りだとすると，一方の人の獲るところは必然的に他方の人の失うところとならねばならぬ，ということを，早くも洞見した』（Vorwort zu Marx: Das Kapital. Kritik der politischen Oekonomie, 2. Band, Volksausgabe besorgt vom Marx-Engels-Lenin-Institut, Moskau, S.9. 長谷部文雄訳，第2巻第1分冊，24-25頁〔MEW, Bd.24, S.16〕)。

剰余価値は賃銀労働者の剰余労働を源泉とするものであるから，ステュアートの，それは商品の交換からは発生しないという発見は，剰余価値の科学的認識の出発点となるわけである。そしてステュアート以後の剰余価値学説史は，大体において3つの段階に分けることができる。そしてそれぞれの段階は，剰余価値の3つの側面を明らかにしたのであった。

第1の段階は，古典派経済学のいわば本隊に当るもので，それはスミス，リカードウ等という著名な学者をふくんでいる。この段階における経済学の発展によ

って，労働が商品の価値の実体を成す唯一のものであり，また使用価値の唯一の能動的創造者であること，労働の生産力の発展が富の真実の増加の唯一の手段であり，労働の生産力を及ぶかぎり発展させることが社会の経済的発展の基礎であることが明らかにされた。この段階の経済学の最大の代表者はリカードウであって，それの成果は，根本原理に関するかぎり，リカードウにおいてもっとも鋭い表現を与えられた。そのリカードウの『経済学および課税の諸原理』と題する著書は，商品の価値はその商品を生産するのに必要とされる労働の量によって規定されるとする法則が，土地所有と地代との存在によっても破壊されなければ，また資本の蓄積等によっても，決して破壊されないということを明らかにして，一見したところこの商品の価値に関する一般的規定に矛盾するように見える現象も，実はそのすべてがそうではないことを立証することを，その任務としていた。そしてスミスはそのリカードウの直接の先駆者であり，ステュアートは剰余価値は存在するが，それは商品流通からは生じないことを明らかにし，また重農学派の人たちは剰余価値が農業生産から生ずることを明らかにして，それぞれ後にスミスの体系に総合せられたものの一面を作り上げた。マルサスとリカードウの後継者たちとは，ともにリカードウの欠陥を取り上げて，一方は，経済学が発展してリカードウに到るまでに築き上げてきた成果を破壊しようとし，一方はそれを弥縫しようとした。そこには部分的な進歩がふくまれてはいたが，一般的な結果はマルクスのいわゆるリカードウ学派の解消と俗流経済学の誕生であった。

　しかしこの段階の経済学はひとつの独断的前提をもっていた。

　それは，一方においては労働が価値の唯一の源泉であり，また使用価値の唯一の能動的源泉であることを明らかにし，またそれによって，資本が単に労働者の剰余労働を搾取するところの力に過ぎず，何ら物質的生産そのものに必要な役割を受持つものではないということを明らかにしながら，一方においてはまた資本は生産の調節者として欠くべからざるものであり，富の源泉であり，生産の目的であって，逆に労働はこれに対して貧民によって行われるところの単なる賃銀労働に過ぎず，労働者は最低の生活費をもって支払われるところの単なる生産費および生産要素の一部に過ぎないと考えていた。このような前提は，リカードウもこれを持っていたが，マルサスやリカードウの後継者たちの場合はさらに甚だしかった。

　これは矛盾である。そしてこの矛盾は，リカードウの著書その他において，無意識的ではあるが，とにかくはっきりした理論的表現を与えられたので，労働者階級が成長し，労働者の側に立つ人々が現われるにつれて，これらの人たちによ

って——もっともその時期は，事実上，ほぼリカードウの後継者がリカードウの学説の解説にしたがっていた時期と一致しているが——取り上げられた。これらの人たちは，当時の経済学者たちが，一方では労働が価値の唯一の源泉であり，使用価値の唯一の能動的創造者である等と言いながら，いま一方において物質的生産にとって外来的なものであるはずの資本が全能であって，労働者は無か，あるいはたかだか資本の生産費の一部に過ぎないように言っているのは，甚だしい矛盾であること，そして労働こそ全能者であって，資本というものは労働者からの搾取に過ぎないことを明らかにした。この段階の代表者がホジスキンである。

しかしそのホジスキンでも，資本制生産のすべての経済的前提を生産の永久的形態として受け容れていた。そしてその上で，資本制生産の基礎であり前提であり精神である資本だけを排除しようとした。しかしホジスキンたちの思索や著述と前後して，第3の段階を代表する学者が現われた。これらの人たちは，資本制生産と剰余価値との拡がりに，時間的にも，地域的にも，はっきりとした限界があり，資本制生産は，ただ生産的労働に従事するものが無産の賃銀労働者となったときにのみ行われることを明らかにした。言いかえれば資本制生産が歴史的経過的性質のものであることを明らかにし，ホジスキンたちが解明強調した資本の外来的性質に対して根拠を与えたのであった。ジョーンズがこの段階の経済学の代表者である。

以上がマルクスに到るまでの剰余価値学説史の輪郭である。

マルクスに先立って剰余価値を研究した学者のなかには，実は以前に研究され報告され理論化されたことを単純に再生産しただけであって，自分自身の独創的積極的なものは何もない，という人ももちろんありうる。また単純な再生産にも終らないで，純然たる退歩を示したという人もあるわけである。私たちは，このような人たちおよびその学説までも加えて剰余価値に関する理論の推移を見るということもできるわけであるが，ここでは，これらの場合を除いて，剰余価値というものの理解に多少とも積極的に貢献した主要な人とその学説だけをたどることにする。学問の歴史を記述する方法としては，恐らくこの方法の方が正しいものであるが，この方法によると，剰余価値学説史は，剰余価値の理論的説明の場合と同じように，まずその基本的規定が発見固定され，次いでその規定が——一方においては純化されながら——より複雑な規定を受けて具体化されてゆく過程となるであろう。

その当時の経済学は，言うまでもなく，商品の価値の実体を成すものは，その商品を生産するのに必要とされる労働であるとする，いわゆる労働価値説を出発

点とするものであったが，以上のような剰余価値に関する理論の発展過程をもってただちにその労働価値説の展開の過程と見ることはできぬ。ホジスキンやジョーンズは，労働価値説という点からいえば，到底リカードウに及ぶものではなかった。しかし剰余価値のある特定の性質を明らかにするという点では，はるかにリカードウを超える業績を挙げたのである。

〈第1篇　いわゆる経済学者〉

第1章　ステュアート

1

　ジェイムズ・ステュアート Sir James Steuart[1]の剰余価値に関する学説を盛った『経済学原理（An Inquiry into the Principles of Political Economy, being an Essay on the Science of Domestic Policy in Free Nations, in which are particularly considered Population, Agriculture, Trade, Industry, Money, Coin, Interest, Circulation, Banks, Exchange, Public Credit, and Taxes）』[2]は1767年に出版された。スミスの『国富論』——これについては後に記す——が出版されたのは1776年であるから，それよりも9年前のことである。ステュアートはこの著書において
　1　資本家が取得する利潤は，資本家たちが互いにその商品をその商品の価値を超えたる価格をもって販売するところから生ずるものであって，それであるから商品の販売者がある利潤を得たとすれば，それはそれだけその商品の購買者の損失となり，社会全体にとっては価値の増加とならないのであるが，このような，一方の当事者の利得が他方の当事者の損失となるような，相対的な利潤のほかに，社会全体にとってもひとつの価値の増加となるような，積極的な剰余価値が存在すること。
　2　労働者たちが生産手段や生活資料に対する所有権を失い，これらのものが労働者にあらざる人々の財産としてその労働者に対立すること，ことに農業におけるそれが，工業における資本制生産の発展の前提条件であること。
　これらのことを明らかにした。そしてこれは，剰余価値というものの性質や，その剰余価値という範疇に表現される資本制生産の諸関係やをわれわれが理解する出発点となったのであった。ステュアートの著書にも，もしも問題を剰余価値およびこれに表現される資本制生産の諸関係ということに限定しなければ，これ以外にもなお功績と見るべきものがある。たとえば商品形態の分析という方面においては，商品を生産し，商品の価値となって現われるところのいわゆる特殊的な社会的な労働と，使用価値の生産を目的とするところのいわゆる現実的

な労働と，労働のこの2つの側面を区別したことや，そればかりではなくして商品の価値となって現われる労働を労働のこれ以外の種々なる社会的形態から区別したことなどがそれであり，また貨幣の分析においては，そもそも流通界にある貨幣の数量が商品の価格によって規定されるものであるか，それとも商品の価格が流通貨幣の数量によって規定されるものであるかという問題を初めてはっきりと提出したということや，貨幣の種々なる本質的な形態規定と貨幣流通に関する一般的法則とを発見したことなどがそれである。特に商品の価値となって現われる労働と使用価値の生産を目的とする労働とをはっきりと区別したことは，ステュアートに先立って経済学を研究した人たちおよび後になってこれをした人たちの双方からステュアートをぬきんでさせる業績であり，貨幣の流通量が物価を規定するか，それとも物価が貨幣流通量を規定するかという問題を提出したのもステュアートがその最初の人なのであるから（Marx: Zur Kritik der politischen Oekonomie. Erstes Heft, Volksausgabe besorgt vom Marx-Engels-Lenin-Institut, Moskau-Leningrad, 1934, S.46 および S.162. 猪俣津南雄訳，改造社版マルクス＝エンゲルス全集，第7巻，448頁および546-547頁〔MEW, Bd.13, S.41-42, 140〕），経済学全体の歴史を記述するという場合には，これを無視してはならないであろう。しかしここで私たちが目的としていることは，剰余価値に関する理論がどのようにして完成されてきたか，その跡をたどることであるから，ここではこれらの業績はむしろ割愛しなければならぬ。他の人々の場合も同様である。

2

① ステュアートは，まず剰余価値の存在を確認した。産業資本家は，彼が生産した商品をその価値をもって販売すると，その商品を生産するために前払いした資本を回収したうえに，なおひとつの剰余価値を獲得することができる。実際においては，資本家はその商品を価値に従って販売しないで，生産価格をもって販売し，剰余価値ではなくして平均利潤を取得するのであるが，そしてこの平均利潤は剰余価値とは原則として一致しないものであるが，しかしここでは資本の価値増殖分を利潤の形で考えないで，剰余価値の形で考えなければならぬ。そして資本家は彼が生産した商品を生産価格をもってではなくして，価値をもって販売する，と考えなければならぬ。資本家がそのように商品を販売して剰余価値を獲得する場合，その剰余価値はそれだけその商品を購入した相手方の損失となるものであろうか。したがってある資本家がこのようにして剰余価値を獲得しても，

それは社会全体にとって積極的に価値が増加したことにはならないものであろうか。それともそれは商品を購入した相手方の損失とならず，社会全体にとってひとつの積極的な価値の増加となるものであろうか。ステュアートは，まずこのような問題を提出した。そして商品の購買者にとって損失とならぬ剰余価値の存在を認めたのであった。

　剰余価値というものは，実際はその資本家にとって利得となるのみであって，商品を購入した相手方には損失となり，したがって社会全体としては何ら価値の積極的な増加とならぬ，というようなものではない。それは，相手方に損失を与えるものではなく，社会全体にとってひとつの価値の増加となるものである。このことは理論的に証明することもできることであるが，しかしそれはともかくとして，それであるからこそ，それは，既存の資本を減少させることなく，従来からの社会的生産の規模を縮少せしめることなしに資本家が個人的消費のための基金として使用し，あるいは政府が財政資金として使用することもできれば，また将来における社会的生産の拡張のための基金として使用することもできるのである。資本制生産以前の生産方法においても，労働の生産力がある程度以上に発展して，1人の人間の労働が，彼自身およびその家族の生活をささえるために必要とされる生産物以上の生産物を生産しうるようになると，剰余生産物が存在した。そしてこの剰余生産物は，封建制度のもとでは領主の手に帰し，領主とその周囲にいる人たちによって生活および奢侈のために使用されていたのであった。資本制生産の場合の剰余価値は，形態からいえばこの封建領主の地代とはまったく異なったものであるが，実質においてはこれと同一のものであり，この地代となっていた剰余生産物が資本制生産という特殊な生産様式のもとでその姿を変えたものである。そこで剰余価値は——単純に商品を購入した相手方にとって損失となり，社会全体にとっては価値の増加とならないところの利得ではなくして，商品の購買者にとって損失とならず，社会全体にとって価値の積極的な増加となるところの剰余価値が——存在するわけである。もっとも資本家がある商品を生産し販売して獲得するところの剰余価値について，それはその商品を購買した相手方の損失とならず社会全体にとってひとつの価値の増加を意味するといっても，それは，本来の意味における剰余価値についてのみ言いうることであって，資本家が獲得する実際の利潤のなかには，この本来の剰余価値のほかに，なおそれ以外のものが含まれていることがありうる。たとえばある商品に対する需要が何らかの事情からある程度以上に大きくなり，あるいはその供給が小さくなると，その結果，その商品の市場価格がある程度以上に高くなって，その商品を生産し販売

第1章　ステュアート　　19

する資本家は，平均利潤を超える超過利潤を獲得しうる。またある商品の生産が何らかの方法で独占されている場合も，やはりそうである。これらの超過利潤は，時としては以上のごとき本来的な剰余価値以外のものであって，それらの商品を購入する相手方の損失において獲得されるものでありうるのである。しかし資本家の獲得する利潤は，その全部がこのような利潤であるわけではない。これとは別に，相手方の損失とならない，本来の剰余価値も存在するのである。

　ステュアートは，このような剰余価値が存在することを認めている。ステュアートは個々の資本家が実際に獲得する利潤は，大体において，資本家がその商品をその価値——と後になって見られるようになったもの——を超える価格をもって販売するところから生じ，したがって相手方の損失となるものであって，もしも商品がその価値にしたがって販売されたならば消滅してしまう——そのようなものと考えていた。しかしそれでは何ぴとにとっても損失を意味しない，積極的な剰余価値なるものは存在しないかというと，そうではない。ステュアートは剰余価値を認め，それを『積極的利潤 positive profit』と呼んで，商品の販売者の利潤とはなるが，しかし同時にその購買者の損失を意味し，社会全体にとっては何ら価値の増加とならないところの『相対的利潤 relative profit』からそれを区別したのであった。

　ステュアートは，しかしその剰余価値を利潤という，剰余価値の特殊な形態において考えていて，純粋の剰余価値という形態において考えていない。剰余価値は，利潤の実体となるものではあるが，しかし前に見たように，利潤は剰余価値が一定の条件のもとで採るところの，特殊な形態であって，剰余価値そのものは利潤とは著しく異なった性格をもち，まったく相異なった法則によって支配されるものである。この２つのものを混同するのは誤りであって，しかもこの誤った混同からは，スミスおよびリカードウにおいて見られるように，他の方面における理論が発展したときには，さらに甚だしい理論的誤謬が生ずるものである。ステュアートは，この剰余価値と利潤とを混同するという誤りをおかしていたのであった。

　ステュアートは，またこの剰余価値の性質をそれ以上に立ち入って研究せず，また個々の資本家が実際に獲得する利潤はこの剰余価値ではないと考えていた。

　経済学にとっては，剰余価値の——そしてそれを通して現われる資本制生産の諸関係の——性質を明らかにすることが問題であるが，ステュアートは，まずこの剰余価値——彼のいわゆる積極的な利潤——の性質をそれ以上に研究しなかった。ステュアートは，それについて，それは『労働，勤勉および熟練の増加から

生ずる』と言い，またそれは『何ぴとにとっても損失を意味しない』，『一般的福祉を拡大または増加させる』と言っている。この点は，たしかにステュアートの言うとおりであるが，しかしステュアートは，いかにして剰余価値がこれらのものから生ずるか，それはなぜそのような作用をもたらすかを説明していない。のみならず，これらの言葉を合わせて考えると，ステュアートが積極的な利潤と言っているものは，実は剰余価値ではなくして，却って労働の生産力の発展の結果として生ずる使用価値量の増加に過ぎないようにも見える。

　ステュアートは，さらに，個々の資本家が実際に獲得する利潤はこの剰余価値ではない，と解釈していた。

　資本家は，商品を生産することによって取得する剰余価値をば，商品を生産するために投下した総資本ではなくして，そのうち賃銀として支出した，いわゆる可変資本の部分だけが価値増殖を遂げることによって生じた産物という形態では獲得しえないのであって，かならず生産手段の購入に支出した，いわゆる不変資本の部分をも含めた，総資本が価値増殖を遂げて生ずるところの産物——利潤——として獲得しなければならない。のみならず一人びとりの資本家を取ってみると，ある資本家が獲得する利潤は，彼が占有した剰余価値よりもある時は大となり，ある時は小となりうるものである。しかしそれにもかかわらず，個々の資本家が獲得する利潤も，その実体は剰余価値であり，またあらゆる生産部門の全体，社会の全体をとって見れば，利潤の総額は剰余価値の総額に一致するものであって，これらの点は，前に記したとおりである。

　しかるにステュアートは，大体において，個々の資本家が獲得する利潤はそのような剰余価値ではない，剰余価値は現実においては個々の資本家の利潤として存在するもの——そのようなものではない，と解釈していたのであった。

　ステュアートのこのような誤った解釈は，彼が商品の費用価格——生産手段の価格や賃銀など，資本家がその商品を生産するために負担したもの——をその商品の真実の価値——と後に解釈されるに至ったもの——と解釈したところから来たものである。商品の価値，言いかえれば商品を生産するために必要とされる労働は，ひとり費用価格部分ばかりではなしに，剰余価値の部分をもふくむのであって，その労働の全体が，商品を生産するのに必要とされるものであり，またその商品が値いするところのものである。しかしもしも商品の価値，商品を生産するために必要とされ，その商品が具えているところのものは，ただ資本家がそれを生産するために負担した，いわゆる費用価格の部分だけであるとすると，剰余価値は，商品を購買する相手方の犠牲において獲得されるものとならざるを得な

いわけである。ステュアートが，個々の資本家が取得する利潤は商品を購入した相手方の損失を意味するものであると解釈した根底には，商品を生産するのに必要とされるものは，費用価格の部分だけであるとする，誤った解釈があったのであって，これがあったために，上のような誤った結論になったものである。

2　ステュアートは，また農民が土地や農具や生活資料を失い，これらの生産の客観的諸条件がある特別な階級の財産となることが，都市における資本制生産の発展の前提となることを明らかにした。

　ある人が所有する貨幣が産業資本として使用されて剰余価値をもたらし，それによって真実に資本となるためには，その貨幣があらかじめある金額以上に上ることが必要であるが，それと同時に，その人が自由に雇い入れて使用することのできる賃銀労働者を市場において見出すことも必要である。このような労働者の労働のみが，剰余価値を創り出し，前払いされた貨幣を資本とならしめるのである。しかし人間が賃銀労働者として資本家のために労働するようになるためには，その人が，種々なる封建的な身分上の制限から解放されていること，および土地，生産手段，生産期間中の生活資料というような生産の客観的諸条件の所有者ではなくなり，自分の財産としてではなく，他人の財産としてのこれらの生産条件に関係するようになっていなければならない。言いかえれば，その人はいわゆる二重の意味において自由な労働者となっていなければならない。しかるに資本制生産がその成立の当初において見出したものは，農村における自営の農民にせよ，都市における同業組合の親方や職人にせよ，いずれもそのような，資本の必要を満たす無産の労働者ではなかったのであった。そこで資本制生産が発展するためには，このような農民や手工業者の生産手段と生活資料とを取り上げて，賃銀労働者の階級を創ってゆく必要があったのである。この過程がいわゆる資本の原始的蓄積の過程であって，そこにおいて創り出された条件を基礎として資本制生産が成立し，生産手段や作業中に必要とされる生活資料がはじめて資本となったのであった。

　ステュアートは，その当時ステュアートの郷里スコットランドの気風が一般にそうであったと言われ，そしてこの気風はモンテスキューやヴォルテールやヒュームの影響によるものだと言われているが，ともかく歴史的研究に興味をもち（Wilhelm Hasbach: Untersuchungen über Adam Smith und die Entwicklung der politischen Oekonomie, Leipzig, 1891, S.318），このいわゆる労働と客観的生産諸条件との分離の歴史的過程を，特にスコットランドの農業におけるそれを分析して，

農業におけるこの分離の過程が都市における資本制生産の発展の前提条件であることを明らかにした。これも，資本の性質の一部を解明して，われわれの資本に関する理解に対しひとつの貢献となったものである。
　もっともこのような労働と生産の客観的諸条件との分離の過程は，単純に近代的な大産業が成立するための条件であるというばかりでなく，生産手段や生活資料が資本となり，資本というものが成立するための条件なのであるが，ステュアートはそれを大産業成立の条件として理解しただけで，なお資本そのものの成立の過程として理解してはいなかったのであった。

3

　ここで剰余価値に関するステュアートの学説を要約しよう。
　ステュアートは，まず資本家が取得する利潤は，資本家たちが互いにその商品をその商品の価値を超えたる価格をもって販売するところから生ずるものであって，それであるから一方の当事者の利得が他方の当事者の損失となるような，相対的な利潤であるとしていたが，しかしこのような利潤とは別に，何ぴとの損失ともならず，社会全体にとってもひとつの価値の増加となるところの剰余価値が存在することを認めていた。そしてこのような剰余価値が，資本家がその商品をその価値を超えた価格をもって販売するところからは生じないことを，明らかにした。また農民が土地や農具を失い，これらのものがある特定の階級の財産となることが，資本制生産の前提であることをも，明らかにした。これらのことは，その後経済学の永続的な財産の一部分，経済学が資本制生産を分析して作り上げた結論の一構成部分となったものである。
　個々の資本家が獲得する利潤は，彼がその商品をそれの価値を超えた価格をもって販売するところから生ずるものであって，したがってそれは相手方の損失となり，社会全体としては何ら価値の増加となるものではないというステュアートの学説は，その当時支配的であった重金主義および重商主義の見解に対してひとつの進歩となるものであった。ステュアートの時代には，剰余価値は，生産過程において，賃銀労働者の労働から生ずるものとは解釈されないで，資本家がその商品を価値を超えた価格をもって販売するところから生ずるものと解釈されていた。つまりいわゆる純粋に交換から説明されていたのであって，しかもそれでもそれはなお富の積極的増加となり，したがって剰余価値であると解釈されていた。この解釈は，産業資本家や商業資本家が日常の経験から汲み取って懐いている剰

余価値観を，何らの反省をも加えずに経済学のなかへ取り込むことによって成立したものであって，剰余価値の源泉や性質に関する正しい理解に達するには，もちろん，この常識的独断的な見解を破壊し，それを乗り越えて進む必要があったわけであり，事実，経済学はそれを克服することによって剰余価値を明らかにしてきたのであった。ステュアートが，個々の資本家の利潤は，彼がその商品をその価値を超える価格をもって販売するところから生ずるいわゆる譲渡にもとづく利潤であると解釈していたかぎりでは，彼はその当時の常識的な解釈にまだとらわれていたわけであるが，それは，商品の販売者の側における利得が購買者の側における損失によって相殺されるために，相対的な利潤に過ぎず，何ら富の積極的な増加を意味するものではなく，剰余価値となるものではないと解釈していたことは，その当時の支配的な通俗的見解を批判し，それを一歩抜け出していたものであった。ステュアートの『経済学原理』は一般に『穏健なる重商主義の立場から』経済学の全体を体系的に概観したもの——しかしそのような著者としてはかつてイギリスで公けにされた最良のもの——とされているが (John Kells Ingram, A History of Political Economy. New and enlarged edition, London, 1919, p.85)，この点ではむしろ『重金主義および重商主義の合理的表現』，重金主義および重商主義の剰余価値理論の『「科学的」再生産者』であったわけである (Th.I, S.32, 29. 改造社版全集，第 8 巻，56 頁および 53 頁［MEW, Bd.26-1, S.11, 7］)。またステュアートは労働の対象的諸条件と労働力との分離が資本制生産の前提であることを明らかにしたばかりでなく，後に見るジョーンズと並んで，種々なる生産様式の歴史的差異に注目していた。このことは，スミスやリカードウなど，一般にその当時の経済学者がこの差異に無関心であったのに対比して，ステュアートおよびジョーンズの著しい特色を成すことであった (Th.Ⅲ, S.450. 改造社版全集，第 11 巻，445 頁［MEW, Bd.26-3, S.390］)。ステュアートの著書は，全体としてはその当時の人たちの注意をひかなかったということであるが，ただこの方面における研究だけは，はやくから注目されていたのであった (Thomas Robert Malthus, An Essay on the Principle of Population, 2nd edition, London, 1803, p.iii. 大島清・兵頭次郎共訳『人口論』第 1 巻，2 頁［神永文三訳『人口論』「世界大思想全集」18，春秋社，1 頁］および J. R. McCulloch, The Literature of Political Economy: a classified Catalogue of Select Publications in the different Departments of that Science, with historical, critical, and biographical notices, London, 1845, p.11)。

　これとは反対に，剰余価値を利潤から区別しなかったことや，剰余価値の性質を立ち入って分析しようとしないで，それを不明のままにしておいたこと，個々

の資本家が獲得する利潤は剰余価値ではないとしていたこと，これらの点は，ステュアート以後の経済学が克服しなければならぬ欠陥であった。

このうち，剰余価値を利潤から区別しなかったという点についていえば，この誤りはひとりステュアートに限ったことではなかった。剰余価値を純粋に剰余価値として考察しないで，それの特殊形態（利潤あるいは地代，特に利潤という）において考察するという誤りは，マルクス以前のすべての経済学者に共通した誤りであって，スミスのごときは，後に見るように，利潤を，労働者がその賃銀を補償するためになすところの労働を超える，いわゆる剰余労働に還元し，また地代についても同じことをしながら，それでもなお剰余価値を独立の一範疇として考察しないで，利潤と混同していたのであった。剰余価値をそれの特殊形態たる利潤や地代からはっきりと区別して，それを純粋に剰余価値として独立的に考察し，それによって剰余価値というものの特有の性質や法則を明らかにし，またそれが利潤等へ転化する機構を明らかにしたのは，前にも記したように，ずっと後に現われたマルクスであった。これに反して，個々の資本家が獲得する利潤が剰余価値であることは，スミスがこれを明らかにした。

ステュアートの『経済学原理』は，それが出版された当時は事実上はなはだ不遇であったようである。もっとも18世紀のドイツの経済学者たちはステュアートを高く――時にはスミスよりも高く評価していたそうであり（Wilhelm Roscher: Geshichte der National-Oekonomik in Deutschland, München, 1874, S.563, S.592, S.745 など），またイギリスでもマルサスは前に書いたように農村人口の状態に関するステュアートの研究を非常に重要視しており，またマルサス以外にも支持者はあったのであるが，しかしともかくこの本の1767年に公けにされた最初の版は売行きがはなはだ悪かったということであり，追い掛けて1770年にダブリンから出版された第2版も売れたのは本国ではなくして，植民地方面であったということである。イングラムは，ステュアートの著書は『理論的にも実践的にも決してそれほど大きな影響を及ぼさなかった』と言っている（Ingram, History, p.85）。

ステュアートの『経済学原理』が不成功であったということについては種々の理由が考えられている。ステュアートが代表していた重商主義の思想の時代が過ぎ去り，自由主義の思想が思想界の覇権を握り，やがて政治的勝利をおさめようとしていたこと，ステュアートの著書よりも9年後れてスミスの『国富論』が公けにされたが，『国富論』はステュアートの著書よりも文体は魅力があり，学問的にも進歩していたこと等。いずれにせよ，『国富論』の刊行によって，それ以

前の経済学に関する著書は，すべてほとんど蔭の方に押しやられてしまったのであった（McCulloch, Literature, p.11）。スミスは『国富論』のなかで一度もステュアートに言及しなかった。スミスは，しかしステュアートの理論の正しくないものは『国富論』のなかですべて反駁しておいたはずである，と言っている。スミスはステュアートと面識があり，これと論争することを避けたのであろう，と言われている（Ingram, History, p.85）。

このように不遇であったステュアートは，歴史学派に属するドイツの経済学者たちによりいま一度高く評価されるようになった。たとえばハスバッハはステュアートから『われわれは今日においてもなお多くの教訓を期待しうる』と言っている（Hasbach: Untersuchungen, S.369-370）。

(1) ステュアートは1712年1月21日にスコットランドのエディンバラに生まれ，1780年11月26日にやはりスコットランドのラナーク州のコートネス Coltness で67歳をもって亡くなった。ステュアートの家は『この島に軍人や政治家や法律家を供給した』名門であって，やはりジェイムズと言った父親は18世紀の初めごろにスコットランドの検事長 Solicitor General となり，またエディンバラ市から選出されて国会議員となった人であった。亡くなったコートネスは，代々，ステュアートの家の所領であった土地である。ステュアートは郷里エディンバラの大学を卒業して弁護士となった。しかし弁護士として仕事を始めるか始めないかという時に，その当時のスコットランドの習慣に従ってヨーロッパ大陸に渡り，5年のあいだオランダ，フランス，スペイン，イタリアを旅行した。そして1740年に郷里に帰ってきたが，しかし，45年10月にはまたフランスに渡った。この度は亡命であった。このころイギリスはフランスと戦争を始めたが，その機会に，かつてイギリスの王家であって，名誉革命後フランスに亡命していたステュアート家のチャールズ・エドワードが軍隊をひきいてイギリスに上陸してきた。この『若い王位覬覦者』の企図はカロドン Culloden の沼沢地の敗北によって挫折したが，ジェイムズ・ステュアートはかつてローマを訪ねた際にこのチャールズ・エドワード・ステュアートと親しくなっていたためにこれに加担して，結局亡命することとなったものであった。この亡命生活中にステュアートはフランス，ベルギー，ドイツ，イタリア，オランダ等を転々した。そしてその間に経済学原理を少しずつ書き進めた。この亡命生活は17年つづいた。その間いく度か種々の縁故をたどって帰国の許可を願い出たが救されず，結局，1763年にようやく救されて郷里に帰ったのであった。ステュアートの伝記としては著作集第6巻におさめられているもの（Anecdotes of the Life of Sir James Steuart, Baronet）がもっとも標準的なもののようである。

ステュアートの書いたもので，社会科学に関係するものには，前に挙げた『経済学原理』のほかに，次のものがある（Meitzel, Sir James Denham Steuart. Handwörterbuch der Staatswissenschaften, 4. Auflage, Bd. Ⅶによる）

1　A Dissertation upon the Doctrines and Principles of Money applied to the German Coins, London and Berlin, 1758.

2　The Principles of Money applied to the present State of the Coin of Bengal and on Paper-credit, London, 1772.

3　A Dissertation on the Policy of Grain, London, 1783.
　　　4　Plan for introducing uniformity in Weights and Measures with in the limits of the British Empire, London, 1790.
　最後の2種は遺稿の中から出版されたもの。なお次の著作集がある。
The Works, political, metaphysical, and chronological. Now first collected by General James Steuart, his son, from his father's corrected copies, to which are subjoined Anecdotes of the Author, in six volumes, London, 1805.
　なおマイツェルの手に成る前記のステュアート伝には，その終りにステュアートに関する文献の簡単な目録が附けてある。

(2)　『経済学原理』という本は，ステュアートがヨーロッパ大陸に亡命していたあいだに少しずつ書き進められたものであった。最初は1767年にロンドンで出版され，上下2冊から成っていた。その後1770年にはダブリンで上中下3冊から成る第2版を，1796年にはバーゼルおよびストラスブールで5分冊から成る第2版の新版を出した。前記『著作集』6巻のうちの最初の4巻もやはりこれである。日本語訳はないが，ドイツ語訳およびフランス語訳がある［現在は翻訳がある。小林昇監訳・竹本洋訳『経済の原理』（全2冊），名古屋大学出版会，1993年，1998年］。
　『経済学原理』は，スミスの国富論と同じように5つの大きな篇から成っている。
　　第1篇　人口と農業
　　第2篇　商業と工業とについて
　　第3篇　貨幣と鋳貨とについて
　　第4篇　信用と公債とについて
　　第5篇　租税について，および租税収入の適切なる使用方法について
　そして第1篇の冒頭にこの著書全体の目的や方法に関する序論が置かれている。この著書の構成は，今日われわれが持っている経済原論の構成とはかなり違ったものであるが，それにもかかわらず，それは早くから——少くともステュアートの意図においては——『重商主義の学説の解説または体系的概観として役立つべきもの』とされ（McCulloch, Literature, p.11），マルクスもステュアートを『ブルジョア経済学の総体系を初めて作り上げたイギリス人』と言っている（Marx, Kritik, S.45. 猪俣訳書，448頁［MEW, Bd.13, S.43］）。

第2章　重農学派

1

　剰余価値は賃銀労働者の剰余労働を基礎とするものである。それであるから，それは，流通の部面ではなくして生産の部面において創られ，流通の部面では，ただ実現されるだけである。重農学派の人たちはこのことを明らかにしたのであった。彼らの時代には，剰余価値は，純粋に交換から，すなわち商品をその価値を超える価格をもって販売するところから生ずると解釈されていた。ジェイムズ・ステュアートも，一方で個々の資本家がその商品をその価値を超える価格をもって販売し，これによって獲得するところの剰余価値があたかも新しい富の創造であるかのように考えることには反対したが，しかし全体としてみれば，剰余価値は流通から生ずるとする，誤った考え方から脱却していなかった。重農学派の人たちは剰余価値の発生に関する研究を流通の部面から直接的生産の部面に移し，これによって資本制生産の分析のための基礎を創り上げたのである。

　重農学派は，剰余価値の性質が順次に明らかにせられて行ったその過程においてこのような地位を占めるものであるが，その重農学派の学説の基礎を据えたのは，フランス人のケネー François Quesnay[(1)]であった。しかしその当時，ケネーの周囲には数多くの優秀な著述家が集って，のちに『重農学派 Physiocrates』[(2)]と呼ばれるようになったひとつの学派を形成し，これらの人たちの著作したもののなかには，その一部にはケネーの経済学の前提から逸脱して，後に見るスミスの学説につらなるものもあったけれども，一方では，ケネーの学説の補足と見るべきものが非常に多くあり，特にチュルゴー Anne Robert Jacques Turgot[(3)]にはこの学派の理論のもっとも発展せるものが見出されるので，これらの人たちは，これを一括して，重農学派として見る方が適切である。

　それから重農学派の人たちの剰余価値に関する学説は，論理的にいえば上に見たようにステュアートのそれよりも発達したものであり，それにつづくべきものであるが，それが公表せられたのは，ステュアートの学説が公表せられたのとほとんど同時——というより多少先立っていた。すなわちステュアートの『経済

学原理』が出版されたのは，前に記したように 1767 年であったが，それに対してケネーが『経済表』を公にしたのは，わずかに数部しか印刷しなかったという最初の3つの版は別としても，『経済表とその説明（Tableau économique avec son explication)』が 1760 年，『経済表の分析 Analyse du tableau économique』でさえも 1766 年であり，またチュルゴーの『富に関する省察（Réflextions sur la formation et la distribution des richesses)』（これはこの学派の理論のもっとも完成せるものが見出されるものである）が公けにされたのは 1766 年末から 67 年初頭にかけてのことであった。

　この重農学派の属する著述家たちの学説の全般を代表するものはケネーの『経済表』であるが，その剰余価値に属する学説の骨子は，地代は剰余価値の単なる一分身ではなくして，それの唯一の形態である，とするものであった。彼らは，地代だけが剰余価値であると解釈して，その地代において，剰余価値の基本的規定を明らかにしたのであった。しかし地代が唯一の剰余価値の形態であるから，剰余価値の生産——したがって資本制生産——が行われるのは農業のみであり，他人の剰余労働を占有するものは，地代を収納する土地所有者のみであって，資本家の利潤は一種の労働賃銀であると見られたのであった。

2

　[1]　まず剰余価値の源泉に関する重農学派の著述家たちの学説における積極的なものについて見よう。

　剰余価値は，労働者が賃銀として受取った労働力の価値を再生産するのに必要とされる必要労働を超えてなすところの，剰余労働を源泉とする。労働者の一日の労働時間のなかには，労働力の価値を再生産し，資本家に賃銀を回収せしめるために必要な，いわゆる必要労働時間のほかに，なおこれを超えた，いわゆる剰余労働時間がふくまれている。この剰余労働時間が剰余価値の源泉となるものである。この関係は，ひとりこのような一日の労働時間の2つの部分という形式ばかりではなしに，生産された商品のそれぞれの部分という形式でも，これを表現することができる。たとえばある年にある農場で生産された農業生産物をとってみると，その一部分は消費された生産手段の価値を回収すべきものであり，総生産物のなかからこれを控除した，それ以外の部分は，その年のうちに，その年の労働によって創られた新しい価値を代表するものである。さらにこの後の方のものは，その一部は労働者に賃銀として支払われた価値を回収すべきものであり，

他の一部は剰余価値を代表するものである。そこで総生産物のなかから，まずその生産物を生産するために消費された生産手段の価値を回収すべき部分を控除し，次に賃銀の価値を回収すべきものを控除すると，残る生産物は剰余価値を代表するわけである。そしてこの剰余生産物の部分が存在するについては，種々の条件が必要とされるのであるが，直接の条件は，労働者がひとり賃銀の価値を再生産するために必要な時間ばかりではなしに，この剰余生産物を生産するに必要な時間までも，労働するということであって，このことがなければ，剰余価値も存在しないわけである。

　重農学派の人たちは，年々の農業生産物のなかには，まずそれを生産するために消費された生産手段の価値を控除し，さらに農業労働に従事した人たちが賃銀として受取るものを控除したのちに，なお残るところの部分があり，それが地代となる，と考え，地代を『純生産物 produit net』と呼んだが，これは，すぐ後に見るような欠陥はあるけれども，ともかく以上のごとき関係を明らかにしたものであった。

　フィジオクラートの剰余価値の源泉に関するこのような説明によって，剰余価値の源泉が流通の部面ではなくして，生産の部面にあることが明らかとなり，また剰余価値は，労働者にとってこそ剰余労働を必要とするけれども，生産された商品の価値の，消費された生産手段や生活資料の価値を超えたる部分として，積極的に発生し存在するものであって，決して単に一方の当事者がこれを失うがゆえに他方の当事者が利得するところの相対的なもの，したがって一国の資本全体にとっては存在しないもの――そのようなものでないことが明らかとなったわけである。

　フィジオクラートの剰余価値の源泉に関する説明は，しかし一方においては非常に顕著な限界をもっていた。そしてその限界を乗り越えて前進するところに，スミス以後の経済学の任務と進歩があったのであるが，その限界は，結局は，地代が剰余価値の唯一の形態である，と考えていたことである。地代は，前に見たように，実際は資本家が占有した剰余価値の一部が，一定の条件のもとで土地所有者に分配されるひとつの項目であるに過ぎないのであるが，重農学派の人たちは，これが唯一の剰余価値の形態であるとしていた。彼らにとっては剰余価値＝地代であった。そして利潤は，本来は資本家の手に帰するところの剰余価値部分であるのに，彼らにおいては，これは一種の労働賃銀であって，通常の労働者の賃銀と同じように流動資本の一部を成す，と解釈され，また剰余価値の一般的形態であるものは，本来は産業資本家の占有する利潤であるが，重農学派の人たち

においては，地代が剰余価値の一般的形態であって，利潤はそのなかから支払われる，と解釈されていた。資本制生産において労働者の剰余労働を直接に占有するのは産業資本であって，土地所有者はただ剰余価値の一部を地代として分け与えられるに過ぎないのに，逆に土地所有者が基本的生産手段たる土地を私有して生産を指揮し，農業労働者の剰余労働を占有するとされ，剰余価値を生産する唯一の現実的資本は，農業に投じられた資本である，とされていた。

地代をこのように唯一の剰余価値の形態であると見るについては，ケネーや重農学派の人たちは種々の理由をもっていたのであるが，理論的にいえば，価値は単なる素材一般であるとする，価値の性質に関する独特の一般的理解が，その真の原因をなすものであった。

大体，重農学派の人たちは，地代は，年々の農業生産物のなかから，これを生産するために消費された生産手段と，これを生産する期間中に農業労働者が消費した生活資料と，これらのものを控除したのちに，残るところの生産物であるとしていた。しかし彼らは，このような計算をするに当って，無意識のうちに，種々の使用価値の特殊な形態を抹殺して，それを単なる素材に還元している。種々なる使用価値を単なる素材に還元したがゆえに，生産物を生産手段および労働者の生活資料と比較することができ，地代を生産された使用価値と消費された使用価値との差額とすることができたのである。しかし種々なる使用価値の特殊な形態を捨象して，それらのものを相互に比較しうるものとするものは，それらの使用価値の価値であるから，このことは，言いかえれば，重農学派の人たちが単なる素材を価値の実体としたことを意味するわけである。しかし重農学派の人たちは，価値の実体をこのようなものと考え，剰余価値生産の機構をこのような形で把握したために，剰余価値を非常に特殊な形で説明するようになったのである。すなわち，工業においては，その各部門で生産される商品は，まったく労働者の生活資料とならないか，あるいは労働者の生活資料となったとしても，わずかにその一小部分を成すに過ぎないので，労働者が生産した商品と賃銀として受取る商品とを直接に比較することは不可能であり，また剰余価値の獲得は，複雑な流通過程によって媒介されている。ここで労働者が生産した商品と，賃銀として取りもどした商品と，この２つの商品量を比較してその差額を求め，その差額としての剰余価値を剰余労働に還元するためには，そしてそれによって資本制生産全般の基礎を理解するためには，まず諸種の使用価値を質的に相等しい価値に還元し，この価値の実体が抽象的労働という労働の特定の社会的形態であることを明らかにしておくことが必要である。しかるにケネーや重農学派の人たちには

この準備が欠けていたわけであるから，彼らは，工業では剰余価値の生産は行われない，工業の労働者はただ素材の形態を変化せしめるだけで，その量を増加せしめることはないとしたのであった。ただしかし農業においては，生産される商品は労働者の生活資料の大宗をなす農業生産物であって，労働者が提供したより大なる労働量は多量の農業生産物として，彼が受取るより小なる労働量は少量の同じ農業生産物として，また剰余労働はこの2種の生産物量間の差額として，直接に目に見ることができる。言いかえれば，農業における剰余価値の生産は，価値を単なる素材に還元し，価値に関する明瞭な理解を欠いていたとしても，これを把握することができる。ここにおいて——つまり一方において価値を単なる素材に還元したこと，および他方において農業と工業とにそれぞれこのような特殊な事情があることによって——重農学派の人たちは，剰余価値の生産が行われるのは農業だけであって，工業においては剰余価値は生産されない，と考えることとなったのであった。しかし剰余価値の生産は農業においてのみ行われ，工業においては行われないとすると，農業において特にはっきりと認められる剰余価値形態たる地代が，実際は資本家が占有した剰余価値の一部が土地所有者に分配される一項目たるに過ぎないのに，剰余価値の唯一の形態だということになる。そこで重農学派においては，剰余価値＝地代なのである。そして地代が全剰余価値を代表するから，利潤は，本来は剰余価値のうちの資本家の手に帰する部分であるのに，一種の労働賃銀と解釈され，また剰余価値を生産し，したがって現実的に資本であるものは，ただ農業に投じられた資本だけである，とされるのである。

そればかりではなく，ケネーや重農学派の人たちは，土地所有者が取得する地代は，社会関係の産物ではなくして，自然の贈りものであって，自然が，人間の一定量の労働に対して，生産手段および労働者の生活資料として使用されたある分量の農業生産物の代りに，それよりも多量の農業生産物を返し与えるところに生ずるものである，と解釈していた。これはもちろん誤りである。地代は——一般に剰余価値は——労働者がある一定の時間だけ労働して，ある分量の価値を生産するが，彼が賃銀として受取るところの価値が社会関係によりあるいは資本によって必要なる生活資料の価値に制限され，この価値を生産するには労働者が労働する時間の全部を必要としないために剰余分が現われるところから生ずるものである。もしも労働者が資本の強制を受けず，賃銀として受取る価値を再生産するために必要とされる必要労働時間だけ労働して，それ以上の労働をなさなかったとすれば，剰余価値は生じないはずである。しかしケネーたちは，このようには考えないで，労働者が労働する時間は与えられたものであって，この与えられ

た労働時間において，労働者は生活のために必要とする農業生産物以上の農業生産物を生産することができ，その差額が地代となるが，それは自然の協力によるものであって，したがって地代は自然の贈りもの don de la nature である，と考えた。つまり地代を社会関係の産物と解釈しないで，自然あるいは土地に対する関係から説明したわけである。

　フィジオクラートの学説は，一見して認められるように，著しい封建的色彩を帯びている。資本制生産において労働者の剰余労働を直接に占有するのは産業資本家であって，土地所有者はただ資本家が占有した剰余価値の一部を地代として分け与えられるに過ぎないが，ケネーたちにおいては，土地所有者が基本的生産手段たる土地を独占して生産を指揮し，農業労働者の剰余労働を占有するように解釈されている。また資本が最初に独立して発展した産業部門は，農業ではなくて，むしろ工業であるが，ケネーたちにおいては，剰余価値の生産が行われるのは農業であって，工業は却って剰余価値をもたらさない産業部門であり，農業の単なる附属物であると解釈されている。しかし地代は社会関係の産物ではなくして，自然の贈りものである，と解釈していたことも，その一部である。このように，重農学派の体系においては，資本制生産が封建的外観を与えられ，この体系は，封建制度の——あるいは土地所有の支配の——ブルジョア的再生産として現われるのである。ケネーたちが分析した生産関係のこのような封建的性格は，この体系が封建貴族のあいだに数多くの支持者を見出す根拠となったが，しかしそれは実は単なる外観に過ぎなかったものである。フィジオクラートは資本制生産を理想的な生産様式として礼讃し，資本の要求を反映した政策を主張したが，そればかりでなく，そこに現われる土地所有者は，商品の所有者であり，自由なる労働者に対立し，労働者との交換によって自分の手にある商品の価値を増殖せしめようとしているのである。したがって重農学派の体系は，その封建的外観にもかかわらず資本制生産を分析した体系であるが，しかしそこには次のような矛盾があったわけである。すなわちそれは，本来ならば剰余価値を他人の労働の取得によって説明し，かつその他人の労働の取得を商品交換の基礎のうえで説明すべきであるのに，価値を一定の社会的労働の形態としないで単なる素材と解し，剰余価値を剰余労働としないで，自然が，ある分量の労働に対して，ある量の農業生産物の代りにより多量の農産物を返し与えることにより生ずるところの，自然の贈りものと解釈している。しかも一方，相互に比較される２つの使用価値については，言いかえれば価値の実体たる素材については，ただその分量のみが問題とされる，ということこれである。

②　フィジオクラートは，このような非常に顕著な欠陥はあったけれども，ともかく剰余価値の源泉に関する研究を商品流通の部面から厳密な意味における生産の部面に移し，それによって資本制生産の機構の分析に対してその基礎を創ったのであった。スミス以後における発展も，この点においては，ただ重農学派の人たちの剰余価値の理論の基礎を承け継いで，それを他の産業部門と利潤とに向って拡大し，かつ精密化しただけであった。しかし重農学派の人たちには，剰余価値という範疇およびこの範疇に表現せられる資本関係の性質について，なおこれ以外のいくつかの側面をはじめて明らかにしたという功績がある。それらの功績の主なるものをここに一括しておく。これらの功績の一部分は，上のような剰余価値の源泉に関する理論の前提をなすものであって，その意味からいえばむしろそれを取扱うまえに取扱うべきであるが，便宜上それをもここに一括した。

①　フィジオクラートは，資本が労働過程にはいったときに分解されてゆき，労働過程にあるあいだその形態を採っているところの，各種の対象的構成部分を分析した。また——これとは異なった観点からする分類であるが——資本が流通において採るところの諸種の形態を規定し，かつ一般的に資本の流通過程と再生産過程とのあいだの関連を規定した。はじめ貨幣の形をもって前払いされた資本は，生産過程にはいるときに，その一部は生産手段に転化され，他の一部は労働力に転化されて，労働過程にあるかぎりはこの形態を採っている。そして生産手段は，工場鉱山農場等の設備や機械等の労働手段と原料との2つから成る。労働力の購買に投じられた貨幣は，労働者の手において，やがて必要なる生活資料の諸要素の購入に支出される。またこの資本価値は，商品が生産されると，その生産された商品の価値と一体となって流通にはいり，貨幣形態をもって回収されて，その後ふたたび同じ過程をくり返す。つまり資本価値は，全体として流通するわけである。けれどもその流通の様式は，転化した生産資本の要素の素材にしたがってまちまちであって，原料の購入や賃銀の支払いに充てられた，いわゆる流動資本の部分は，貨幣の形で前払いされた資本がふたたび貨幣の形で回収されるごとに，全体として回収されるけれども，労働手段に投じられた，いわゆる固定資本の部分は，流動資本部分が幾回転かするあいだ，そのまま永く生産の部面に止まって，その価値を断片的に生産された商品の価値のうえに移転する。重農学派の人たちはこの区別に着目して，農業に投じられた全体としての資本のなかに，固定資本に相当する原前払い avances primitives と流動資本に相当する年前払い avances annuelles の区別を立て，前者のなかにほぼ労働手段を，そして後者のなかにほぼ労働手段以外の一切の生産手段と，労働者の（および労働者と見

なされる資本家の）生活資料を加えた。そして年々の生産物の価値のなかから地代を支払うまえに控除すべき部分——いわゆる生産階級の回収——の中に，年前払いの価値を全体として，また原前払いの価値を部分的に（ケネーはこれを利子 intérêts と呼んでいる）補償する部分を認め，これを確保することが再生産のひとつの条件であることを明らかにした。重農学派の人たちにとっては，農業に投じられた資本が唯一の資本であったから，ここに記した区別も主として農業資本に限られ，また流動資本の回転は一律に１年であって，年前払いと呼ばれることとなった。また地代が唯一の剰余価値の形態であるため，資本家の利潤は賃銀と見なされ，流動資本のなかへ加えられたのであった。しかしこれらの欠陥はあったけれども，この区別の精神そのものは経済学の伝統となったのであった。この精神をうけ継ぎ，これに固定資本および流動資本の名称を与え，この区別を一般の産業資本に拡げたのは，スミスである。なお資本が労働過程において採るところの，道具，原料等という対象的存在様式を，これらの道具や原料などが資本制生産のもとにおいて現われるところの社会的諸条件から分離し，そしてそれらのものを，それの資本としての社会的形態から独立して，それが労働過程一般の要素であるところの形態において理解するのは，誤りであるが，重農学派の人たちはこの誤りをおかし，そのため資本制生産様式という生産の特殊な様式を生産の永久的自然形態と見なしてしまった。しかしこの誤りは，ひとり重農学派の人たちに限られた誤りではない。それは，ホジスキンが，生産の対象的諸条件とそれの資本としての存在とを混同してよいかという疑問を提出し，ジョーンズが資本制生産とそれ以前の生産様式との差異を指摘したほかは，マルクス以前のすべての経済学者に共通せる誤りであった。フィジオクラートにとっては『生産のブルジョア的諸形態が必然的に生産の自然的諸形態として現われた。彼らが，これらの形態を社会の生理学的諸形態として，すなわち生産そのものの自然必然性から生まれ，意志，政治等から独立しているところの形態として把握したということは，彼らの大きな功績であった。それは物質的法則である』（Th.I, S.34. 改造社版全集，第８巻，58頁［MEW, Bd.26-1, S.12］）。

② フィジオクラートは，労働者の賃銀が生活必需品，特に小麦の価格によって規定されることを明らかにした。そしてこの労働力の価値の規定を，剰余価値に関する理論全体の基礎とした。このことは３つの意味をもつことである。大体，労働力が，労働者の所有する商品として，一方における，労働力から独立して存在し，これから資本となろうとしているところの商品としての労働諸条件と対立するということが，一般に資本制生産の基礎をなす事がらであって，資本制生産

はこのような基礎のうえにのみ成立し発展しうるのであるが，その，労働力が商品となるという事実については，労働力の価値規定を明らかにするということが，本質的に重要なことである。これが第1である。第2に，商品の価値のなかから不変資本の価値を移した部分を控除すると，その商品の生産に当って新しく生産された価値部分が残る。資本家は，生産された商品のうちこれを代表する部分を販売すると，それによって労働力を購買するために支出した可変資本部分を回収すると同時に，剰余価値を実現するが，その結果，新しく生産される価値は，労働力の価値として労働者の手に帰する部分と，剰余価値として資本家および土地所有者の手に帰する部分とに分割される。しかしこのような価値の分割を規定するものは労働力の価値であって，労働力の価値が何らかの方法で制限されるときに，はじめて剰余価値が，したがって資本制生産が可能となり，それであるからまた，労働力の価値を何らかの方法によって固定されたものとして把握することが，経済学が資本制生産を分析し，剰余価値生産の機構を理解しようとする場合，その基礎となるわけである。第3に，賃銀の大きさが労働者の必要な生活資料の価格に依存することを明らかにすることは，労働力の価値を，他の商品の価値と同じように，それを生産するのに必要とされる労働量によって規定するための前提となることである。重農学派の人たちが，労働者の賃銀が生活必需品の価格によって規定されることを明らかにし，またこの労働力の価値の規定を剰余価値の理論全体の根底としたのは，このような意味をもつものである。もっとも重農学派の人たちは，労働賃銀はひとえに自然によって規定されるところの不変の量であって，歴史的発展段階によって規定され，その歴史的発展段階の推移とともに変化するようなものではない，と考えていた。この点は誤りである。

③　フィジオクラートは，機械，水力，家畜等の利用によって（したがって土地そのものの恩恵としてではなしに）労働の生産性が高められうること，これらのものの利用とそれによる労働の生産性の向上は小資本の場合よりも大資本の場合の方が大規模であること，およびこのような労働の生産性の向上からくる利益は，剰余価値の占有者たる土地所有者に帰することを認めた。

④　また蓄積の源泉が主として剰余価値にあることを認めた。ただし地代が剰余価値の唯一の形態であるとされていたため，その地代が蓄積の唯一の源泉であるとされ，資本家がこれとは別途に蓄積するものは，利潤は一種の賃銀であるから，資本家が賃銀のなかから節約し貯蓄したものと解釈された。地代が蓄積の唯一の源泉であるとする誤りはスミスによって訂正された。しかし利潤のなかからなされる蓄積は資本家の節約によるとする思想は，利潤は賃銀でないことが明白

となったのちも，永く残ったのであった。

⑤　フィジオクラートは，また道具，原料，生産期間中の労働者の生活資料などという生産の対象的諸条件は，労働者が労働力以外に何ものも所有しないようになり，そのためそれらのものが労働者以外の人々から労働者に前払いされるようになったときに，はじめて資本となることを認めていた。

⑥　生産的労働という言葉は種々の意味に解しうるが，資本制生産の目的が剰余価値の生産にあるかぎり，資本制生産の立場からいって生産的な労働とは，剰余価値を生産する労働のことである。重農学派の人たちはこのことを認めていた。ただし彼らは地代が剰余価値の唯一の形態であると解釈していたから，地代をもたらす農業人口だけが生産的階級であって，商，工業人口は剰余価値をもたらさない不生産的な階級としたのであった。

3　ケネーは有名な『経済表 Tableau économique』の著作者である。

一定の大きさの価値をもっているある国の年々の生産物は，一定の条件のもとで，一見したところ何らの秩序もなく行われるように見える商品交換を通して，社会の各成員の手へ分配され，そしてそれを通して再生産が進行する。『経済表』は，本来，この様式を叙述しようとしたものであって，それ自身としては，ここに私が見ようとしているケネーたちの剰余価値および資本の基本的性質に関する理論の一部を成すものではないが，ケネーや重農学派の人たちの資本制生産に関する把握，剰余価値の源泉および資本の基本的性質に関する学説を要約して表現したものである。

ケネーは，まずその当時フランスの一部の地方に行われていた，大規模な，資本主義的に経営される，進歩せる農業が，一般的に行われている，ひとつの国を仮定する。その国の人口は3000万と見積られるが，この人口は，それぞれの経済的機能にしたがって，農業に従事する資本家および労働者をふくむ生産的階級，君主，本来の土地所有者，教会をふくむ地主階級，および商工業人口をふくむ不生産的階級の3階級に区分される。この区分方法は，言うまでもなくケネーの剰余価値の理論にもとづくものである。耕地の広さは1億3000万アルパンで，それは種々相異なった肥沃度を有する地片から成る。この耕地は120億リーヴルの資本を持って耕作されるが，そのうち100億リーヴルは固定資本，いわゆる原前払いであり，20億リーヴルが農業資本家の生活費をも加えた流動資本，いわゆる年前払いである。資本主義的に経営される発達した農業は，この国において年々50億リーヴルの農業生産物をもたらすが，そのうち30億は農業資本家の資

本および利潤，いわゆる生産階級の回収であって，残る20億リーヴルが純生産物であり，地代あるいは『収入』として土地所有者の階級に帰する。生産階級の回収のなかには，年前払い20億リーヴルと，固定資本の磨滅分，いわゆる原前払いの利子10億リーヴルとが含まれている。工業生産物の価値は20億リーヴルであるが，その半ばは消費された原料の価値を移したものであり，他の半ばはいわゆる不生産的階級に属する人々が消費した生活資料の価値を代表する。また50億リーヴルの農業生産物のうち30億リーヴルのものは，10億ずつ分けられて生産的階級，地主階級，不生産的階級の生活資料となり，20億リーヴルは10億ずつに分けられて生産的階級および不生産的階級の生産手段となるべきものである。これらの数字は，大体において，その当時の模範的大規模農業にもとづいて計算されたものと言われている。

　年々の生産物全体のうち流通に入る部分は，1年全般にわたって無数の販売と購買とを通して各階級の各個人の手に帰するものであるが，経済表においては，同じ階級の内部における流通は捨象され，種々なる階級のあいだのそれは，いつの場合も1年分全体を一括する流通行為の形で示される。価格の変動や外国貿易は捨象されており，また再生産は年々同一の規模においてくり返されると仮定さ

経済表の範式

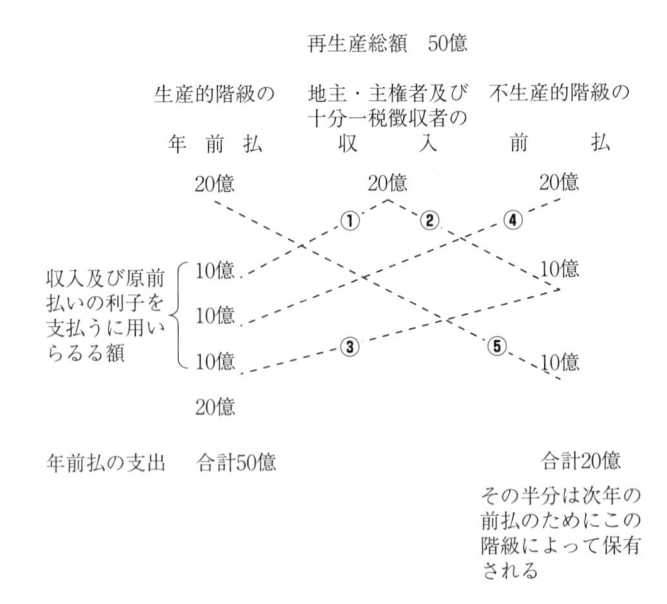

再生産総額　50億

生産的階級の	地主・主権者及び十分一税徴収者の	不生産的階級の
年　前　払	収　　入	前　払
20億	20億	20億

収入及び原前払いの利子を支払うに用いらるる額 ｛ 10億　10億　10億 ｝　20億

①　②　④　10億

③　⑤　10億

年前払の支出　合計50億　　　　　　　合計20億
その半分は次年の前払のためにこの階級によって保有される

れている。いずれも表を複雑ならしめないためである。経済表は，一国の年々の生産物の分配が問題なのであるから，その流通行為の出発点は，当然に，ある生産年度の総生産の結果である。流通開始の当時，農業生産物 50 億リーヴルは生産的階級の手に，また工業生産物 20 億は不生産的階級の手に存する。このほかに生産的階級は 20 億リーヴル，不生産的階級は 10 億リーヴルの貨幣をもつと仮定される。地主階級はただ 20 億の地代に対する請求権をもつのみである。

　経済表は，このように仮定したうえで，各階級間の流通を別表のように描いているのである。すなわち，まず生産的階級が地代として 20 億リーヴルの貨幣を地主階級へ支払う。地主階級は，その貨幣の半分をもって，生産的階級から生活資料とするために農業生産物を買い入れる。これによって，地代として支払われた貨幣の半ばが生産的階級の手にもどり，同時に，それだけの農業生産物が流通から消費の領域に入る。次に地主階級は，地代の残りの半分をもって不生産的階級から工業生産物を購入し，不生産的階級は，同じ貨幣をもって，生産的階級から農業生産物を購入する。これらの工業および農業生産物は，それぞれの階級の生活資料となるものである。これによって，地主階級の手もとでは地代の全部が生活資料にかわり，生産的階級は，地代として支払った貨幣を，生産物の販売によって，また次年度において地代として支払いうるように回収し，また不生産的階級は，工業生産物の一部を生活資料に転化させる。最後に，生産的階級は，不生産的階級から 10 億リーヴルの工業生産物を購入し，反対に不生産的階級は生産的階級から同額の農業生産物を購入する。前者は大部分農業用具その他の耕作に必要な生産手段から成っていて，原前払いの利子に相当するものであり，後者は不生産的階級の原料たるべきものである。

　このような諸階級間の流通の結果として，再生産が支障なく進行し，各階級の人々が生活をつづけてゆく条件が満たされる。地主階級においては，20 億リーヴルの地代請求権が 1 箇年分の生活資料たる 10 億リーヴルの農業生産物および 10 億リーヴルの工業生産物となり，生産的階級の手には，原料および生活資料として最初から保留した 20 億リーヴルの農業生産物のほかに，主として労働手段の磨滅分をつぐなう 10 億の工業生産物と，次年度において地代を支払うために回収した貨幣 20 億とがあり，最後に不生産的階級は，20 億の工業生産物に代えて，おのおの 10 億ずつ原料および生活資料を代表する 20 億リーヴル分の農業生産物をもっているのである。

　一口に経済表といっても，ケネーは実は種々の機会に 20 種に上る表を作成したのであった。これらのものは，大体において『原表 tableau fondamental』と

呼ばれるものと『略表 tableau abrégé』と呼ばれるものとの2つの系統に分けることができる。上に紹介したものは略表であって，それは，原表が，生産物の分配および流通を直接にはそれぞれの階級に属する個人間のものとして描き，かつ，同じ性質を有する流通行為を幾回もに分割されて行われるように表示しているのに対し，社会を構成する個々人を経済的地位にしたがって階級に一括し，彼らのあいだに行われる無数の流通行為を階級間の1回かぎりの流通として表示することを特質とするものである。

このような経済表については，久しいあいだ，それの真実の意味は何処にあるか，それは実際上何を取扱ったものであるかが疑問とされてきた。ケネーの弟子たちは，多くこれに非常に大きな理論的ならびに政治的な意義を認め，ミラボー Marquis Victor de Mirabeau のごときはこれを文字，貨幣の発明と並んで社会に安定性を与える3大発明のひとつと見なしたと言うことであるが，スミスはこれに無関心であった。マルクスは，これを，生産手段の諸要素を生産する産業部門の資本家および労働者の生活資料はどのようにして保障されるか，生活資料を生産する産業部門の生産手段はどのようにして現物をもって代置せられるか，この両大産業部門間の交換はいかなる意味をもっているか，社会的生産手段と社会的生活資料とがこの交換を通していかに維持分配されるか等，要するに社会的資本の再生産が流通を通していかに行われるか，を明らかにしようとした最初の企図であると評価し，自分自身の再生産の表式を作成するに当り，その出発点としたのであった。

3

フィジオクラートの体系は，この有名な，私たちにとってもっとも馴染みの深いケネーの『経済表』と，その基礎となり補足となるところの剰余価値の源泉や性質に関する特殊な学説との両者を総合したものであるが，それは，資本制生産を分析した最初の体系，資本がよってもって生産され，また資本が生産するところの諸条件を，生産の永久的自然法則として叙述した最初の体系であった (Th.I, S40-41. 改造社版全集，第8巻，63-64頁[MEW, Bd.26-1, S.20])。

フィジオクラートは，まず，資本が労働過程に入った場合にどのような対象的構成部分に分解されるか，また流通に際してはどのような形態を採るかを分析し，一般的に資本の流通過程と再生産過程との関連を規定した。また労働者の賃銀が，その労働者が労働者として生活をつづけてゆく上に必要とされる生活資料の価値

によって規定されることを明らかにし，これを基礎として剰余価値としての地代が労働者の剰余労働から生ずることを明らかにした。フィジオクラートは，また労働の生産力を発展せしめる要因の一部を明らかにし，労働の生産力の発展による利益が地代に帰すること，蓄積は主として剰余価値である地代のなかからなされること，現実の生産者が生産手段や生産期間中に必要とされる生活資料を所有しなくなった場合に，これらのものが資本となること，これらのことを明らかにした。そしてこのような資本制生産の理解を基礎として，資本の流通および再生産の過程を『経済表』に総括したのであった。

　これらのことは，多かれ少なかれフィジオクラートの功績となることであって，経済学は，この功績によって，それだけ資本制生産の理解を深くかつ広くしたのであった。特に剰余価値の源泉が流通過程ではなくして，生産過程にあることを明らかにしたことは，前に記したように非常に著しい功績であった。それによって，剰余価値は純粋に流通から生ずるとする，その当時支配的であった重商主義の独断的な誤りが排除され，ステュアートの学説が前進せしめられ，剰余価値の生産の分析の基礎が据えられたのであった。

　しかしフィジオクラートの体系には，また非常に重大な欠陥があった。それは地代が剰余価値の唯一の形態であり，それは自然の贈りものであるとすることであった。地代が剰余価値の唯一の形態であるから，農業に投じられた資本が唯一の資本であり，土地所有者が労働者の剰余労働を直接に占有する人であり，農業が，資本制生産が行われる唯一の産業部門である等ということとなった。このような資本制生産の偏った理解は，価値の実体を一般的な抽象的な労働としないで，素材一般としたことによるものであるが，そのためにフィジオクラートの体系には，前に見たような矛盾が生じたのであった。

　フィジオクラートの学説は，このような形においてフランス革命に先立つ30年ほどのあいだフランス内外の支配的な経済学説となった。それは，数多くの優れた著述家のあいだに支持を得たが，そればかりでなく，その封建的性格も手伝って，またフランス内外の封建君主のあいだにも支持者を得たのであった。

　フィジオクラートの体系にふくまれている誤った理解を正し，その正しい部分を保存し発展させることが，その後の経済学の任務となるわけであるが，この任務の大きな部分は，スミスによって解決された。スミスは，『国富論』において，一方では自分自身のより発展した学説を打ち樹てるとともに，第4篇第9章『農業学説について』においてフィジオクラートの学説を詳しく批評した。もっともそのスミスも，彼自身の新しい問題と限度を提示すると同時に，なおフィジオク

ラートの誤りを一部承け継いでもいた。これらの誤りは，一部はリカードウによって訂正されたが，それが終局的に排除されたのはずっと後のことであった。

(1) ケネーは本来の職業は医学者で，最後には当時のフランス国王ルイ 15 世の侍医となった人である。1694 年 6 月 4 日にパリの西方にあるメレ Méré という村に生まれた。生家は貧しい農家であった。ケネーははやく父親に別れて，最初は一外科医の弟子となり，後にはパリの医学校に入学して医学を学んで医師となり，1717 年にマント Mantes 市に開業した。専門は外科および産科であったが，令名高く，土地の名士との交際も広かったということである。その後，そのころパリに設立された外科医学校 Académie de Chirurgie の幹事を経て，1749 年には国王ルイ 15 世の愛人であったポンパドゥール侯爵夫人 Madame la Marquise de Pompadour の侍医となって，ヴェルサイユ王宮内に起居するようになり，後にはルイ 15 世自身の侍医となった。ケネーは 1753-56 年ころから政治や経済の問題に関心を持って，その研究を始め，有名なディドロ Denis Diderot とダランベール Jean L. R. d'Alembert とが編集刊行していた『大百科辞典 Grande Encyclopédie』に 1756 年に寄稿した借地農業家に関する論文や穀物に関する論文を始め数多くの著作論文を発表した。またケネーは 1757 年ごろミラボーを説得したのを始めとして多数の，しかも非常に優れた弟子を得，自分たち自身では経済学者 Economistes 後年の学者からは重農主義者 Physiocrates と呼ばれる，ひとつの学派をつくり，その学説や政治上の意見を宣伝したり，論敵と論争したりした。1774 年 7 月には弟子の一人たるチュルゴーがルイ 16 世の大臣に任ぜられたが，ケネーはそれを見て，その年の 12 月 16 日に 80 歳をもってヴェルサイユ王宮の中で亡くなった。経済学がなお幼かったころには，当然に専門の経済学者などというものは問題になりえないわけであるから，それは哲学者，政治家，商人などの手によって発達せしめられたのであるが，医師でこの発達に，しかも大きな貢献をした人がいく人かあった。ペティ Sir William Petty バーボン Nicholas Barbon マンデヴィル Bernard de Mandeville などがそれであるが，ケネーもまたその有力な一人であったわけである。またケネーが商品の流通を一表にまとめて『経済表』を作成することを思い付いたのは，彼が医師で，ハーヴェイ William Harvey の血液の循環の発見を知っていたことが，その動機ではなかったかと推測されている。

　ケネーの経済学関係の業績の主なものは『経済表』であって，他の著作は，ある意味からいってこれの註釈と見ることができるが，その『経済表』については

　1　Tableau économique avec son explication et les Maximes générales du gouvernement économique, qui y sont jointes sous le titre d'extraits des economies royales de M. de Sully, 1759.（増井幸雄・戸田正雄共訳『経済表』岩波文庫に邦訳がある）〔平田清明・井上泰夫共訳『経済表』岩波書店，1990 年〕

　2　Analyse du tableau économique, 1766.（同上）

がある。ケネーは 1758 年 12 月にはじめて『経済表』を印刷公表したが，これを初回としてその後いく度かそれを再刊した。しかしそれらのものはみな失われてしまったと信じられており，今日残っているのは，それらのものの手稿あるいは校正刷りの，1890 年以後になって発見され復刻されたものだけである。これらはいずれも『原表』と呼ばれるものの系統に属するものであるが，第 2 のものには略表が載せられ，解説されている。『経済表』を解説敷衍したと見うるケネーの著作論文の主なものは

 1 Fermiers, 1756.（堀新一訳『ケネー商業と農業』有斐閣，1937 年に邦訳がある）
 2 Grains, 1757.（同上）
 3 Du commerce, premier dialogue entre M. H. et M. N., 1766 および Sur les travaux des artisans, second dialogue, 1766.（同上）
 4 Premier Problème économique, 1766 および Second Problème économique, 1767.（堀新一訳『重農経済学』第 1 分冊に第 1 のものの邦訳がある）などであり，また
 1 Le droit naturel, 1765.（堀経夫訳『ケネー商業と農業』に邦訳あり）
 2 Despotisme de la Chine, 1767.（堀経夫訳『重農経済学』第 1 分冊，丸善，1939 年に邦訳あり）には，経済学の法則の一般的性質に関するケネーの学説が述べられている。ケネーの著作を集めたものは数種あるが，私たちに見易いのは次のものである。
 1 Physiocrates. –Quesnay, Dupont de Nemours, Mercier de la Rivière, L'Abbé Baudeau, Le Trosne, avec une introduction sur la doctrine de Physiocrates, des commentaires et des notices biographiques, par Eugène Daire, Première Partie, Paris, 1846.
 2 Oeuvres économiques et philosophiques de F. Quesnay, fondateur du système physiocratique; accompagnées des éloges et d'autres travaux biographiques sur Quesnay. Publiées avec une introduction et des notes par Auguste Oncken, Frankfurt S/M et Paris, 1888.［日本語のものとしては坂田太郎訳『「経済表」以前の諸論稿』春秋社，1950 年と島津亮二・菱山泉訳『ケネー全集』第 1－3 巻），有斐閣，1951-1952 年がある］
 ケネーの生涯および著作論文の詳細については上の 2 つの著作集あるいは増井幸雄の『ケネー』（三省堂，1934 年）を参照していただきたい。
(2) ケネーは，前に記したようにミラボー Marquis Victor de Mirabeau を説得して協力者としたほか，多数の優秀な弟子をもった。その弟子のなかで経済学の文献中にしばしばその名が挙げられるものは，メルスィエ・ド・ラ・リヴィエール Paul Pierre Mercier（または le Mercier）de la Rivière（1720-1794），チュルゴー Anne Robert Jacques Turgot（1727-1781），ル・トローヌ Guillaume François Le Trosne（1728-1730），ボードー Nicolas Baudeau（1730-1792），デュポン・ド・ヌムール Pierre Samuel Dupont de Nemours（1739-1817）である。これらの人たちは，自分たち自身では経済学者 Economistes と称していたが，後年の学者からはデュポン・ド・ヌムールの発案にしたがって重農主義者 Physiocrates と呼ばれている。
 重農学派の資本制生産に関する理論は本文に見たとおりであるが，この派の人たちは，経済政策においては自由主義を主張して，生産に対する中世的な，あるいは国家的な干渉に反対し，またすべての租税を地代に課する単一地租の制度を主張した。これらのことは，その当時においては，若い資本制生産に対して自由な，最大限の発展を保証するという意味をもつものであった。重農学派の人たちは，資本制生産をもって，労働の生産力の最大限の発展を保証する理想的な生産様式であるとしていたのであった。しかしその当時のフランスでは，コルベールの名をもって呼ばれる重商主義の政策がなお残っており，これを支持する勢力も有力であったので，重農主義者たちはこれらの人たちと争わなければならなかった。重農学派の人たちは，後年の経済学関係の文献にしばしば引用されるようになった，数多くの著作を遺したが，また相次いで Gazette du commerce, de l'agricultures et des finances.（1764 年）Journal de l'agricultures, du commerce et des finances.（1765 年）Ephémérides du citoyen, ou, Bibliotheque raisonnée

des sciences morales et politiques（1767年）という雑誌を世に送った。これらは，論敵との戦いにおける彼らの機関紙であって，ケネーの論文も，そのいくつかはこれらの雑誌に掲載されたものであった。重農学派の学説が事実においては資本制生産の理論的分析でありながら，非常に顕著な封建的色彩を帯びていたように，その自由主義的政策や単一地租の主張も，実際は資本の要求を定式化したものでありながら，土地所有の利益と栄誉とを名として主張せられた。このためそれはフランス内外の封建的君主のなかに，いく人かの熱心な支持者を見出すことができた。チュルゴーがルイ16世の大臣となったこともその一事例と見うる。しかしこの学派はチュルゴーの政治的失脚とともに，勢力を失ったのであった。重農学派の運動や思想を記述したものとしては，ウーレルスのもの（Georges Weulersse, Le mouvement physiocratique en France de 1756 à 1770, Paris, 1910）とヒッグズのもの（Henry Higgs, The Physiocrats. Six lectures on the French Economistes of the 18th century, London, 1897. ［住谷一彦訳『重農学派』未来社，1957年］が標準的なものとされている。オンケンの経済学史（August Oncken: Geschichte der Nationalökonomie. Erster Teil: Die Zeit vor Adam Smith, 3. unveränderte Auflage, Leipzig 1922）にも詳しい叙述がある。ウーレルスの著書の第1分冊の巻頭およびオンケンの経済学史の巻末には重農学派やこれに属する人たちやに関する文献の詳しい目録が載っている。

(3) チュルゴーは，1727年5月10日にパリに生まれ，1781年3月18日にやはりパリで亡くなった。生家は旧い貴族で，父親は一時パリの市長となり，地方行政に功績のあった人であった。チュルゴーは最初ソルボンヌ大学に入って神学の教育を受けたが，のちに行政官に転向した。そして警察や国会の職員を経て，1761年にリモージュ Limoges の知事，74年7月に海軍大臣，同年末に大蔵大臣となった。リモージュの知事であった時代には，自由主義的経済政策や単一地租制度などという，重農学派の年来の主張を実施して成功したが，大蔵大臣となって同じような政策を実施しようとしたときには，反対の声が強くて成功せず，76年5月に失脚した。チュルゴーは早くから哲学者，文学者，経済学者との交友関係が広く，経済学者では重農学派の人たちと親しかったことは言うまでもないが，後に記すスミスとも相識の間柄であった。チュルゴーが著作した経済学関係の主なものは，前に挙げた，

　Réflexions sur la formation et la distribution des richesses, 1766.（永田清訳『富に関する省察』岩波文庫，1934年）

で，リモージュの知事であった時代に書かれたものである。チュルゴーの書いたものは次の著作集にまとめられている。

　Oeuvres de Turgot. Nouvelle édition classée par ordre de matières avec les notes de Dupont de Nemours augmentée de lettres inédites, des questions sur le commerce, et d'observations et de notes nouvelles par MM. Eugène Daire et Hippolyte Dussard et précédée d'une notice sur la vie et les ouvrages de Turgot par M. Eugène Daire, 1844. ［津田内匠訳『チュルゴ経済学著作集』岩波書店，1962年］

　この著作集の第1分冊の巻頭にはデールが書いたチュルゴーの詳しい伝記が載っている。チュルゴーが『富に関する省察』のなかで展開している理論は，重農学派の理論のもっとも発展せるものであった。のみならず，剰余価値は，本来は重農学派の人たちが考えていたような単純な『自然の贈りもの』ではなく，また労働者が土地所有者や資本家にその剰余生産物を譲り渡さなければならないのは，彼がその労働の対象的諸条件に対する所有権を失ってしまうからであるが，チュルゴーは，いくつかの箇所でこのことを指摘している。

第3章　アダム・スミス

1

　スミス Adam Smith[1]の経済学関係の業績を盛った代表的な著書は，言うまでもなく，有名な『国富論（An Inquiry into the Nature and Causes of the Wealth of Nations）』[2]である。この著書は1776年に出版されたが，それは，ステュアートの『経済学原理』やチュルゴーの『富に関する省察』が初めて公にされてから10年足らず後のことであった。

　私たちは，『国富論』においては，古典派経済学が資本制生産について描き上げた理論的肖像画の基本的部分が，早くもほぼ完成されているのを認めることができる。もちろん，スミスの経済学にはいくつかの重大な欠陥があり，それはスミス以後において訂正されて，この訂正が経済学にとって重要な進歩となったのであるが，資本制生産の肖像画の基本的な部分は，すでにここで出来上っているのである。そこでは剰余価値が，資本家が賃銀労働者から搾取するところの剰余労働に還元されており，また剰余価値が農業ばかりではなしに，鉱業，工業においても創られること，また地代ばかりではなしに利潤もやはり剰余価値であること，そして土地所有者ではなくて産業資本家が労働者から剰余価値を汲み取ること——これらのことが明らかにされている。

　マルクスは，経済学は，ステュアートにおいてその取扱うべき問題の範囲が判然となって，ひとつの大きな全体となった，と言っており，また重農学派の人たちは，資本の分析の基本的部分をなし遂げ，これによって近代経済学の本来の父となった，と言っている。これは確かにその通りであるが，しかしステュアートは，少くとも資本制生産の理論的分析という点からいえばなお甚だしく断片的未完成的であり，重農学派の学説はまた一面的であって，むしろそこに資本制生産の統一的分析があるのだろうかと疑いたいくらいであった。このような不満は，スミスに来るとほぼ解消されてしまう。そしてリカードウ以後は，ホジスキンとジョーンズ，特にジョーンズの場合は多少事情が異なるけれども，大体においてスミスが描いた資本制生産の姿の，内部的細目を完全なものとして行くこととな

ったのである。

2

[1] まず剰余価値の源泉に関するスミスの説明の，正しい，積極的な側面を見ることにする。

　資本制生産のもとで生産された商品の価値は，まず生産手段の価値を移した部分と，その商品の生産に際して新しく付け加えられたものと，この2つの部分から成る。労働者は，生産手段を生産的に消費しながら，それの価値を保存し，新しい生産物のうえに移すのであるが，しかしそれと同時にそれに対してある量の新しい労働，したがって新しい価値を付け加えるのである。この新しく生産された価値は，旧来の価値とともに，その全体が資本家の所有に帰するが，一部分は賃銀として支払われたものを回収するものであるから，結局，その後に残るところのものが資本家の手において剰余価値となるのである。剰余価値というものは，このようにして新しく生産された価値のうち，資本家が労働者からいわゆる支払うことなしに，あるいは無償で取得するところの部分である。この剰余価値は，その一部分はそのまま資本家の手に止まってその資本に対する利潤となるが，他の一部分は，一定の条件のもとに土地の所有者に引き渡されて地代となる。結局，労働者が新しく生産した価値がまず資本家と労働者とのあいだに分けられ，次いで剰余価値が資本家と土地所有者とのあいだに分配されるわけである。このような新しく生産された価値の分割は，また新しく生産された商品のうち，その新しい価値を代表するところの部分の分割として表現することもできる。

　スミスは，剰余価値の源泉を，このような形態において理解し説明している。すなわち生産者たちが生産に必要とされる原料その他の対象諸条件をみずから所有し，したがって互いにただ商品を所有し，それを販売するところの人としてのみ相対立するところの社会状態——スミスはこれを『資本の蓄積と土地の私有に先立つところの初期未開の社会』と呼んでいる——では，労働の生産物はその全部がそれを生産した労働者の所有となるが，『資本がひとたび特殊の人々の手に蓄積されるや否や』それらの人々のうちの一部は，労働者を雇って利潤を得るためにその資本を使用するようになり，また『ある国の土地がすべて私有財産となるや否や』土地所有者は，生産物がその土地の自然的な生産物であった場合でさえも，その一部を地代として要求するようになる。この利潤や地代は，労働者たちが原料の価値に付け加えるところの価値，あるいはそれを代表するところの

生産物を源泉とし，その一部である，と言っている。スミスは，そればかりではなしに，また利子も，それが貨幣資本を借り入れた人自身の資本，あるいはその人が他人から借り入れた資本のなかから支払われる場合を除けば，以上のような諸種の収入，特に利潤のなかから支払われ，したがって利潤の一部であり，また租税および租税に由来する俸給，年金等のすべての収入も，それが賃銀に由来する場合を除けば，利潤または地代を源泉とすることを明らかにした。なおスミスは，同じ箇所において，このような剰余価値の生産——したがって資本制生産——が，機械，原料，作業中の労働者の生活資料というような，労働の対象的諸条件があるひとつの階級の所有に帰し，いまひとつの階級には単なる労働力の処分権だけが属するという事情を前提とし，このような事情が発生したときに始まるということを認め，また資本の利潤が賃銀とは全然相異なった法則によって支配されるまったく別個のものであり，したがってそれを監督および指揮の労働という，特殊な労働の賃銀であるとすることは誤りであり，資本の利潤の大きさは，ひとり使用される資本の大きさによって規定され，監督および指揮の労働の分量や性質に比例するものではないことを認めている。

　以上のようなスミスの剰余価値に関する理論を先に見た重農学派の人たちのそれと比較してみると，私たちは『アダム・スミスが剰余価値の，したがって資本の分析において重農学派の人たちを越えてなした大きな進歩』(Th.I, S.148. 改造社版全集，第8巻，172頁［MEW, Bd.26-1, S.56］)を認めることができる。重農学派の人たちは，剰余価値を創るものはただ農業労働という特定の種類の現実的労働だけであるとして，労働の使用価値を（価値の源泉たる一般的社会的な労働ではなしに）考察し，ただ地代だけが剰余価値であるとし，農業労働において地代という剰余価値を創るものは自然であるとしていた。これに対して，スミスにおいては，価値を創るものは一般的社会的な労働であって，それがいかなる使用価値の生産に使用され，いかなる使用価値となって現われるかはまったく問題でなく，剰余価値は，利潤も，地代も，利子も，ともに労働の対象的諸条件を所有する者が労働者を雇い，その商品を生きた労働と交換することによって取得するところの，価値を創る一般的社会的な労働の一部分に他ならず，また地代と利潤と利子とのすべてが剰余価値であり，剰余価値の相異なった形態に他ならぬのである。

　このようなスミスの剰余価値の発生に関する説明にも現われていることであるが，資本家と労働者とのあいだの，労働力の売買という交換は，少くとも結果からこれを見れば相等しい労働量の交換ではなく，そこでは，2つの商品はその中に相等しい分量の労働がふくまれているときに，相等しい価値をもつものとして

第3章　アダム・スミス　　47

交換されるとする，価値に関する一般的法則がまったく破棄されている。スミスは，単純な商品交換とそれの価値法則の説明から，資本家と賃銀労働者とのあいだの交換および剰余価値の説明に移ってゆくに際して，そこにこのような事実が認められ，ひとつの間隙あるいは変化が現われることを認めている。大体，資本制生産の場合には，労働の対象的諸条件と単なる労働力とが相異なった2つの社会群に属する商品として互いに対立していて，独立の小商品生産者の社会とは異なった，特殊な占有事情が支配するものである。一国の労働者全体がある年度において生産した生産物全体のなかから，その年度内に消費された生産手段を補償するものを控除すると，その残りの部分はその年度内に労働者が新しく生産した価値を代表するものであるが，それはひとり労働者だけの手に帰しないで，労働者と資本家（および生産過程において資本家によって代表される土地所有者その他）とのあいだに分けられる。この事情は，価値あるいはその価値の実体をなすところの労働からいっても同じであって，資本制生産とは，要するに生産者にあらざる社会群が現実的に生産者たる社会群の生産物の一部分を商品交換と価値の形式とを通して取得するところの生産様式に他ならないものである。したがってそこでは，交換は，その結果からいえば労働量に従って行われない。すなわち労働者の側からいえば，提供する労働量は比較的に大きく，受取る労働量は比較的に小さいし，反対に資本家の側からいえば，提供する労働量は比較的に小さく，受取るそれは比較的に大きい。一定量の生きた労働をもってしては，商品のなかにふくまれてある労働のより小さい分量しか購買しえず，反対にある分量の労働をふくむ商品（またはそれのいわゆる転化した形態である貨幣）は，それ自身がふくんでいる労働量よりも大なる分量の生きた労働を購買することができる。そこでは，結局，相等しい労働量の交換という関係は——独立の小生産者だけを仮定した場合と異なって——揚棄されているのであって，またそれであるからこそ剰余価値の獲得が可能となるのである。しかし，それによって剰余価値が発生すると同時に，一方において，商品の価値の実体は労働であって，2つの商品は，それを生産するのに必要とされ，そのなかに含まれている労働量が相等しいときに交換されるとする，商品価値の一般的規定を最後まで維持し貫徹しようとすると，そこに，ひとつの，理論的に何とか解決しなければならぬ困難が現われてくる。言いかえれば，資本制生産を前提すると同時に，価値の法則の現われ方にひとつの変化が生じ，価値の法則は特殊な展開をなし遂げ，その反対物へ転化するわけである。スミスは，このことを感じて，それを強調した。そしてこれは，リカードウがここにひとつの問題がひそんでいることを感知していず，それを研究していな

いのに対して，スミスの『大きな功績』であったのである(Th.I, S.151-152. 改造社版全集，第8巻，174-175頁［MEW, Bd.26-1, S.58-59］)。ただ，スミスはこの事実から，2つの商品はそれを生産するのに必要とされる労働量が相等しい場合に相互に交換されるとする，価値に関する一般的規定が，資本制生産の場合には行われなくなるという結論をひき出しているが，これはしかし誤りである。この場合に労働者と資本家とのあいだに売買される商品は，1日1週あるいは1箇月の労働そのものではなくして，労働そのものとは異なった，労働力という商品であり，労働者が受取るものは，労働そのものの価値ではなくして，労働力の価値である。そして労働力の価値は，労働力を生産するのに必要とされる労働量，すなわち労働者が労働者として生存してゆくうえに必要とする生活資料を生産するのに必要なる労働量によって規定され，この点，他の一般の商品と異なるところはないのであって，またこの労働量は，労働の生産性の向上の結果，その産物たる労働力のなしうる労働の量よりも小さく，それであるから剰余労働の可能性が発生し存在するのである。資本と賃銀労働とのあいだの交換をその結果から観察すると，一見しては価値に関する根本的規定が廃棄されているように見えるけれども，この根本的規定は，この交換を媒介するところのこのような過程において，完全に維持されている。したがってスミスが，資本制生産の成立とともに生ずる変化に注目したのは，ひとつの功績であるが，それから，価値に関する一般的規定は資本制生産の場合には行われないという結論をひき出しているのは，誤りだと言わなければならない。大体，単純な商品流通から商品価値に関する一般的規定を学んで，この一般的規定を資本制生産のうえに適用しようとする際に生ずる困難は，労働者が販売し，賃銀においてその代価を受取るところの商品が，実は労働そのものではないこと，労働とは異なった，労働力という商品であることを明らかにすることによって，解決することができるものである。スミスは，労働力がなしうる労働と，その労働力の維持および再生産に必要とされる労働とが，まったく別個のものであることは知っていたが，労働力という範疇を発見し，賃銀の流通形態を明らかにするという仕事には，手を着けなかった。そして上のような混乱を来たしたのである。スミスは，剰余価値の発生を説明する際には，終始，諸種の商品にふくまれている労働の量によってそれらの商品の価値は規定されるという，正しい価値規定を固執しているので，上の混乱から影響を受けることはなかったが，しかし後に，種々の問題を取扱うに当ってはこれがために動揺を来たし，一般に資本制生産の一般的基礎の統一的理論的概観を作り上げるのを妨げられたのであった。

スミスは，以上のように，労働者が賃銀として受取った価値を再生産するのに必要とされる労働以上の，いわゆる剰余労働をなすことが，剰余価値の源泉であることを明らかにしたが，その際しかしなお若干の誤りをおかしている。

　スミスは，剰余価値という範疇の特有の性質や，そこに現われる資本制生産の諸関係の特殊な性質を特別に研究するということをしていない。剰余価値は，利潤や地代などの共同の源泉であるか，あるいはこれらのものの共同の源泉であるからこそ，これらの，剰余価値の特殊な形態あるいは分身と呼ばれるものとは全然別個の範疇であって，それらのものとはまったく異なった性質を有し，特殊な法則によって支配される。スミスは，以上の箇所で見たように，労働者が原料等の価値に付け加える新しい労働または価値，あるいはこれを代表する生産物部分のなかから，労働者が賃銀として取りもどすところのものを控除した残りの部分をば，最初には利潤の，のちには地代の源泉と見，したがって利潤と地代の双方の共同の源泉と見ている。したがってスミスは剰余価値が独立の一般的範疇であることを事実上明らかにしているわけであるが，しかしそれでもそれ以上に進んで，それの特殊な性質を特別に研究しようとはしていない。すなわち剰余価値というものがあり，それが利潤と地代との共同の源泉となっているという事実を適当に評価して，そこから剰余価値は独自の一範疇であるという結論を引き出し，その剰余価値の独自的性質を明らかにするという仕事には，手を着けなかったのであった。このことは，悪い結果を生まずにはいなかった。スミスの説明のなかに見出される誤ったものの一部分は，スミスがこの剰余価値の特殊な性質を明らかにしなかったという事実にもとづくものである。たとえば一方では以上のように剰余価値を剰余労働に還元しながら，他方において大なる資本に帰する大なる利潤をば資本家の関心から説明している場合，あるいは同じ数の平均的労働者を使用する——したがって同じ量の剰余価値を占有しているはずである——2個の資本の一方に，単純にそれが使用する原料の価値が大であるという理由によって，他方よりも大なる利潤を帰せしめている場合などがそれである。このような剰余価値と利潤との，したがって商品の価値と生産価格との混同と，それに由来する混乱とは，のちにリカードウの経済学の中心的問題となり，さらにリカーディアンと呼ばれる一群の経済学者においては，結局経済学がリカードウに到るまでに作り上げてきた成果をも否定してしまうような結果を生ぜしめたのであるが，スミスにおいては，一方に，商品の価値は，賃銀の平均に利潤等の平均率を加えて構成されるとする，すぐ次に見るところの，一層根本的な誤謬があったために，そこまで発展せずに終ったのであった。

スミスは，また，一方においては以上に記したように商品の価値の内容がその商品を生産するのに必要とされる労働であることを明らかにし，このような価値の一般的規定を基礎として資本制生産の基本的構造を分析し，商品の価値あるいは商品のなかに含まれている労働が資本や土地所有のために分割されて，賃銀，利潤および地代となることを明らかにしたが，しかしまた一方において資本や土地所有はこれとはまったく異なった機能をもち，賃銀，利潤および地代はこれとは別個の源泉をもち，商品もこれとは別個の価値をもつ，とも考えている。この学説は，後に至ってスミスの生産費説と呼ばれるようになったものであるが，そしてそれは，上に紹介した，労働価値説と呼ばれるものと結局において同じものだと言うわけにゆかない学説であるが　スミスはこの2つの説明の異同および選択に迷っていたのであった。大体，人間は，生産・生活資料の種々なる要素を生産するためには，かならず一定量の労働を支出しなければならないが，この労働が商品流通のもとにおいて採るところの形態が，すなわち商品の価値である。この立場からいうと，商品の価値を創るものは，その商品を生産するに当って支出される労働であり，この一定の価値が，分割されて賃銀，利潤，地代となるのである。そして資本や土地所有は，賃銀労働者を強制して剰余労働をなさしめ，生産された商品の価値の一部を利潤や地代に転化させはするけれども，それだけであって，それらのものが利潤や地代を創り，その利潤や地代が合計されて商品の価値を創るものではない。やや詳しく言えば，資本は，商品が生産されるに当って，第1に，その価値を生産された商品のうえに移転する。けれども，これは不変資本部分という資本の一部分に限られたことであって，賃銀の支払いに充てられた可変資本部分は，労働者の消費によって現実的に消滅してしまい，ただ労働者の新しい労働によって新しく再生産されるのみであり，しかも不変資本部分の価値が生産された商品の価値のうえへ移転されるのは，ただそれが——一定量の蓄積された労働として——商品の生産に必要なる労働の一部を成すからであって，決して資本であるからではない。資本は，第2に，賃銀労働に対する強制という意味をもち，労働者を強制して剰余労働をなさしめるし，また労働の生産力の発展をうながしていわゆる相対的剰余価値を創る。しかしこの湯合も，価値を創るものは賃銀労働者の労働であって，資本はただこの賃銀労働の条件として，それに関与するのみである。資本は，第3に商品のなかに対象化された労働の一部を剰余価値として資本家が占有するための条件となっている。しかしこの場合それは資本家のために収入の源泉となるというだけであって，商品の価値がこのように分割せられ占有せられるということは，決して分割せられ占有される価値その

ものの源泉となるものではない。このような分割や占有が行われなかったとしても，それはただ労働者がその生産物とその価値との全部を取得することになるばかりであって，依然として商品の価値には何の変化もない。つまり，資本は決して剰余価値という，新しい価値の源泉となるものではないのである。これらの点は，しかし土地所有の場合も，同じであって，それは地代という価値の源泉となるものではない。また賃銀も同様である。労働力をいつもくり返し販売して賃銀を得るということは，労働者にとって収入の源泉を成すものであるが，賃銀そのものは，労働者が創った価値のうちその労働者自身の手に帰するところの部分という，あらかじめ存在せる価値であって，価値を創り出すものではない。賃銀の価値は，労働者の消費によって終極的に消滅してしまい，新しく生産された商品の価値のなかに賃銀の価値がふくまれているのは，労働者が必要労働と呼ばれる一定の労働をなすからである。スミスは，前に見たように，商品の価値を分析して，ある商品を生産するのに必要とされる労働がその商品の価値の内容であることを明らかにし，この価値に関する一般的規定を基礎として，資本の価値増殖分が剰余労働を内容とすること，および商品の価値が分割されて賃銀，利潤等となることを明らかにしたのであるが，しかし一方においてこの立場を最後まで維持貫徹しないで，賃銀，利潤，地代という3つの収入形態は，ひとり一切の収入の本来の源泉であるばかりでなく，また同時に不変資本の価値を移した部分を除く商品の一切の価値の本来の源泉でもある，と言っている。この説明は，スミスの生産費説と呼ばれるものの根底であって，それは，資本制生産の理論的分析を放棄して，商品の価値は賃銀，利潤などという収入諸形態から，それらのものを合計することによって構成されるが，賃銀，利潤などという価値が存在するのは賃銀労働，資本などが存在するからであり，賃銀労働や資本は賃銀，利潤などという価値の源泉となるのであるとするものであって，第1の説明の仕方とは根本的に異なった，誤った説明である。そしてスミスは，生産に必要な労働による商品の価値の規定は，独立の小生産者の社会でのみ行われ，資本制生産のもとでは行われないと言う場合には，商品の価値に関するこの2つの説明の仕方，したがって剰余価値の源泉と発生に関するこの2つの説明の仕方の相違に触れているわけであるが，しかしまた事実上その相違に気付かずに，その両者を同時に並べて主張してもいるのである。商品の価値はその商品を生産するのに必要とされる労働の量によって規定されるとする立場を基礎として資本制生産の諸関係を説明するという仕事には，実は種々の点において大なり小なりの困難を生ずるのであって，それらの困難のひとつひとつを解決してゆくところに，スミスをも含めた古典派

経済学の発展があったのであり，スミス自身は，前に記したようにこの困難のひとつに気付いていて，それがひとつの動機となってこのように動揺するようになったのであるが，この主張そのものは誤りである。この場合におけるスミスの混乱は，一般にスミスの経済学に対して大きな，いわば破壊的な影響を及ぼしたものであるが，剰余価値の説明においても，それは悪い影響をもったのであった。商品の市場価格は生産価格を中心として不断に変動しているのであるが，その変動の中心となる生産価格のなかに含まれる平均利潤は，質的にはもちろん，量的にも一般に剰余価値とは異なったものであり，したがって商品の生産価格はそれの価値とは異なったものであって，したがって，利潤と生産価格とは，剰余価値および価値を出発点とし，これから展開せらるべきものであり，そしてこの展開は数多くの論理的中間段階を通過して行われるものであるが，スミスは生産価格——それを彼は『自然価格』と呼んでいる——を価値と同一視し，また利潤を剰余価値と同一視して，後者から前者への転化をまったく問題とせず，利潤や生産価格に関する皮相的な説明をもってこの転化の機構の分析に代えてしまったのであった。もっとも地代については，地代は商品の価値または『自然価格』を創り上げてゆく構成要素であるという前提のもとに，それの平均率の研究を進めてゆくうちに，賃銀または利潤の大小は商品の価格の大小の原因であるが，地代の高低は価格の高低の結果であるとして，地代に関するかぎりいま一度自分の見解を変えているが。

[2] スミスは，以上のように，資本家と労働者とのあいだの労働力の売買の説明につまづいたり剰余価値と利潤とを混同したりというような誤りをおかしはしたけれども，剰余価値の発生の問題の基本的な部分を解決していたのであった。このスミスの解決は，その後リカードウたちによって承け継がれ，次第に完成されていったものであって，したがってスミスは，スミスの後から出て経済学を研究するものが大体において基礎とし出発点としうるまでに，剰余価値の発生の問題を解決したのであった。しかしスミスはそればかりではなかった。その他の問題にも種々の功績があったのである。その主なるもの次のごとし。

① スミスは固定資本と流動資本とを区別した。もっともこの区別の精神そのものは重農学派の人たちから承け継いだもので，スミスの創見とは言えないものであるが，しかしそれに固定資本，流動資本の名を与え，またこの区別を農業に投じられた資本に限らないで，すべての産業資本に及ぼした。固定資本，流動資本という名称は，その後永く経済学の伝統となった。

② 労働力の価値は，その労働者自身およびその家族が永く賃銀労働者としての生活を維持してゆくのに必要な生活資料の価値に帰する。そして労働力の価値がここに限定されるから，剰余価値が存在しうるのであり，したがって労働力の価値をそのようなものとして理解することは，剰余価値の発生を理解するための前提であるが，スミスは，これも重農学派からの伝統であるが，そのような労働力の価値規定を認めていた。また資本制生産のもとでは，労働の生産力の発展は必ずしも労働者の利益とならないこと，および労働の生産力は，大体においてそのような資本制生産となって初めて著しい発展を遂げることをも認めていた。

③ スミスは，商品の価値は，賃銀，利潤，地代等としてその商品の生産に関係した種々の当事者たちの収入となってゆく，v+m をもって表わされる部分のほかに，c をもって表わされる部分をも含んでいるか，という問題を提起した。そしてこの問題に対しまったく相対立する2つの解決を提出した。そしてこの問題を解決したことではなくして，むしろ互いに矛盾する2つの解答を与え，それによって疑問を提出したことが，結果からいって，スミスの長所であった。

商品の価値は，その商品を生産するに当って新しく付け加えられた価値の v+m のほかに，消費された生産手段の価値を移した部分 c をふくんでいる。この商品の価値のなかに c が含まれているということは，生産が多少とも発展すると，それには単に労働力ばかりではなしに，生産手段までも必要となるものであって，社会は，同一の規模における再生産を継続するためには，どのような生産様式のもとで再生産をつづけているかにかかわらずいつも消費した生産手段の諸要素を再生産しておかなければならないという事実が，資本制生産のもとで採るところの形式なのである。そしてこのような事情があるために，そこから種々の結果が出てくる。資本が，剰余価値を賃銀の支払いに充てられた可変資本の産物たる剰余価値という形式のままで把握することができないで，総資本の産物たる利潤という形式において把握しなければならないということ，また社会の産業のなかには，生活資料の諸要素を生産する部門のほかに，これと並んで生産手段の諸要素を生産する部門が存在し，この二大部門のあいだにその時その時に一定の割合が保たれていなければならないということ，新しく剰余価値のなかから蓄積される資本は，単に賃銀の支払いに充てられるばかりではなくして，賃銀の支払いに充てられるものと生産手段の購買に充てられるものとの両方を含むということ，そして労働の生産力が発展すると，それにつれて資本のいわゆる有機的構成が高度となり，同じ大きさの資本が雇用し運動に投じうる労働量，したがって他の条件に変化なきかぎり同じ大きさの資本が占有しうる剰余価値の量が，相対的

に減少するということなどがそれである。もっとも労働者は，もちろん，特に不変資本部分の価値を生産物の価値のなかへ移転し保存するために，特別の労働をするわけではない。労働者は，個々の労働者も，また労働者階級の全体も，ともにただ賃銀として受取った労働力の価値を再生産し，資本家の剰余価値となるところのものを生産するだけであるが，しかしそれにもかかわらず，年々新しく生産される価値と，年々の生産物の価値とは，同じものではなく，後者は，前者のほかに，なお年々の生産物を生産するために消費された前年度以前の生産にかかる価値要素をふくんでいるのである。このような年々の価値生産物と年々の生産物価値とのあいだに差異があるということは，商品を生産する労働に，商品の使用価値をつくる現実の有用労働と価値をつくる抽象的労働との2面があるということに，その理由を求めることができる。年々生産される商品は，その全部がその1箇年間に支出された有用労働の産物であるが，その労働が抽象的労働として生産する価値は，その年々の生産商品の価値の一部に過ぎないこととなるのである。

　スミスは，個々の商品をとった場合，たとえば穀物の価値のなかに，少くとも農業資本家の立場からいって，不変資本部分を補償するものが含まれていることは認めていた。しかしその部分——賃銀，利潤および地代に対していわゆる第4の部分をなすもの——が，結局また賃銀，利潤，地代に分解されると見て，これが価値のひとつの独立の成分となることを否定し，各商品の価値はcをふくまず，種々なる収入の源泉の一またはすべてに分解され，これらの収入によって生活するどの階級かにいわゆる消費基金として帰する，と主張したのであった。年々の社会的生産物全体に対しても同様であって，スミスは，大体において，その中に不変資本の物的要素がふくまれていることを認めた。そしてその結果それを国民の総収入と呼んで，個人的消費に帰する，いわゆる純収入と区別したのであるが，一方ではまた，国民の年々の労働が供給するものは，どの国民の場合も，その国民が年々消費する生活必需品および便宜品のみであると言っている。

　スミスが誤ってこのように商品の価値のなかからcを駆逐しようとするようになった動機としては　私たちは2つのものを考えることができる。そのひとつは，賃銀と剰余価値とから商品の価値は構成されるとする，スミスの誤った立場である。けだしこの場合にcを認めたとすると，収入形態とは異質的なものが，商品価値の構成に参加することとなるからである。その2は，スミスの本来正しい立場であって，労働者が労働によって創り出した価値が賃銀と剰余価値とに分解せられ，かつ労働者はこれ以上に何の労働もしないとすれば，商品の価値のなかに

cという別の要素が入る余地はありえないではないか，とも考えられるからである。第1の動機は，生産費説を維持してよいかという問題に帰着し，第2の動機は，有用労働と抽象的労働との差別の問題に帰着する。

④　スミスは，また生産的労働という概念に対して正しい規定を与えた。生産的労働という言葉は，いろいろの定義を与えることができる言葉であるが，資本にとって，あるいは資本制生産の立場からいって生産的なる労働と言いうるものは，可変資本部分をもって購買されて，ひとりこの資本部分を再生産するばかりでなく，それ以上に資本家のために剰余価値を生産し，したがって前払いされた貨幣を資本たらしめるところの賃銀労働であり，労働者は，必ずしもいつもこのような労働者であるわけではなく，このような労働者となったときに，初めて資本制生産における生産的労働者となり，また前払いされた貨幣は，このような労働者に出会ったときに，初めて資本となるのである。スミスは，生産的労働という言葉のこのような意味を，はっきりと把握していた。もっともこのような生産的労働の規定も，実は重農学派からの伝統であるが，ただ重農学派の人たちがこれを土地所有者のために地代を創るところの農業労働に限ったのに対し，スミスはこれをこの狭い誤った限界から解放したのであった。そしてこの場合における進歩は，もちろん，剰余価値の源泉，したがって資本の本質に関する見解の進歩にもとづくものであった。しかるにスミスはこの生産的労働の規定においても，この正しい規定を最後まで貫徹せず，一方において商品あるいは価値を生産するか否かということによって生産的労働と不生産的労働とを区別しようとし，したがってひとり賃銀労働者ばかりではなしに，手工業者等をも生産的労働者のうちに加えようとしたのであった。スミスがこのような第2の見解をとったことについては，資本が広く種々の生産部面を支配するようになると，商品はその大部分が第1の意味における生産的労働の生産物となるということ，重農学派が農業労働だけを生産的労働と解し，工業人口をすべて不生産的労働者に加えたのに対して，抽象的に対立したということ，重商主義者が金銀における価値の耐久性を説いたのに惹かれたことなどがその動機となっているが，スミスは，その結果，いつもこの2つの見解を交錯させて表明し，この問題でも『両刃的』となったのであった。

3

スミスについてここまでに記してきたことを，副次的な点を加えながら，一応

要約して見よう。

　スミスは，商品の使用価値と価値とをはっきりと区別した。そして商品の価値がその商品を生産するのに必要とされ，その商品のなかに対象化されている労働の量によって規定され，2つの商品は，この労働量が相等しい場合に，相等しい価値として互いに交換せられることを明らかにした。もっともスミスには，商品のなかに対象化されている労働と，ある商品またはその転化した形態である貨幣をもって購入される賃銀労働者のいわゆる生きた労働とを区別しなかったとか，あるいは商品のなかに対象化されている労働と，この商品と交換し，この商品をもって購買することのできる，他の商品のなかに含まれている労働とを区別しなかったというような，不備な点があるにはあったが，ともかくこのような商品の価値に関する一般的規定を明らかにしていたことは事実であった。そしてこれを基礎とし出発点として剰余価値の発生を説明しようとした。資本家が取得する利潤も，土地所有者の手に帰する地代も，ともにその実体は労働者の剰余労働である。労働者の剰余労働がその労働者自身の所有に帰しないで，このように資本家や土地所有者の手に帰するのは，まず第1には，土地，機械，原料というような生産手段や，作業期間中にその労働者が必要とする生活資料やが，『先行的蓄積』の過程においてあらかじめその労働者の財産たることを止め，資本家や土地所有者の財産としてその労働者と対立するからであり，第2に，このような社会関係のもとでは，労働者が自分の生産物の価値のうちから賃銀として受取るところの部分が，労働者が労働者として生活してゆくのに必要とする生活資料の価値に制限されるからである。またこのような社会関係のもとでは，労働の生産力が発展しても，それは資本家や土地所有者の手に帰する剰余価値を増大させるのみで，労働者自身はほとんどその恩恵に浴しない。そして労働の生産力を発展せしめる，少くともスミスの時代においてもっとも有力な槓桿となったものは分業であるが，その分業は，資本制生産と大きな資本の蓄積を前提とするから，労働の生産力の発展は，事実上，労働者がもはやその恩恵に浴しえないような社会状態となってはじめてなし遂げられるものである。ひとたびいわゆる原始的蓄積の過程を経て資本制生産が行われるようになると，剰余価値の一部が資本家の個人的消費のために支出されずに資本化されることにより資本は漸進的に増加してゆき，資本制生産の規模は拡大されてゆく。資本制生産の立場からいって生産的労働者とは，ここで雇用される労働者のことである等。スミスはこれらの事情を明らかにした。

　このような，剰余価値や資本制生産の基本に関するスミスの説明は，種々の欠

陥を伴ってはいたが，しかしともかくそれがひとつの大きな進歩であり，功績であったことは事実である。このようなスミスの学説を，この問題に関するステュアートやフィジオクラートの学説と比較してみると，私たちはそこに大きな進歩を認めることができる。ステュアートにおいては，利潤は流通から生ずる相対的な利潤に過ぎず，剰余価値ではないとされ，一方，剰余価値が認められてはいたが，その源泉や性質は少しも明らかにされていなかった。これに対してフィジオクラートは，剰余価値の源泉が直接的生産の領域にあることを明らかにしたが，同時にそれを地代と農業に限っており，利潤をなお一種の賃銀としていたのであった。スミスのこのような剰余価値論は，ある意味からいえば，ステュアートの学説とフィジオクラートの学説とを総合し発展させたものと見ることができるが（Cunow: Theorien über den Mehrwert. I, Die Neue Zeit, 23. Jahrgang, 1. Band, S.551-553），通俗的見解やこれらの先人の誤りを正し，資本制生産の正しい理解を準備し，経済学に対して永続的な財産を遺したものである。スミスの『国富論』は，出版後間もないころから，イギリスの国会でもしばしば引用されるようになったと言うことであるが，理論的研究の方面でも，それは間もなくそれ以前に公けにされた経済学関係の著述を陳腐なものにしてしまい（McCulloch, Literature, p.11），遅くもリカードウとなると，スミスは何処まで正しく，何処から誤っているかという形で，経済学を研究するようになったのである。『スミス主義 Smithianismus』という言葉は，イギリスの古典派の経済学者たちを指称するために，それも主として本来の意味における経済学の理論ではなくして，相異なった事情と立場から一般的社会観や自由主義の主張やを非難する場合に使用される言葉であるが，古典派全体を指す言葉にスミスの名が用いられるところに，スミスの地位が示されている。『国富論』5篇のうちスミスの理論的見解が主として説明されているのは第1，第2の両篇であるが，この2篇は，スミスの地位が確立されてくるにつれて，また古典派の経済学説の一種の原典となったのである。

　スミスの剰余価値に関する学説の消極的な側面を簡単に要約すると，次のごとくである。

　①　スミスが初めて樹立した価値および剰余価値に関する学説は，本来は重農学派の学説に最初から対立し，これを批評しているものであるが，それにもかかわらず，『国富論』には，早くから問題とされたように，本来はフィジオクラートに属し，スミス自身はじめて確立した，スミス自身の立場と矛盾する大きな脈が見出される。たとえば地代に関する理論がそのおもな例であって，そこでは，

スミスは，農業においては，工業におけるとは異なり，自然力の作用が大であり，農業生産物のなかから，人間の生産物と考えうる一切のものを控除したのちに残るところの自然の産物が，地代となると言って，リカードウの批評を受けることとなった。またスミスは，資本家が利潤の全部を個人的消費に支出しないで，その一部を蓄積し，資本の増加に充てるのを，資本家の禁欲と節約のように見ており，リカードウその他の人たちもこのスミスの見解を承け継いでそのように考えているが，これは，利潤を剰余価値と見ないで，本来は資本家によって消費さるべき賃銀であると見ていた重農学派の学説が残ったものである。

② スミスは，剰余価値を剰余労働に還元したが，しかしこれを利潤と混同し，そのため剰余価値の源泉そのものについてすら誤った意見を述べるようになった。また剰余労働に直接に関係するいわゆる可変資本部分を不変資本部分から区別するということをせず，固定資本，流動資本という，資本の流通過程から来る区別だけしか知らなかった。また資本家が労働者から購買し，賃銀をもって支払うところの商品が，労働そのものではなくして，これとは異なった労働力であることを明らかにしなかった。そしてそのため，商品の価値の一般的規定は，資本制生産においては行われなくなる，とすら言うようになった。

③ スミスは，商品の価値を労働に，また剰余価値を剰余労働に還元したが，それと同時に，土地所有や資本や賃銀労働は地代，利潤，賃銀という価値の源泉であり，商品の価値は，それとは独立して規定された，これらの収入諸形態を合計することによって構成されるとする通俗的見解をもそのまま受け容れていた。そしてその結果，剰余価値が利潤に転化し，一般的利潤率が確立され，諸商品がその価値をもってではなくして，それとは原則として異なった生産価格をもって売買されるようになる機構を研究する，一切の動機を失ってしまった。

④ スミスは，資本制生産のまえに，土地所有者と資本家とを知らぬ社会状態が存在したことを認め，これと資本制生産とが相異なった法則によって支配されることを認めており，また資本制生産が原始的蓄積の過程を前提とし，労働者が土地と生産手段と生活資料の所有を失うことを前提とすることを認めており，一般にその当時の学者思想家と異なって歴史的研究に趣味と才能とをもっていたと言われているが，それにもかかわらず，資本制生産を歴史的経過的な生産様式と見ないで，生産の絶対的形態と見ていた。そして分業は商品生産と不可分であり，分業の発展にはかならず資本の蓄積が必要であるとしていた。またいわゆる楽観的立場を採って，資本制生産が内部に矛盾を蔵していることを認めなかった。

スミスは，このように，剰余価値の源泉の問題でも，あるいはその他の問題で

も，一方ではみずから正しい解決を発見し，叙述しながら，他方では同時に誤った見解を述べていわゆる『両刃的』であり，そのため問題を解決したことではなくして，解決すべき問題の存在することを指摘したことこそ，スミスの功績であるとされるほどである。スミスのこの『両刃的』性格は，一部は彼の方法からきたものであった。すなわちスミスが資本制生産に対し，したがって経済学に対して執っていたところの，一種特別の態度からきたものであった。大体，経済学は，一方では資本制生産の内部的関連に分け入って，それを明らかにしなければならぬとともに，また一方では競争の世界に表面的に現われる関連を精密に記録し叙述しもしなければならぬ。この2種類の仕事は，それぞれそれ自身としては正当なものであって，相合して経済学の全体系を作り上げるものである。スミスは，大体この双方の仕事に興味をもっていたのであった。スミスは，一方，資本制生産の内部的構造を解明して，経済学の理論を創ってゆくという仕事と，他方においてはステュアートとともに資本制生産の外面に現われる種々の形態を初めて記録し，経済学が包含し研究すべき領域をある程度まで完結せしめ，経済学をばひとつの大きな体系にまで完成するという仕事と，この2つの仕事をその当時の歴史的事情から担っていたのであるが，スミスは，この2つの仕事の双方に興味をもっていたのであった。ただスミスにおいては，この2つの仕事がそれぞれ別個に，互いに独立して行われたところから，まったく矛盾せる説明が，すなわちマルクスが『国富論』の秘伝的な部分および公開的な部分と呼んでいるところのものが現われたのであった（Th.Ⅱ-1, S.2. 改造社版全集，第9巻, 18頁［MEW, Bd.26-2, S.163］）。

　スミスの経済学の欠陥の，全部ではないまでも，その著しい部分は，このような方法上の欠陥から生まれたものであるが，これらの欠陥を訂正すること，そしてスミスの説明の正しい部分をそれから救い出し発展させることが，スミスの後から出て経済学を研究した人たちに残された仕事となった。事実，『国富論』は，それが出版されて間もないころから，ローダデイル James Earl of Lauderdale，アンダーソン James Anderson，ビュキャナン David Buchanan，特に次に見るリカードウの批評を受けたのであった。

　　(1)　スミスは，ステュアートやケネーやチュルゴーと違って，主として大学で生活した人であった。1723年6月5日に，スコットランドの東海岸に在ってフォース湾 Firth of Forth を隔ててエディンバラと相対している小さい町カーコーディ Kirkcaldy に生まれ，1790年7月17日にエディンバラで亡くなった。スミスは，最初カーコーディの町の小学校で初等教育を受けたが，その後，37年の，恐らく10月にグラスゴウ大学

Glasgow College に入って，40年の春までここに在学し，40年7月から46年8月までオクスフォード大学のベイリオル・カレッジ Balliol College に学んだ。オクスフォードを卒業したのちは母のいる郷里に帰り，その間48年から49年にかけての冬を第1回として冬3度エディンバラ大学で英文学などの講習会を開いたりなどしていたが，51年1月にグラスゴウ大学に招聘されて教授となり，初めは論理学，のちには『道徳哲学』の講座を担当した。しかし64年3月に大学を辞め，それから2年間，若いバックルー公爵 Duke of Buccleugh に随ってヨーロッパ大陸諸国を旅行し，このときケネー，チュルゴー，ディドロー，ダランベールなど，その当時の有名なフランスの学者思想家と識った。この旅行から帰ってからは『国富論』の筆を進め，76年3月に『国富論』四折版上下2巻を公刊した。その後，77年にはスコットランドの関税監督官 Commissioner of Customs に任命され，87年から89年まではグラスゴウ大学の学長となった。前にスミスがグラスゴウ大学の教授となっていたころ，同市の市長であったコックレン Andrew Cochrane が貿易問題について意見の交換をするために毎週1回会合するクラブを設けていたが，スミスもこのクラブの会員となって，自由貿易の必要を強調していたということである。そして63年，すなわちスミスがやがてグラスゴを離れようとしていたころ，ステュアートが永年の亡命生活から許されて帰国し——そして恐らくは前記コックレンのクラブに加入して——スミスと反対に穀物関税賦課論をグラスゴウの市民に説いたが，スミスの影響が強かったために，その効果がなかった，とステュアートは言っている。スミスは，最初グラスゴウ大学の学生であったときにはハッチソン Francis Hutcheson の『道徳哲学』の講義を聴いて，それから非常に強い感化を受けたと伝えられるが，その当時のスコットランドの諸大学の道徳哲学の講義は，いつも経済学に関する部分をその一部としてふくんでおり，ハッチソンのこの講義にも，何ほどか経済学が含まれていたと推定されている。後年スミスがその『道徳哲学』の講義を担任するようになったとき，その講義のなかに経済学が含まれていたことは明らかであるが，その前に，エディンバラの講習会での講義のなかでも，ある程度まで経済学の話をしていたと伝えられている。

スミスの著書の主なものとしては，スミス在世中に公刊されたものが2種，逝去後に出版されたものが2種，合計4種がある。次のとおりである。

1　The Theory of Moral Sentiments, 1759.（米林富男の訳書がある［『道徳情操論』上・下, 未来社, 1969-1970年］）［水田洋訳『道徳感情論（上）（下）』岩波文庫, 2003年］

2　An Inquiry into the Nature and Causes of the Wealth of Nations, 2 vols., 1776.（大内兵衛，竹内謙二，青野季吉諸の訳書がある）［水田洋監訳・杉山忠平訳『国富論（一）～（四）』岩波文庫, 2000年］

3　Essays on Philosophical Subjects, to which is prefixed, an Account of the Life and Writings of the Author, by Dugald Stewart, 1795.［水田洋他訳『アダム・スミス哲学論文集』名古屋大学出版会, 2005年］

4　Lectures on Justice, Police, Revenue and Arms, delivered in the University of Glasgow by Adam Smith, reported by a student in 1763 and edited with an introduction and notes by Edwin Cannan, 1896.（樫原信一の訳書と高島善哉，永田の共訳書［『アダム・スミス　グラスゴウ大学講義』日本評論社, 1947年］がある）［水田洋『法学講義』岩波書店, 2005年］［このほか，水田洋・松原慶子訳『アダム・スミス修辞学・文学講義』名古屋大学出版会, 2004年］

ほかに次の著作集がある。

The Works of Adam Smith, LL. D. and F. R. S. of London and Edinburgh: Dc. With an Account of his Life and Writings by Dugald Stewart, 5 vols., 1811-1812.［現在は，国富論200年記念に出版された，いわゆる「グラスゴウ版全集」The Glasgow Edition of the works and correspondence of Adam Smith, 1976-1983. があり，上記1-4の水田洋らによる新訳も，この全集版を参照あるいは底本としている。］

　スミスの生涯や著作論文について書いたものとしては，第3番目の著書『Essays』の巻頭にかかげられたステュアートのものが永く標準的なものとされていたが，いまはレイの手に成るもの（John Rae, Life of Adam Smith, 1895.［大内兵衛・大内節子訳『アダム・スミス伝』岩波書店，1972年］）その他多数にある。邦文では小泉信三教授の書かれたもの（『アダム・スミス伝』改造社版偉人伝全集，第2巻，改造社，1932年）などがある。スミス関係の文献については，やや古いが『経済論叢』第18巻第1号（大正13年2月刊行）および『商学研究』第3巻第1号（大正12年6月刊行）に詳しい目録が載っている。

(2)　『国富論』は5つの篇から成っている。そのうち第3篇はヨーロッパ経済史であって，スミスは歴史的精神に富んでいたと言われる根拠となるもの，第4篇はマーカンティリストおよびフィジオクラートの学説の批評，言いかえればスミスの経済学史であって，スミスがこれらの学説を学界から駆逐した直接の原因となった部分，第5篇は国家論および財政学である。第1篇および第2篇では，スミス自身は労働の生産力の発達をもたらす諸原因および労働の生産物が社会の種々なる階級のあいだに分配される様式と，資本の性質や蓄積などを取扱うと言っているが，それはスミスの経済学の理論をふくみ，したがってスミスの経済学界における地位が高まるにつれて，重要視されてきた部分である。

　『国富論』は1776年3月に四折版上下2巻の初版を出したが，実際に公刊されるまえから学者のあいだに大きな期待を持たれていて，事実，76年に初版を出したのち，78年，84年，86年，89年と，スミスの在世中に5度版を重ねた。そしてスミスは各版とも多少ずつ改訂を加えたが，特に84年の第3版においては著しい改訂をほどこした。またスミスが亡くなったのちにも，それはある時は原型のままで，またある時はPlayfair, Buchanan, McCulloch, Wakefield, Rogers, Nicholson, Cannanなどの解説や註釈を加えて，いく度も出版された。今日ではキャナンの版本が恐らくもっとも普通に使用されている。

第4章　リカードウ

1

　リカードウ David Ricardo[1]は，最初は当面の経済的時事問題に関する何種かの小冊子を書いて，それによって彼の学説を世に問うていたが，スミスの『国富論』より40年ほど後れた1817年に，のちに非常に有名な著書となった『経済学および課税の諸原理（On the Principles of Political Economy and Taxation）』[2]を書いて資本制生産全般に関する彼の理解を世に問うたのであった。その当時は，『国富論』とそこに叙述されてあるスミスの経済学とが支配的な経済学であり，また経済学のもっとも代表的な教科書であって，経済学を研究するものは，恐らくみなと言ってよいと思うが，これを出発点としていた。リカードウもまたスミスによって経済学の研究を始めたものであるが，しかしついにスミスの学説に満足することができないで，自分自身の新しい結論に到達したのであつた。17年に出版された『原理』という著書は，リカードウのこのような結論をまとめたもので，それは，経済学における非常に大きな進歩をあらわし，リカードウの後から出て経済学を研究するものに非常に大きな影響を与え，経済学の研究をひとつのまったく新しい方向へみちびいたのであった。リカードウは，この著書において，

① 　商品の価値の大きさを規定するものは，その商品を生産するのに必要とされる労働の量であって，ある商品をもって購入しうる労働量がその商品の価値を規定すると解釈するのはまったくの誤りであること。

② 　上のような商品価値の一般的規定は資本制生産全体の終局的基本的な原理であること，そして利潤や地代もこれから説明されるべきであり，また多かれ少なかれ困難はあるが，それはこれを説明しうること。

③ 　スミスが，資本や土地所有が現われ，資本制生産が行われるようになると，上の一般的価値規定は行われなくなるように言っているのは，甚だしい誤りであること

④ 　またスミスが，資本，土地所有，賃銀労働がそれぞれ利潤，地代，賃銀の源

泉であって，商品の価値はこの利潤，地代，賃銀を合計することによって構成される，としていることも，誤りであること。

これらのことを強調した。そしてこれは，剰余価値の理論の完成におけるリカードウの功績を成すことであった。

2

労働者の1日の労働時間の長さは，言うまでもなく一定不変のものではない。そしてこれが大となり，あるいは小となるにつれて，賃銀の大きさには変化がなかったとしても，剰余価値は増大あるいは減少しうる。しかし労働日の大きさを不変とすると，賃銀の騰貴あるいは下落はこれに対応した剰余価値の減少あるいは増加をもたらす，と言いうる。

リカードウは，労働者の1日の労働時間の長さは不変であると当初から前提して，このようないわゆる相対的剰余価値の法則を明らかにしたのであった。

剰余価値の大きさは，賃銀の大きさによって左右される。大体，商品の価値は，その商品の生産に必要とされ，それのなかにふくまれている労働の量によって規定される。したがってそれは一定の大きさであって，——生産手段の価値を移した部分をしばらく措けば——その一定の大きさのものが，賃銀および剰余価値として，その商品の生産に関係した労働者および資本家の2階級のあいだに分割されるのである。しかしてすでに一定の大きさのものが2つの部分に分かたれるのであるから，一方が大きくなれば他方は小さくなるはずである。しかもこの分割の変化異動を規定するものは賃銀でなければならぬ。なぜかといえば，この分割されるべき価値の基礎となるのは労働であるが，労働は労働者が労働力の価値に等しい賃銀を受取って必要なる生活資料を買い調えて，それによって生存してゆくことを前提としているからである。したがって剰余価値が減少または増大するから賃銀が騰貴あるいは下落するのではなくして，逆に賃銀が騰貴あるいは下落するから，剰余価値が減少あるいは増大するのである。賃銀の変動は，商品の価値に対しては影響を及ぼさない。大体，商品の価値がその中にふくまれている労働の分量によって規定され，賃銀と剰余価値とは労働者階級と資本家階級との2階級がこの商品の価値を相互のあいだに分割するところの割合に過ぎないのであるから，賃銀の変動は剰余価値の割合を動かしはするけれども，それだけであって，商品の価値またはそれを貨幣をもって表現した価格を動かすことはないわけである。常識的には，賃銀の騰貴は商品の価値を高めるように考えられており，

またスミスもそのように言っているが，それは誤りである。労働の生産力の発達は，賃銀と剰余価値に対して，全然正反対の影響を与える。剰余価値率は賃銀の相対的な大きさによって規定せられるが，この賃銀の相対的な高さは，競争による変動を別とすれば，労働者の必要なる生活資料の価値に依存し，この生活資料の価値は，労働の生産力によって規定されるから，賃銀は労働の生産力の発達に逆比例をなして騰落し，剰余価値はこれに正比例して増減するはずである。ただしこの場合の労働の生産力とは，労働者階級の平均的消費にはいり込むところの，いわゆる必要なる生活資料を生産するものに限る。労働の生産力が増大する際には，労働者が受取る賃銀は，その価値は低下しながら，その使用価値は増大するということがありうる。したがって賃銀を評価するに当っては，労働者が受取る生活資料の実際の量と，この生活資料の生産のために必要とされる労働の量，1労働日のうち労働者が自分のために占有するところの部分，労働者が総生産物または総価値のうちみずから取得するところの割合と，この2種の標準がありうるわけであるが，正しくは，後者を標準とすべきである。

　リカードウはこれらのことを認めていた。彼は，利潤の規定であると言いながら，大体このような相対的剰余価値の規定を展開したのであった。

　リカードウのこのような剰余価値の理論が，商品の価値を規定するものはその商品を生産するのに必要とされる労働の量であるとする，商品の価値に関する一般的な規定を基礎としていることは，言うまでもないことである。商品の価値を規定するものは，その商品を生産するのに必要とされる労働の量であって，その商品をもって購入しうる労働量ではない。そしてこのように規定された商品の価値が資本家，土地所有者，労働者のあいだに分割されて利潤，地代，賃銀となるのであって，資本，土地所有，賃銀労働から利潤，地代，賃銀という価値が生じ，商品の価値はこれらのものを合計することによって構成されるものではない。そして商品を生産するのに必要とされる労働量によるその商品の価値の規定は，資本制生産が行われ，資本や土地所有が存在するところでも，決して行われなくなるものではない。リカードウはこれらのことを認めて，スミスがこれとは反対のことを考えているのに真正面から反対した。リカードウは，生産するのに必要とされる労働量による商品の価値の規定を，資本制生産全体の真実の基礎であり，これを理解するための真実の出発点であると考えて，この価値規定から出発して，発達した資本制生産の複雑なる諸現象のなかからいくつかのもっとも根本的なものを抜き出し，これらの現象がこの価値規定と直接に対応するか否かを検討し，ある種の現象が一見これと矛盾するように見える場合でも，それが実はこの価値

規定によって支配されていることを明らかにし，それをこの価値規定にしたがったものとして叙述しようとしたのであった。この点は，スミスと較べて，リカードウの大きな進歩であった。

しかし剰余価値の源泉に関するリカードウの学説にもいくつかの重大な欠陥が見出される。

まず第1は，相対的剰余価値を剰余価値の唯一の形態だとしていることである。大体，剰余価値は，賃銀の大きさに変化を見ない場合でも，1日の労働時間の長さが変化するにしたがって，その率も量も変化しうるものである。また賃銀が騰貴あるいは下落した場合でも，それと同時に1日の労働時間の長さが十分に延長あるいは短縮されたとすると，剰余価値はその率も量もともに不変あるいは賃銀と同じ方向にすら変化しうるものである。労働の能率についてもこれと同様の事情があって，リカードウが，賃銀の騰貴あるいは下落はかならず剰余価値の減少あるいは増大をもたらし，剰余価値の増大あるいは減少はかならず賃銀の下落あるいは騰貴を前提とするように述べているのは，それであるから，一般的にいえば誤りである。もちろん，1日の労働時間の長さと労働の能率とを一定不変のものであるとすれば，たしかにリカードウの言うとおりに，賃銀の騰貴あるいは下落はかならず剰余価値の減少あるいは増大をもたらし，剰余価値の増大あるいは減少はかならず賃銀の下落あるいは騰貴を前提する。リカードウは1日の労働時間の長さあるいは労働の能率は一定不変であると前提して，いわゆる相対的剰余価値の規定を展開し，これをもって剰余価値一般の規定であるとしているのである。元来，労働者が賃銀として受取った日々の生活資料の価値を再生産し，資本家のために賃銀の価値を補償するために必要とする労働時間は，その労働者の一日の労働時間の——いわゆる労働日の——一部を形成し，いわゆる必要労働時間を成している。労働者が生産する商品がその性質上生産手段として役立つほかないか，あるいは奢侈品であって，労働者の消費にまったくはいり込まないということは，言うまでもなく往々あることであり，またそれが労働者の必要な生活資料を構成する商品である場合でも，各個の労働者がみずから直接に生産するのは，分業の結果，その生活資料のわずかに一小部分に過ぎないのであるが，しかしこの必要労働時間が労働日の一部を成しているということによって，生産された商品は，労働力の価値を資本家のために補償することに役立ちうるのである。この必要労働時間の大きさがどのくらいとなるかは，労働の生産力の発展がどの程度に達したかによって定まり，労働の生産力の発展の程度が与えられれば，一定の大きさとなる。しかし必要労働時間の大きさが与えられたとしても——そして同

時に資本が労働者に対して剰余労働を強制するところの力として作用しているとしても——労働日の大きさには大きな相違が存在しうる。そして労働日の大きさが異なるにつれて、賃銀の大きさは同一であるにかかわらず、剰余価値は率においても量においても様々となりうるのである。資本制生産の発達がある程度に達すると、いわゆる標準労働日のための闘争が行われるようになるが、この闘争などは、このことを基礎として初めて理解することができるものである。リカードウは、剰余価値の性質を研究するに当って、労働日の大きさは不変であると前提し、そのために相対的剰余価値の規定だけを拾い上げることとなったのであるが、しかしこの前提は誤りである。労働日の大きさは可変的な大きさであって、剰余価値は、労働日の大きさが変化するという前提のもとでも研究されなければならないのである。しかしリカードウが労働日の大きさは不変であると前提したについては、彼が資本制生産の機構を、生産された商品の分割という一面的な形で表象していたことが、そのひとつの理由となっている。必要労働時間と剰余労働時間とから一個の労働日は、前に記したように構成され、剰余労働時間の生産物が剰余価値となるのであるが、この関係は、またこの労働日の生産物の分割という形でも、あるいはその生産物の価値の分割という形でも、これを理解することができる。そして剰余価値を、単に新しく生産された商品あるいはその価値のうち賃銀として労働者に支払われるところのものを超えた部分として観察するばかりでなしに、一日の労働のうち必要労働部分を超えたる剰余労働部分に還元して観察してみると、剰余価値の種々なる性質が判然としてくるのである。しかるにリカードウは、剰余価値を、生産された商品価値のうち賃銀を超えるところの部分という形で把握した。そして、この場合、リカードウは、もちろん、労働日の一部が必要労働時間であって、それは労働者がその生活資料の価値を再生産するためのものであるということを、暗黙の間に前提してはいたのであるが、しかしこれを判然たる形態で捉えていない。この欠陥は、他にも、たとえば賃銀労働者はなぜ剰余労働をなさなければならないか、必要労働をなすだけで労働を止めるわけに行かないかという、重大な問題が看過されるというような結果を生んだものであるが、一日の労働日の大きさを不変のものと見るという誤りも、ひとつにはこれから来たものであった。マルクスが言っているように『価値を労働に分解することも重要であったが、それと同じように、剰余価値を剰余労働に——しかも明白な言葉をもって——分解することも、重要であった』のである (Th.Ⅱ-1, S.125. 改造社版全集, 第9巻, 167頁[MEW, Bd.26-2, S.408])。

　リカードウは、次に、資本家と労働者とのあいだの、労働力の売買を内容とす

るところの交換の説明を与えていない。大体，資本家の手にある貨幣がその価値の増殖をなし遂げて，それによって資本となるところの機構の内面を観ると，前にスミスの項において見たように，資本となるところの貨幣が購買し運動に投ずるところの労働の量は，その貨幣のなかに含まれている労働の量よりも大きく，この労働の超過分が剰余価値の源泉であることが判明する。したがってもしこの交換を媒介するところの諸契機を無視して，それの事実上の内容あるいは結果だけを観ると，ある量の貨幣が資本となり，価値の増殖をなし遂げるということは，貨幣が，それの生産に必要とされ，それのなかに含まれた労働量と同じ分量の生きた労働とではなくして，それよりも多量の生きた労働と交換されるところから，したがって価値に関する根本的規定が少くとも外面的には破壊されるところから生ずることとなるわけである。このことは，しかし，これも前に見たように，決して価値規定の例外となり，あるいはこれを否定する材料となるものではない。労働者が販売する商品は，たとえば1日10時間あるいは8時間というような労働それ自身ではなくして，この労働そのものとは異なった，労働力という商品であり，労働者が賃銀として受取るところの，たとえば1日5時間の必要労働によって作られた価値は，1日の労働そのものの価値ではなくして，労働力の価値である。そしてこの労働力という商品において，それを生産するのに必要とされる労働の量は何かといえば，それは労働者の生存のために必要とされる生活資料を生産するのに必要とされる労働の量であるから，その価値は，この労働の量によって規定されるわけである。しかしこの労働の量は，資本制生産のもとにおけるほど労働の生産力が発展すると，その労働力がなしうる労働の量よりも小さくなってゆく。そこでそこに剰余労働と剰余価値との可能性が生まれてくるのである。リカードウは，資本家と労働者とのあいだの交換が相等しい労働量の交換ではないという事実は，商品の価値を規定するものはその商品の生産に必要とされる労働の量であるとする，価値の一般的規定に対して何の影響も与えるものではないことを，はっきりと断言した。そしてスミスは，前に見たように，この事実を認めたために混乱して，価値の一般的規定は資本制生産においては行われなくなるという結論を引き出したり，商品の価値を規定するものはその商品をもって購買しうる労働量によって規定されると主張するようになったりしたが，リカードウはこのスミスの混乱を排斥したのであった。ただしかしリカードウは，この問題を解決しはしなかった。解決しはしないで，ただ単純に，資本制生産においては事実上そのようになっていると主張したばかりであり，のみならずスミスが問題をもっていて，そのために動揺したのだということを感じさえもしなかったので

あった。この問題には，上のところにも見たように，その前に，労働者が販売する商品が，労働そのものではなくして，それとは異なった，労働力という商品であることを明らかにするという問題があり，それを明らかにすることによってのみこの問題は解決せられるのであるが，リカードウはこの事情を発見しなかったし，問題を解決してもいない。リカードウは，また，労働力の価値は労働者の必要なる生活資料を生産するのに必要とされる労働量によって規定されるが，それは何故であるか，という問題をも，未解決のままに残してしまった。労働力の価値は，労働者の必要なる生活資料を生産するのに必要とされる労働量によって規定される。この労働量は，一方では社会の文化が向上し，労働者の生活程度が高くなるにつれて増大するが，いま一方では労働の生産力の発展により，また時には低廉な食糧を供給する国外市場の開発等によりて減少する。リカードウは，実は大体においてスミスや重農学派の人たちからの伝統であるが，このことを認めていた。しかしそれはなぜであるか，10時間あるいは8時間の労働をもってある量の商品を生産した労働者が受取る生産物の量，あるいはその価値，あるいはその中に含まれている労働の量が，それよりも少いのはなぜであるか，という問題は，リカードウは解決しなかった。リカードウは，事実上，需要供給の法則が，労働の平均価格を，労働者の生存のために必要な生活資料の価格に帰せしめるのである，と言っているだけである。労働力の価値の規定という問題は，資本制生産全体の，したがって経済学全体の基礎であるが，その基礎において，リカードウは価値を商品の生産に必要とされる労働量によってではなしに，ただ需要供給の法則によって規定されるとしているのである。この問題も，労働者が販売する商品が，労働そのものではなくして，それとは異なった，労働力という商品であることを明らかにすることによって解決されうるものであるが，リカードウは，これを明らかにしなかったために未解決のままに残すこととなったのである。また資本は，労働者の『直接的な労働』に対立する単純な『蓄積された労働』ではなくして，労働の物的諸条件が独立化された力として労働者に対立するようになったものであり，したがって一定の社会的関係であるが，リカードウは，それを単純に生産手段と解釈していた。これも，労働者の商品を労働力ではなくして労働と解釈していたことが，そのひとつの原因となっているのである。

　リカードウは，さらにこの剰余価値を利潤と混同していた。そしてそのために，一方では利潤を論ずるに当って剰余価値特有の規定を持ち出してもいるが，また剰余価値について考えるときに，これを利潤と呼んでいるばかりではなく，実際ただ利潤という見地のみから論ずることができる観点をその中へ持ち込んで，剰

余価値論を誤ったものにしている。大体，商品の市場価格の不断の変動の中心となる平均的の価格は，いわゆる商品の生産価格である。ある商品がこの生産価格をもって販売される場合，その商品を生産した資本は，一般的利潤率にしたがい，その大きさに応じて，いわゆる平均利潤を受取ることになるのであって，商品の生産価格というものは，要するに商品を生産するに当って消費された生産手段の価値および労働力の価値に，この平均利潤を加えたものであって，個々の個別的諸資本のあいだの競争は，このような生産価格を樹立することによって，各個の資本にその大きさに応じた利潤を取得せしめるのである。けれども，ある商品を生産するのに必要とされる労働の量がその商品の価値を規定するのであるという見地からいうと，同じ大きさの資本は，何時如何なる産業部門に投じられても同じ大きさの剰余価値を占有するというわけのものではない。したがって各個の資本が取得するところの利潤は，その資本が現実に占有した剰余価値とかならずしも一致するものではないわけである。また，それであるから，資本の価値増殖分を単に総資本のうち可変資本部分だけの，すなわち賃銀の支払いに充てられた部分だけの産物として見る見方と，それを直接に総資本の産物として見るという見方と，この2つの見方は根本的に相違した意味をもつものであり，また同じ資本の価値増殖分であっても，可変資本の産物として見たそれと，総資本の産物として見たそれとでは，まったく相異なった法則の支配を受けるのであって，要するに資本の価値増殖分のこの2つの見方とこの2つの形態とは区別する必要があるのである。この事情は，剰余価値が生産される機構をふり返って見ると，これを明らかにすることができる。商品の価値，すなわちその商品を生産するために支出された労働は，これを大別すると，生産手段を生産するために過去において支出され，この商品を生産する際にはその生産手段のなかに体化されており，いままたさらにこの商品のなかへ移された部分——普通 c をもって表わされる——と，第2にこの商品の生産中に支出され，生産手段の価値 c に対して新しく付け加えられた部分——v+m をもって表わされる——とこの2種となすことができる。第2の，新しく付け加えられた労働または価値のうち v をもって表わされる部分は，資本家が労働者に支払った賃銀を回収するのに役立ち，この v を超える部分は，資本家の手に残って資本の価値増殖分となる。したがって商品の価値 c+v+m は，実際は c+(v+m) であって，資本の価値増殖分は，商品を生産するために前払いされた資本のうち，ただ賃銀の支払いに充てられたいわゆる可変資本部分のみのうえに生ずる変化なのである。しかし c+v+m はまた (c+v)+m と見ることができる。この場合の資本の価値増殖分がいわゆる利潤であっ

て，それは，商品の生産に前払いされた資本全体のうえに（しかも可変資本のほかに，価値増殖過程にはいり，生産された商品の価値のなかへその価値を移すところの不変資本を含むというばかりではない，なおこの価値増殖の過程にはいらぬ部分までも含めて，生産一般のうえに使用された資本の全体のうえに）均等に生じた産物という形を採っている。この形式は，資本が種々の理由から，その価値増殖分をただ総資本の増殖分としてのみ取得することができ，可変資本部分のみの増殖分としては取得することができないというところから，発生してくるものであるが，それには種々の特質がある。まず第1に，このように総資本の産物として見た資本の価値増殖分は可変資本部分の産物として見たそれと実質上同一物であって，単に分母を異にするに過ぎないにかかわらず，その成立の機構が神秘的形式のなかに包まれ，可変資本ではなくして総資本がその源泉であるように見られることとなり，そのため経済学はその中から実質的諸関係を引き出すのに苦心を重ねなければならなくなったのである。しかし第2に，剰余価値率——資本全体ではなくして，そのうち可変資本部分のみに対する価値増殖分の率を支配する法則と，前払いされた総資本に対するそれの比率たる利潤率を支配する法則とは，まったく相異なったものである。大体，剰余価値の占有と差しあたり直接の関係があるのは可変資本部分のみであって，不変資本部分はただその適当の量が存在すればよいわけであるから，剰余価値率が一定である場合でも，利潤率は，資本のいわゆる有機的構成にしたがってまちまちとなりうる。しかし資本の構成は，同じ産業部門でも生産力の発展の程度の如何によって差異があり，同じ時期でも産業部門の如何によって高低の差がありうるのである。また利潤の絶対量は剰余価値の絶対量に等しくなるわけであるが，後者はひとり剰余価値率によって規定されるばかりでなく，また同時に使用される労働者の数によっても規定されるから，同一量の利潤が，剰余価値率の低下と労働者数の増加，あるいはその反対の事情を代表しうる。生産諸条件の使用に関連して行われる節約や，資本の一部に対してのみ影響を与えるところの価値変動などは，みな資本の構成諸部分の価値関係を変化せしめるが，この場合には，剰余価値率は一定不変であったとしても，利潤率は変化しうる。そのほか，利潤率は，剰余価値率とは異なって，流通過程から生ずる資本の構成の差異や，地代の増減やによっても，騰貴あるいは下落しうる等。さらに個々の個別的資本に帰する利潤という方面からいえば，それは，その資本が直接に占有した剰余価値とは，量においても必ずしも一致しない。資本制生産が発展して，資本が紡績，機械製作，化学というように種類を異にする数多くの産業部門を支配するようになると，これらの産業部門の資本の構成の差異に由来

する相異なった利潤率は，資本と資本とのあいだの競争によって平均されて，そこに一般的利潤率が確立される。この場合には，資本家階級全体の総資本に帰する利潤の総量は——地代のことをしばらく問題外とすれば——これらの資本が占有した剰余価値の総量に一致するけれども，個々の資本がその大きさに応じて一般的利潤率にしたがって取得するところの利潤は，その資本が占有した剰余価値とは量においても一致しなくなる。すなわち資本の構成が相対的に高い産業部門に投じられた資本は，流通のなかから絶えず対価を提供することなしにある分量の剰余価値を引き上げ，反対に資本の構成が比較的に低い部門に投じられた資本は，流通のなかへ絶えずある量の剰余価値を対価を受取ることなしに投げ入れる。したがって各個の資本に帰する利潤の量を，その資本がみずから占有した剰余価値の量と比較してみると，それは，前の方の資本においては大となり，後の方の資本においては小となるわけである。そしてたまたまみずから占有した剰余価値をそのままみずから利潤として取得するのは，中位的構成を有する資本のみである。そしてこれらの資本によって生産された商品の売買も，これに応じて，その価値にしたがってではなくして，その生産価格——すなわち平均利潤だけ費用価格を超えた価格——をもって行われることとなる。この生産価格は，その商品を生産する産業部門の資本の構成が社会的資本の平均的構成に一致する場合だけは，その商品の価値に一致するが，当該資本の構成が平均的資本構成よりも高い場合および低い場合には，その価値よりも大あるいは小となるのである。しかもこれら一切の事項は，商品の価値というものの性質にしたがってそのようになるものであって，それであるから，一般的利潤率に関する法則は，まず価値の一般的規定そのものが確立され，然るのちに幾多の中間項の媒介を経て初めて展開さるべきものなのである。

　要するに，資本の価値増殖分を可変資本部分のみの産物として見るという見方と，これを直接に総資本の産物として見るという見方と，この2つの見方はまったく区別すべきものであり，また剰余価値と，それの利潤という特殊な形式とは，区別すべきものなのであるが，それにもかかわらず，リカードウは，資本の価値増殖分が総資本の産物として採るところの特殊の形態たる利潤をもって，一切を解決しようとしたのであった。そして資本の価値増殖分を総資本の産物として見る見方とは独立した，それを可変資本の産物として見るという見方の特殊な意義を認めず，利潤とは異なった剰余価値というものを認めず，商品の価値を生産価格と同視したのであった。このことは，もちろん，リカードウが利潤や地代について研究し説明する場合に，悪い影響を及ぼさずにはいなかった。たとえば，賃

銀に変化がなく，またリカードウが誤って前提しているように労働日の大きさも不変であるとすると，剰余価値率は不変であるが，利潤率は資本の構成の変化によって変化しうるし，反対に賃銀が変化しても，それと同時に資本の構成が変化すると，剰余価値率は変化するけれども，利潤率は場合によって不変でありうるのであるが，リカードウは，利潤率は賃銀の変動によってのみ変化し，賃銀の変動はかならず利潤率を動かすように言っている。これは実は利潤率ではなくて，剰余価値の（しかも相対的剰余価値の）性質である。また絹織物などのごとき労働者の消費に入り込むことなきものの価格がそれを生産するに必要とされる労働の量が増加した結果として騰貴した場合には，たとい賃銀は従来と同じ水準に止まっていたとしても，絹に加工する工業等の利潤率は低下するのであるが，リカードウは，絹織物等は労働者によって消費されず，したがってそれが騰貴したとしても賃銀は騰貴せず，一方において賃銀の騰貴以外には利潤を動かしうるものはないという理由から，この騰貴は利潤に影響を与えないと言った。利潤率は，資本制生産が発展するにつれて，一般に，漸進的に低下する傾向をもっている。これには種々の原因があるのであるが，そのもっとも根本的なものは，労働の生産力の発展と，それによる資本の有機的構成の高度化であって，利潤率の低下の傾向は，実は労働の生産力の発展を表現するための，資本制生産に特有なる方法なのである。したがってそれは，労働の生産力が発展し，資本の有機的構成が高度となるかぎり，一方において農業における労働の生産力が漸進的に低下し，食糧の価格，したがって賃銀が騰貴し，剰余価格率が低下するという条件が具わらなくとも現われうるものであるが，リカードウは，利潤を剰余価値と同一視し，剰余価値を相対的剰余価値と同一視していたために，これを農業における労働の生産力の低下と，それによる賃銀の騰貴とから説明しようとしたのであった。リカードウは，またいわゆる絶対地代を知らなかった。これも，やはり，商品の価値と生産価格とを同一視していたからである。一定量の資本がみずから直接に占有する剰余価値の量は，その資本が投じられた産業部門が異なるにしたがって，資本の構成や回転上の諸条件に相違があるために，様々である。したがって商品がその価値をもって販売されるとすれば，資本の構成が社会的資本の平均的構成よりも高い部門に投じられた資本は，その利潤率が一般的利潤率よりも低く，構成が低い部門に投じられた資本は，反対にその利潤率が高く，超過利潤を取得することになるわけである。たまたま一般的利潤率がそのまま行われるのは，中位的な資本構成を有する産業部門のみである。このように産業部門ごとに利潤率がまちまちであるのを平均して一般的利潤率を確立すること，そしてその結果として

諸商品が価値をもってではなくして生産価格をもって販売されるようになるということ——本来はこれが資本制生産の一般的原則であるが，そのためには，資本制生産の発達と，自由競争の支配とが必要である。資本は，これらの条件によって，資本の構成が平均よりも低い等という理由のために商品の価値が生産価格よりも高くなっている産業部門に向って，その反対の事情が行われている部門から移ってゆく。そして資本構成が低い部門は，商品がその価値どおりに販売されたならば超過利潤を取得しうるはずであるけれども，一般にこのような外部からの資本の流入を防止する力を具えていないので，その商品の価格は生産価格にまで押し下げられ，みずから占有した剰余価値のうち一般的利潤率にしたがって計算された平均利潤だけを取得して，これを超える部分は，これを他の部門の資本に譲ることとなるのである。しかるに農業の場合には，土地所有が資本の自由なる流入を妨げる。土地は，特別な報償に対してのみ，資本の利用に供される。したがって農業資本の構成が一般に相対的に低い場合，それは商品を生産価格よりも高い価値をもって販売し，それによって超過利潤を取得しうることになるわけであるが，この超過利潤が，土地の使用に対する報償として土地所有者に支払われ，いわゆる絶対地代となるのである。リカードウは，差額地代だけを認めて，この絶対地代を認めなかった。そしてその結果，その時その時に耕作されている各種の土地のうち，肥沃度のもっとも低い，あるいは位置のもっとも不利な，いわゆる最劣等地に投じられた資本が，地代を支払うことを原則として否認し，それによって，賃銀労働者を創り，資本制生産を成立せしめる前提となり，基礎となるところの土地所有を否定したばかりでなく，また差額地代の法則をも歪めてしまったのであるが，これは，リカードウが利潤と剰余価値，商品の生産価格と価値とは同一物であると，あらかじめ前提してしまっていたからである。これらの事がら（このほかにもまだ例を挙げることができるのであるが）は，みな，リカードウが剰余価値と利潤とは，したがって商品の価値と生産価格とは同一物であるという，誤った前提をもっていたことから生じたものであって，またリカードウがこのような誤った前提をもっていたということの，証拠と見ることもできるわけである。もっともリカードウ自身も，剰余価値と利潤，商品の価値と生産価格との区別を示すもろもろの事実に当面して，それをみずから記録していることは，事実である。たとえば，穀物の価格の騰貴が農業に投じられた資本に及ぼす影響を論じている場合などが，それである。従来からの耕地よりも肥沃度が一段と低い土地が新しく耕作されることになり，そのため単位量の穀物を生産するのに必要とされる労働量が増加し，穀物の価格が騰貴すると，その結果としてまず第1に

賃銀が騰貴して，他の諸条件に変化が生じなかったとすれば，剰余価値率は低下する。したがって利潤率も，資本の構成は変らなかったとしても，低下する。がしかし，そればかりではない。第2に，農業に投じられた資本は，穀物や牛馬などのごとく，穀物の価格の騰貴とともに騰貴すべき生産手段をふくんでいるから，利潤率はさらにそれ以上に低下するわけである。すなわち穀物の価格の騰貴によって利潤率は低下するが，それは，単に剰余価値率が低下するからばかりではない。また不変資本の価値が騰貴するからでもある。言いかえれば，利潤率は，剰余価値率とは別個の変化を見せるのである。リカードウは，この事実を認めていた。そればかりではない。リカードウは，流通過程から資本の形態上の差別を生じ，それが商品の価値とは異なった生産価格を確立するに当って決定的な役割を演じ，また賃銀の騰貴が商品の生産価格を変動せしめることを，しかも初めて明らかにしたのであった。大体，前にも記したように，剰余価値率が与えられたとしても，それは，産業部門によって資本の有機的構成がまちまちであるために，様々な利潤率として表現されるものである。それであるから，資本と資本とのあいだの競争は，商品の価値とは異なった生産価格を確立し，商品がその価値をもってではなしに，その生産価格をもって販売されるようにし，それによって一般的利潤率を確立するのである。しかしこのように同一の剰余価値率が様々な利潤率として表現され，商品が価値とは異なった生産価格をもって販売されるようになる理由は，ひとり資本の有機的構成における差異ばかりではない。さらに一定の期間——たとえば一年間——に一定量の資本に帰する利潤についていう場合には，流通過程から来る資本の構成上の差異があり，これもそれの理由となるのである。資本の有機的構成（不変，可変両資本部分の割合）と剰余価値率と労働日の大きさとがみな等しい場合に，2つの資本の利潤率は，その回転時間の大小に反比例する。回転時間が短いと，可変資本部分の作用力が増進され，これが利潤の量に影響するからである。リカードウは流通過程から来る資本の構成上の差異として次のものを挙げた。

① 固定資本と流動資本の区別。
② 固定資本の耐久性の大小の差。
③ 流動資本の循環期間の大小の差（生産過程が続行されるにかかわらず労働過程が中断されるところから生ずるところの）。
④ 商品が流通過程に入るまえに生産期間と労働期間との区別を伴うことなしに労働過程に服している時間の大小の差。

　そしてリカードウは，固定資本と流動資本とのあいだの区別をこのような資本

の回転期間の大小の差と並列して，これらすべての区別を流通期間の差異に，したがって事実上資本の再生産期間の差異に還元した。このことは，リカードウの功績のひとつに数えられるものである。そして，賃銀の騰貴という不必要な条件を介入させてはいるけれども，ともかくこれらの事情があるために，商品はその価値をもってではなくして，それとは異なった生産価格をもって販売されるようになるとした。これもリカードウのひとつの，しかも大きな功績である。そして一般的利潤率がすでに確立され支配しており，したがって諸商品が相互に生産価格をもって売買交換されている際に，賃銀の一般的騰貴が生ずると，諸商品の生産価格はそれのために原則として修正を受けることになる。すなわちある産業部門が社会的資本の平均的構成以下の資本構成をもっている場合には，その部門において生産された商品の生産価格は上昇し，反対に，平均以上の資本構成をもつ部門において生産された商品の場合には，その生産価格が下落する。ただ資本の構成が社会的平均に一致する産業部門において，その商品の価格が依然としてその価値に一致して，不変であるだけである。もっとも生産価格が騰貴する第1の場合でも，その価格の騰貴の割合は賃銀の騰貴の割合に及ぶものではなく，したがって価格の騰貴によって賃銀の増大を償いうるものではないのであるが，しかしこの場合に生産価格の騰貴を見ることは，ともかく事実である。賃銀の一般的低下は，これとは反対に，利潤率の一般的上昇をもたらし，中位的構成を有する部門の場合には，そこで生産された商品の生産価格は変化しないが，社会的平均以下または以上の資本構成を有する部門で生産された商品においては，その生産価格のそれぞれ下落または騰貴をもたらす。ただし賃銀の一般的変動が商品の生産価格に及ぼすこのような影響には，一定の条件が必要であって，その条件のもとでのみ認められるものである。その条件とは，①回転期間から来る影響がまったく無かったこと，②労働の生産力に変化を生じなかったこと，③賃銀が騰貴または下落しても，1日の労働時間にも労働者の生活必需品の価格にも，ともに変化がなかったこと，である。商品がもしもその価値にしたがって販売されたとすると，利潤率は産業部門が異なるごとに異なるはずであるが，その利潤率が平均されて，ひとつの一般的な利潤率が樹立される——上に記した賃銀の変動の影響は，実はこの事実のひとつの特殊な場合であって，またそのようなものとして一般的利潤率および生産価格のひとつの性質を成すものである。リカードウは，賃銀の騰貴の場合しか考えず，賃銀の下落の場合を落としていたとか，あるいはこれは実は一般的利潤率と生産価格とを基礎として，その上に現われる現象であるが，それを逆にこのような賃銀の変動を通してはじめて一般的利潤率と生産価格

との規定に到達すると考えていたというような欠陥はあるが，ともかくこの事実を認めていた。そしてこのことはやはりリカードウのひとつの功績を成すものである。もっともリカードウは，このような場合にも，剰余価値と利潤とは同一物であり，商品の価値と生産価格とは同一物であるとする前提を強く固執していたために，これらの事項を，商品の価値を規定するものはその商品を生産するのに必要とされる労働であるとする，商品の価値の一般的規定の修正として理解していた。そして商品がその価値にしたがってではなくして，それとは異なった生産価格をもって販売されるようになるとは考えなかったのであるが，しかしともかくこれによって，商品はそのなかに含まれた労働量が相等しい場合に交換されるという法則にひとつの変化が生ずることだけは，明らかにしていたわけである。つまりこの場合といい，また先に掲げた，穀物の価格の騰貴が農業に投じられた資本に及ぼす影響を論じた場合といい，ともに商品の生産価格がその価値と異なり，利潤が剰余価値と異なることをはっきりと示すものであって，リカードウはこのような事実のいくつかをみずから発見し記録したのであるが，それにもかかわらず，なお剰余価値が利潤とは異なったものであり，商品の価値が生産価格とは異なったものであるという見地にまでは，そして資本の価値増殖分を可変資本部分のみの産物として見る見方は，それを直接に総資本の産物として見る見方とは，全然相異なった意義を有するものであるという見地にまでは到達しなかったのであった。このような，商品の価値と生産価格とは，また剰余価値と利潤とは，それぞれ同一物であるとする見地は，実はそれよりももっと根本的に，リカードウの経済学全般の，根本的前提であったのである。そしてそれは，リカードウの経済学全体の根本的前提として，それのあらゆる部面に対して悪い影響を及ぼしたのであった。大体，資本の価値増殖分が可変資本の産物として採るところの剰余価値という形態と，それが総資本の産物として採るところの利潤という形態と，この2つを同一視してよいか，資本の価値増殖分を可変資本の産物として見る見方と，それを直接に総資本の産物として見る見方と，この2つの見方はまったく相異なった意味をもつものではないか——この問題が，商品の価値を規定するものはその商品を生産するのに必要とされる労働量であるとする立場から発生するものであることは，言うまでもないことである。けだし商品の価値が労働によって規定されるからこそ，剰余価値は剰余労働に還元され，可変資本部分の増殖分として現われるのであり，またこれを総資本の産物として見るという見方のほかに，可変資本の産物として見るという見方がひとつの独立した見方として現われてくるのである。リカードウにおいてこの問題が現われるのもやはりその通りで

あって，リカードウは，商品の価値はその商品を生産するのに必要とされる労働の量によって規定されるという命題を根本的出発点としていたから，この問題が発生したのであった。しかしこの問題が特にリカードウにおいてこれほど大きな問題となったということについては，なおいまひとつの理由があったのであった。スミスも，前に記したように，やはりある商品を生産するに必要とされる労働によって，その商品の価値を規定しようとした。そればかりでなく，この価値を資本制生産に適用しようともした。したがって上の区別の問題に当面したわけであるが，しかしスミスは，また一方において，賃銀，利潤，地代という収入諸形態の平均率を合計することによって商品の価値は構成されるとする，第2の立場をもっていた。この立場からいえば，商品の生産価格はそのままその価値であることになり，その間の区別は問題にならないわけである。したがってスミスにおいては，商品の価値と生産価格，剰余価値と利潤とは区別すべきであるかという問題はその発展を阻まれ，この問題よりももっと初歩的基本的な，商品の価値はそれの生産に必要とされる労働によって規定され，この一定の価値が賃銀，利潤等に分解されるか，それとも商品の価値は，それとは独立した何らかの方法によって規定された賃銀，利潤等から構成されるか，大体この2つの途は同一の途であるかどうか，という問題が，むしろ根本的だったのである。リカードウは，前に記したように，スミスにおいて見出されるこれら2つの立場の差異を指摘し，第2の立場を誤れるものとして排斥している。このことは，やはり経済学史におけるリカードウのひとつの功績とされているものであるが，しかしそれゆえにこそ，リカードウにおいては，利潤と剰余価値，商品の生産価格と価値の区別という問題が，正面に立ち現われてきたのである。そしてリカードウは，スミスの第2の立場が誤りであることはこれを発見したが，しかしその立場からの結論たる独断——実は資本制生産を担当する実際家たちが一般に日常の経験から汲み取って懐いている通俗的独断であるが——を棄て去ることができないで，この2組のそれぞれの同一性を主張したのである。

　リカードウは，以上のように剰余価値と利潤との同一性を当初から前提していて，マルクスも言っているように，どこにも剰余価値をばその特殊な形態——利潤，利子，地代——から取り出し引き離して観察するということをしていない。もっともそれでは私たちはリカードウの剰余価値論というものを云々することはできないかというと，それは前に見たようにそうではない。剰余価値というものは，賃銀として支出される，いわゆる可変資本に関連してのみこれを論ずることができるものであるが，リカードウは，利潤および賃銀を考察するに当って，

不変資本部分を捨象し，資本の全部が賃銀として支出されるかのように論じているからである。大体，商品の価値は2つの部分から成る。生産手段の価値を移したものがその一であり，その商品の生産に際して新しく付け加えられたものがその2である。労働者は，生産手段を生産的に消費しながら，それの価値を保存し，そしてそれと同時に，それに一定量の新しい価値を付け加えるのである。生産された商品の価値は，一見，直接にその商品の生産に使用された労働だけによって作られたもののように見えるけれども，そしてそれであるからスミスは，不変資本部分は商品の価値の独立の構成部分を成すものではない，換言すればc＝0と見たけれども，これは誤りである。しかし剰余価値の性質を観察する際にはc=0と見なければならない。リカードウは，賃銀および利潤について論ずる際には，時に不変資本部分を挙げることもあるけれども，一般的にいえばこれを捨象し，資本はその全体がそのまま賃銀として支出されるように仮定している。これはc=0とするスミスの誤りをそのまま承け継いだものであるが，しかしそのためにリカードウが考察するものは，リカードウ自身は利潤と呼んでいるけれども，実際は利潤ではなくして，剰余価値となり，またわれわれはこれがためにリカードウの剰余価値論を云々することができることとなったのである。しかしリカードウは一方においてこの剰余価値を利潤と同一視していたために，剰余価値とは何の関係もなく，ただ利潤に関係するに止まるところの観点を，この剰余価値の考察と叙述のなかに持ち込んで，それを混乱させたのである。利潤率低下の傾向や流通過程から来る資本の構成上の差別と賃銀の変動との作用やに関するリカードウの，前に紹介したような説明が，その顕著な事例である。

3

　リカードウの剰余価値に関する理論の，恐らくもっとも大きな欠陥は，彼が，剰余価値が利潤とは異なった，まったく独立の一範疇であることを認めなかったこと，そしてこの誤った前提から種々の誤った結論を引き出したということであった。しかし彼は，このほかにも，なお相対的剰余価値が剰余価値の唯一の形態であるように考えていたとか，資本家と労働者とのあいだの労働力の売買を満足の行くほどに説明しなかったとか，固定資本と流動資本との区別のほかに不変資本と可変資本との区別がありうることを明らかにせず，スミスの，商品の価値は新しく生産された，v+mをもって代表される部分のみであって，生産手段の価値を移したcの部分をふくまず，利潤のなかから新しく形成される資本はその全

部が可変資本として使用されるとする誤りをそのままうけ継いでいたとか，あるいは過剰資本と一般的過剰生産が時おり発生しうることを否認するというような欠陥があった。

　リカードウの剰余価値論には以上のような欠陥もあったが，それは一方においてスミスのそれに比して大きな進歩を代表するところのひとつの大きな業績でもあった。リカードウは，いわゆる支配労働説や生産費説を誤った独断として排斥し，商品を生産するのに必要とされる労働量によるその商品の価値の規定を資本制生産の根本的原理であることを明らかにし，これを基礎として相対的剰余価値の詳細な規定を展開したのであった。

　大体，リカードウの出発点は，商品の価値を規定するものはその商品を生産するのに必要とされる労働量であるとする，一般的価値規定であった。この価値規定は，リカードウにとって疑うことのできないものであった。そして彼は，この価値規定を基礎として，剰余価値の源泉と発生とを説明し，この点に関するスミスの誤りを正す。しかしこのような立場からいえば，剰余価値を利潤と同一視することはできないはずであり，また一般的利潤率は幾多の中間項を経て説明されるべきであるが，それにもかかわらず，一般的利潤率を与えられたものと考え，その下でも商品はその価値にしたがって交換されると考える。そしてそのような前提のもとで，ある資本のなかで固定資本部分が占める割合が大であるか小であるかというような事情と，賃銀の変動とがいかに商品の価格に影響するかという問題を考察して，これらのものは，労働量と並んで商品の価値に影響を及ぼすという結論を引き出しているのである。リカードウは，一般的原理の確立だけを目的とし，スミスと違って細目に興味をもたなかったと言われているが，この場合もその一例と見うる。

　リカードウのこのような議論の進め方は，一部においては，彼の特異な方法によるものであった。彼は，商品の価値を規定するものは，その商品を生産するのに必要とされる労働の量である，という命題から出発する。そして複雑な経済的範疇，たとえば賃銀，不変資本，利潤，地代などが，この価値規定と直接に矛盾なく照応しているかどうかを究明して，それが一見これと矛盾しているように見える場合でも，実はやはり価値規定が一切を支配していることを明らかにしようとする。これがリカードウの方法であって，この際におけるリカードウの分析力の強さ鋭さは，その当時の人々を驚嘆せしめたものであった。そしてリカードウのこのような方法は，歴史的にいえば正当な動機をもつものであった。リカードウを含めて，その当時経済学を学ぼうとした人たちにとり教科書として役立った

ものはスミスの『国富論』であったが，この『国富論』には２つの側面があった。すなわちスミスは，そこで，一方においては資本制生産の表面に現われる種々様々な現象を記録して，経済学が取扱うべき範囲をほぼ確定し，また一方において，資本制生産の内面的関連を分析し，その原理を成すところの価値規定を発見し，これから諸現象を説明しようとした。この２つの側面は，もちろんふたつとも正しい仕事であって，相合して経済学の内容を構成すべきものであるが，ただスミスにおいては別々の仕事として行われ，そのため原理とそれにしたがわない諸現象，体系の２つの相矛盾する側面が現われることとなったのであった。そこで一方では資本制生産の基本的原理たる価値規定と，他方ではそれを形成する諸現象とが相互に一致するか否かを検討し，いかに一致するかを明らかにするという仕事が，スミスの後から出て経済学を研究する者の手に残されることとなったのであって，リカードウの方法は，この任務に応えたものだったのである。しかし現実の複雑な諸現象というものは幾多の中間項の媒介を経てはじめてそれの基礎であり原理であるところの価値規定と関連するものであって，かかる中間項の媒介を経ずして直接にそれをその原理たる価値規定と関連せしめようとするのは言うまでもなく誤りであるが，リカードウのこの方法はその危険を蔵してもいるわけである。リカードウの著書の構成における欠陥も，一部はこのような方法における欠陥を反映したものであるが，また実質的にいって，前記のごとき誤った分析も一部はこれにもとづくものであった。

　リカードウの剰余価値に関するこのような理論は，言うまでもなくスミスのそれを出発点とするものであったが，スミスと較べて著しい進歩を成すものであった。スミスも，商品の価値がそれを生産するのに必要とされる労働量によって規定されることを明らかにし，ことに少なくとも剰余価値の源泉の問題はこれを基礎として説明していたけれども，一方にはまた賃銀労働や資本や土地所有を源泉とし，これから生ずる賃銀，利潤，地代という収入諸形態を合計することによって商品の価値は構成されるとする見解や，ある商品をもって購買しうる労働量がその商品の価値を規定するとし，あるいは投下労働による価値の規定は資本制生産の場合には行われないとする見解などがあり，全般的に見ればむしろこれらの皮相的な誤った見解の方が支配的で，正しい価値規定はただ処々にその姿を見せるに止まっていたのであった。リカードウの学説に反対する人も認めているように，投下労働による価値の規定が資本制生産の基本的原理であることを強調したことは，リカードウの大きな特色であって，彼は，このいわゆる労働価値説をもっとも純粋な形態で展開したという点では，古典派の完成者と見ることができる

人である。

　リカードウのこのような功績は，はやくから認められた。リカードウの著書が出版されると，その翌年に，マカロックはこれを紹介する論文を書いて激賞したということである。そしてこのマカロックをはじめとして多数の賛成者あるいは弟子が出てきた。社会主義の傾向に属する著述家でさえも，資本制生産の分析に関するかぎりはリカードウの学説を受け容れて，その上に彼らの結論を築き，リカードウの著書は，スミスの『国富論』に代って経済学の新しい教科書となり，その誤りまでもふくめて，これらの人たちに非常に強い影響を及ぼしたのであった。リカードウの学説のこのような成功は，もちろん根本的にはそれが進歩せる学説であったことによるものであろうが，同時に，多少外部的事情があずかって力があったようである。たとえばその当時は，旧くからの土地所有者の政治的支配に対する新興産業資本家その他の対立が鋭くなったが，リカードウの学説はその産業資本家たちを支持するように受取られ，またそのためその当時の急進的思想家の支持を得たこと，課税や国際貿易に関する学説がその当時の人たちに受け容れられ易いものであったこと，リカードウがすでに貨幣問題に関する小冊子によって権威をもっていたことなどがそれである。リカードウの抽象的非歴史的な思惟方法でさえ，リカードウの著書の成功の一因となったと言われている。

　リカードウの著書の出版は，このようにしてマカロックの言うごとく経済学におけるひとつの新しい時代を開き（Literature, p.16），経済学の研究を新しい方向へみちびいたのであった。

　リカードウの学説には，しかし賛成者も多かったが，反対者も多かった。社会主義の系統に属する人たちは別として，後に記すマルサス，ホジスキン，ジョーンズや，ベイリー Samuel Bailey，トランズ Robert Torrens 等がその主なるもので，これらの人たちは，それぞれリカードウの学説における前記のごとき欠陥を取りあげて批評した。

　そこで1820年代および30年代のイギリス経済学界は，結局はリカードウの学説の勝利に終りはしたものの，それをめぐる論戦時代となったのであった。

　(1) リカードウは証券取引業者であった。1772年4月19日にロンドンで生まれ，1823年9月11日にグロースタシアのギャトコム・パーク Gatcomb Park で51歳で亡くなった。リカードウの家は，もとはイベリア半島の出身であるが，宗教上および商業上の理由から17世紀後半にイタリア，18世紀初めにオランダへと移住し，父エイブラハム Abraham の時代，1760-70年の間にロンドンに移ったものであって，父はロンドンにおける大きな証券取引業者であった。リカードウははじめ父親のもとおよびオランダの

伯父のもとで基礎教育および商人として必要な教育を与えられ，その後しばらく父親の職業の手伝いをしていたが，1793年に独立して証券取引業者となり，この頃から19世紀初めにかけての対フランス戦争，イングランド銀行券の兌換停止と物価変動，公債の累積などを利用して大きな財産をつくった。証券取引所には1819年まで関係していて，この年これから退いたが，その間1814年には『商工業者の激しい生活から隠退して悠々自適の日常と社会的地位とにめぐまれた地方紳士の生活に入るという，19世紀初葉の実業家の誰れもがいだいていた強い希望』を満たすべくギャトコム・パークに土地を購ってこれに移り，証券取引所を退いたのちはアイルランドのポータリントンPortarlingtonから選出されて国会議員となり，亡くなるまでその職にあった。議会では最自由派と行動を共にしたということである。リカードウははやくから自然科学に興味を感じ，自宅内に実験室を設けて電気の実験を試みたり，また1808年に，その前年に創立された地質学会に加入して，終身その会員となったりもした。しかしその当時は，いわゆるナポレオン戦争と産業革命とによる経済生活上の甚だしい諸変動のために，経済問題の研究に対する一般の関心が強くなって，20年ほど前に出版されたスミスの『国富論』を出発点とする思索が展開されていたが，リカードウも1799年に，ふとした機会に『国富論』を知って経済学に興味をもつようになった。すなわちそのころリカードウは夫人の病気療養に随ってバースBathに滞在していたが，ある日巡回文庫のなかに『国富論』がふくまれてあるのを認め，数頁繰ってみたのち，それを自宅に届けてもらって，しばらくこれに読み耽ったということである。リカードウが，職業上の必要から日々身辺に生起しつつあった経済問題に注意を払っていたことは，十分に推察しうるが，しかしこれらの知識を総括して経済学の理論にまとめ上げるには，『国富論』がその根底となったのである。リカードウは，後に見るマルサス，ミル，マカロックJohn Ramsay McCullochなどその当時の経済学者と広い交友関係があり，有名な『経済学クラブPolitical Economy Club』は，ロンドンのアパー・ブルック・ストリートUpper Brook Streetにあったリカードウの邸に集まるこれらの人たちが1820年に組織したものであった。

　リカードウが書いた著書論文の主なものは次のとおりである。

1　The Price of Gold. (Three Letters on that Subject Contributions to the Morning Chronicle, London, August 29, September 20, and November 23, 1809.)

2　The High Price of Bullion, a Proof of the Depreciation of Bank Notes, 1810-1811.

3　Reply to Mr. Bosanquet's 'Practical Observations on the Report of the Bullion Committee', 1811.

4　An Essay on the Influence of a Low Price of Corn on the Profits of Stock; shewing the Inexpediency of Restrictions on Importation; with Remarks on Mr. Malthus' two last Publications: "An Inquiry into the Nature and Progress of Rent" and "The Grounds of an Opinion on the Policy of restricting the Importation of Foreign Corn", 1815.

5　Proposals for an Economical and Secure Currency; with Observations on the Profits of the Bank of England, as they regard the public and the proprietors of Bank Stock, 1816.

6　On the Principles of Political Economy and Taxation, 1817.

7　Essay on the Funding System, written for the Supplement to the sixth edition of the "Encyclopaedia Britannica", 1820.

8   On Protection to Agriculture, 1822.
このほかに遺稿のなかから
   1   Plan for the Establishment of a National Park, 1824.
   2   Notes on Malthus' "Principles of Political Economy" by David Ricardo. Edited by Jacob H. Hollander and T. E. Gregory, 1928.
   3   Minor Papers on the Currency Question (1809-1823) by David Ricardo. Edited with an introduction and notes by Jacob H. Hollander, 1932.
書翰集としては
   1   Letters of David Ricardo to Thomas Robert Malthus. 1810-1823. Edited by James Bonar, 1887.
   2   Letters of David Ricardo to John Ramsey McCulloch. 1816-1823. Edited by J. H. Hollander, 1895.
   3   Letters of David Ricardo to Hutches Trower and Others. 1811-1823. Edited by James Bonar and J. H. Hollander, 1899.
などが公けにされており，著作集としては古くから次のものがある。
   1   The Works of David Ricardo. With a Notice of the Life and Writings of the Author, by J. R. McCulloch, 1846.
   2   Economic Essays by David Ricardo, edited with Introductory Essay and Notes by E. C. K. Gonner, 1923.
   ［現在は，いわゆる『スラッファ版リカードゥ全集』，The Works and Correspondence of David Ricardo, edited by Piero Sraffa with the collaboration of M. H. Dobb, Cambridge University Press, 1956-57. がある。その邦訳が，堀経夫他訳『デイヴィド・リカードゥ全集』雄松堂書店，1968-1976年，である。なお，上記のリカードゥの著作・書簡もこの『全集』で読める。］
   邦訳には，6の経済原論について堀経夫，小泉信三，吉田秀夫の諸氏によりそれぞれ訳されたものがあり［現在は，岩波文庫版に羽鳥卓也・吉沢芳樹訳，1986年，がある］，4と8については大川一司の訳書［岩波文庫，1938年］と吉田秀夫の訳書［世界古典文庫，1948年］（ともに『農業保護政策批判』と題す）が，4については別に木下彰の邦訳（『農業保護論』世界大思想全集，第12巻）が，また7については井手文雄の訳書『公債論』［北陸館，1948年］がある。また小畑茂夫訳『リカードゥ貨幣銀行論集』［同文舘，1931年］には1,2,3,5および遺稿の1が，橋爪明男『貨幣理論』には2が，吉田秀夫訳『マルサス経済学原理』［岩波文庫版，上下，1937年］には遺稿の2が訳載されている。書翰集には中野正の邦訳（岩波文庫）がある。
   リカードゥについては，経済学史のすべての教科書が多かれ少なかれページを割いているが，そのほかに前記リカードゥの著作集中にマカロックが書いているもの，ホランダーのもの（Jacob H. Hollander, David Ricardo, A Centenary Estimate, 1910, 山下英夫訳『リカードゥ研究』有斐閣，1940年），邦文では堀経夫『リカアドゥ』［三省堂，1935年］などがある。リカードゥに関する文献は，堀『リカアドゥ』や東京商科大学一橋新聞部編『経済学研究の栞——経済学説史篇』春秋社，1948年，103-104頁にその目録が載っている。
(2)   これは，言うまでもなく，リカードゥの主著である。それは，1817年に初版を出し，その後19年に第2版，21年に第3版と，リカードゥの在世中に3版を重ねた。そして初版は31章から成っていたが，第3版では増訂されて32章となり，また価値に関する

第1章が改訂されている。リカードウ自身も，この著書においては，労働の生産物の土地所有者，資本家，労働者の3階級への分配を支配する法則を発見するという，経済学の主要問題を解決するつもりであると言っているが，事実，それは，リカードウが資本制生産の諸関係を全体として分析した成果，すなわちリカードウの経済学の体系をおさめたものである。しかし全巻32章は，基本的原理は首尾一貫して労働価値説であるが，早くから問題とされたように，すこぶる非体系的な構成となっている。すなわち本来の意味の体系は最初の6章をもって完結されていて，第7章以下の26章は，貨幣および銀行に関する第27章は貨幣問題に関する以前の小冊子に発表された見解を再説したもので，原論のなかでは孤立した地位を占めているが，それ以外の各章は，貿易を取扱っている第7章および第25章と，租税を取扱った第8章以下の11章は理論の応用，それ以外の各章は最初の6章の解説であるというように，最初の6章に対する附録，またはその解説，あるいはそこに展開された理論の応用である。しかしさらに最初の6章の構成も，決して系統的ではない。鉱山地代を論ずる第3章は地代一般を取扱っている第2章の継続であり，また第4章では自然価格および市場価格を取扱い，第5章および第6章ではそれぞれ賃銀および利潤を取扱っているが，リカードウは『第1章　価値論』および『第2章　地代論』においてすでにこれらの問題を議論しているのである。したがってリカードウの著書は全巻32章から成るけれども，その体系は，その全部がこの最初の2章にふくまれているわけである。この2章において，リカードウは，商品の価値はその商品を生産するのに必要とされる労働の量によって規定されるとする，古典派経済学全体の根本的基礎を成す命題から出発し，たとえば賃銀，利潤，地代，資本の種々なる構成部分というような発展せる資本制生産を作り上げる諸種の要素を，それらのものの原理であるところの上の価値規定と対照し，それらの要素がどの程度までこの価値規定と直接に照応するか，そしてどの程度までそれを修正するか，という形において問題を考えている。

第5章 マルサス

1

　マルサス Thomas Robert Malthus[1]は，リカードウの『マルサスへの手紙』からも窺われるように，リカードウとは非常に親しい間柄でありながら，経済学上の問題については終始論争をつづけてきたのであるが，リカードウの『原理』という著書が公刊されたのちには，1820年に『経済学原理 (Principles of Political Economy considered with a view to their Practical Application)』，23年に『価値尺度論 (The Measure of Value stated and illustrated, with an Application of it to the Alteration in the Value of the English Currency since 1790)』，27年に『経済学における諸定義 (Definitions in Political Economy, preceded by an Inquiry into the Rules which ought to guide Political Economists in the Definition and Use of their Terms; with Remarks on the Deviation from these Rules in their Writings)』を執筆して，『原理』におけるリカードウの学説の欠陥を批評した。
　商品の価値が，その商品を生産するために必要とされ，その商品のなかに含まれるところの労働量によって規定されるとすれば，利潤とは別に剰余価値というものを考えなければならず，剰余価値を利潤と同一視するわけにはいかないはずであるが，リカードウは誤って剰余価値を利潤と同一視し，一切を利潤ひとつをもって解決しようとして混乱をひき起した。また資本家と労働者とのあいだに行われる，労働力の売買を内容とする交換においては，相等しい労働量の交換が行われず，そこでは，2つの商品はその中に相等しい量の労働がふくまれているときに相等しい価値のものとして交換されるとする，価値の基本的規定が，少くとも表面的には廃棄されており，したがってこの交換を媒介する過程において価値の根本的規定が維持されているということを立証する必要があるわけであるが，リカードウはこの必要を満たさなかった。したがってそこには解決しなければならぬ問題が残されていたわけであるが，マルサスは，リカードウの学説にこれらの欠陥があることをはっきりと指摘した。ただマルサスは，リカードウの学説における欠陥を正しい方向に解決しようとせず，反対にただそれを指摘し，それを

根拠としてリカードウの経済学を——あるいは経済学がリカードウにおいて到達した成果を——破壊しようとしたのであり，そのため彼の功績は単なる理論的な詮索的興味に過ぎず，彼の学説全体は科学的反動となり，一切はただリカードウの学説における矛盾によってのみ可能な一事件となってしまったのであった．

1 マルサスは，まず第1に，資本家と労働者とのあいだの，労働力の売買を内容とする交換においては，相等しい2つの労働量の交換が行われず，したがって，2つの商品はそのなかに相等しい労働量が含まれている場合に相等しい価値として交換されるとする，価値の基本的規定が——少くとも表面上は——行われていない，という事実を強調した．

前にも記したように，資本家の手にある貨幣がその価値の増殖をなし遂げ，それによって資本となるのは，資本となるところの貨幣が購買し運動に投ずるところの労働の量がその貨幣のなかに含まれている労働の量よりも大であるからである．そしてこの労働量の超過分が剰余価値の——すなわち利潤その他のものの——源泉となり，前払いされた貨幣の価値増殖の割合はこの労働の超過分の大きさにかかっているのである．したがっていまわれわれがこの交換を媒介するところの諸契機を無視して，それの事実上の内容だけを，あるいはそれの結果だけを観ると，ある量の貨幣が資本となり，価値増殖を遂げるということは，商品が価値法則にしたがって，そのなかに含まれた労働量に応じて交換されるところから生ずることではなくして，貨幣がそのなかに含まれている労働量よりも多量の生きた労働と交換され，したがって価値に関する根本的規定を破壊するところから生ずることとなる．このことは，しかし決して価値規定の例外となり，あるいはそれの反証となるものではない．労働者が販売する商品は，労働そのものではなくして，この労働そのものとは異なった，労働力という商品であり，労働者が賃銀として受取るものは，労働そのものの価値ではなくして，労働力の価値である．そしてこの労働力という商品においても，その価値は，労働者のいわゆる必要なる生活資料を生産するのに必要とされる労働の量によって規定されるが，この労働量は，労働の生産力が発展するにつれて，その労働力がなしうる労働の量よりも小さくなり，そこに剰余労働と剰余価値との可能性が生まれてくるのである．したがって資本家と労働者とのあいだの，労働力の売買を内容とする交換のなかには，価値の一般的規定を無効ならしめるものは，何も含まれていないのであるが，しかしそこに——特にこのようなこの交換を媒介する過程を無視したときに——一個の困難を伴うことは，たしかに事実である．

マルサスは，貨幣——あるいはその原始的形態たる商品——が資本となる場合，それが，事実上，このようにそのなかに含まれている労働量よりも多量の労働を購買することを認め，商品の価値を規定するものはそのなかに含まれた労働であるとする価値の一般的規定から，この資本家と労働者とのあいだの交換を説明するのに，一種の困難が存することを感知して，これを極力強調したのであった。そしてこのことはマルサスのひとつの功績を成すものでもあった（Th.Ⅲ, S.3. 改造社版全集第11巻21頁［MEW, Bd.26-3, S.8-9.］），けだしリカードウは，前に記したように，いつも生産過程から完成されて出て来た商品あるいはその価値が資本家と労働者とのあいだに分割されるという形でのみ剰余価値の発生と資本制生産を表象していて，資本家と労働者とのあいだで売買される商品が実は労働そのものではなくして，これとは異なった，労働力という商品であることを明らかにすること，そしてそれによって上のような生産物の分割の前提となり基礎となるところの交換を説明し，商品はそのなかに含まれた労働量にしたがって交換されるとする価値の基本的規定から，資本家と労働者とのあいだの不等なる労働量の交換がいかにしてみちびき出されるかという問題を解明し，剰余価値の発生を明瞭ならしめるということ——これらのことをしなかったからである。

　しかしマルサスは，折角発見し強調したこの問題を，労働者が販売する商品が労働そのものではないことを明らかにし，これを通して商品価値の一般的規定にもとづいてこれを説明し解決しはしないで，貨幣または商品が資本としてなし遂げる価値増殖をば，その貨幣あるいは商品そのものの価値と解釈することによって解決しようとし，そしてそれによって却ってその功績までも台なしにしてしまったのであった。すなわち貨幣あるいは商品は，それが資本として生きた労働と交換されるのではなくして商品として他の商品と交換される場合には，その中にふくまれている労働量と同じ労働量をふくむ他の商品と交換されるのであり，それがそうではなくて資本として使用され，労働者に賃銀として支払われる場合には，たしかにいつもその中にふくまれている労働量よりも多量の労働と交換されるけれども，それは上にも記したように労働力を生産するに必要とされ，労働力の価値を形成する労働量が，その労働力のなしうる労働よりも小さいからに過ぎないのであるが，それにもかかわらず，マルサスは，貨幣あるいは商品が資本として取得するところの，いわゆる支配労働をもって，その商品あるいは貨幣の価値を規定するものと見たのであった。そして商品の購買者は，実際は単に購入する商品のなかに含まれている労働量を貨幣の形態において提供するに過ぎないにかかわらず，商品が資本としてなし遂げるところの価値の増殖をこのようにその

商品の価値と見るのに対応して，商品の販売者と購買者とのあいだの関係を，資本家と労働者とのあいだの関係と同じものと見なし，それよりも多量の労働を提供するように解釈した。しかし商品の購買者は，労働者以外には労働者として商品に対立し，より多量の労働を提供するものはないわけであるから，この場合はより多量の労働をふくむ商品あるいは貨幣を提供することになるわけであり，したがってマルサスのこの解釈は，商品は，いつの場合もそれ自身のなかに含まれている労働量よりもより多量の労働と交換され，したがって商品の価値がその商品のなかに含まれた労働量によって規定されるかぎり，いつもその価値を超えたものと交換され，この差額が剰余価値となるとする，あの見方に帰するわけであって，したがってまたマルサスは，この見方を採ることによって経済学をいま一度リカードウ以前に，否スミス及び重農主義者以前にまでも押し戻したわけである。マルサスは，その上，労働力の価値と，その労働力が創る価値とに差があることを否定し『労働の価値は不変である』などと主張するようになったのであった。

2　諸商品の生産価格は，それぞれの商品の生産部面で使用される労働の量から一応独立して調節される。これは，同じ量の資本が種々なる産業部門に投じられた場合に，それらの産業部門の特殊な事情のために不変資本と可変資本との割合，固定資本と流動資本との割合，固定資本の耐久度，流動資本の回転期間の大きさを異にするからである。マルサスはこの事実を強調した。しかしリカードウはこの事実をとらえて，それは労働時間による商品の価値の規定を修正する，と解釈した。すなわち，商品の価値は，そのなかに含まれている労働の量とは関係なしに，資本の構成における差異のために変化を受ける，と説明した。そしてそれによって原理の統一性を破壊することになってしまったから，マルサスがこれを採り上げたのは，リカードウのこのような欠陥を指摘するかぎりでは，合理的なことであったわけである。もっともマルサスは，これによって商品の価値と生産価格との差異および商品の価値の生産価格への転化を明らかにしはしないで，逆に商品の価値を規定するものはその商品のなかに含まれている労働であるとするリカードウの根本的価値理論を破壊する材料としてこれを用い，結局，生産費説を採ることとなったのであった。しかも商品の生産価格にその価値とは異なった性格を与えるこれらの事情は，実はマルサスが発見したものではなくして，リカードウが，商品のなかに含まれている労働量とは無関係に，その商品の価値を左右するものとして，発見し定立したものであったのである。

[3] マルサスは，なお次のように剰余価値あるいは資本関係の細目的性質を，明らかにしている。
① 資本制生産のもとにおける労働者階級の窮乏の必然性を認めていた。
② リカードウ学派に反対して一般的過剰生産の可能性を強調した。
③ 固定資本の磨滅分を代置するための償却基金が同時に蓄積のための基金となりうることを明らかにした。
④ 利潤率，資本と収入，蓄積，生産的労働等という言葉の定義を明白ならしめた等。

(1) マルサスは『人口論』の著者として非常に有名になった人であるが，本来はキリスト教の僧侶であった。1766年2月14日にサレイ州ドーキング Dorking, Surray に生まれ，1834年12月29日にクラヴァートン Claverton で亡くなった。父はダニエル Daniel といって，スミスと同じころオクスフォード大学に学んで弁護士となった人であるが，マルサスが生まれたドーキングはその父ダニエルの隠棲の地であり，またマルサスが亡くなったクラヴァートンは，マルサスの夫人の生家の在った土地である。マルサスは小学校に入学せずに父の友人から普通教育を受け，その後ケンブリッジ大学のジーザス・カレッジ Jesus College に入学して歴史，文学，語学などを学んだ。1788年にこれを卒業し，96年にサレイ州オルベリ Albury において牧師補 curate となった。そして『人口論』の執筆にかかり，98年にそれの最初の版を匿名で出版した。1805年には，東インド大学 East India College に招かれて歴史および経済学の教授となり，終生その職にあった。東インド大学は，ハートフォードシャーのヘイリーベリ Haileybury, Hertford にあって，東インド会社 East India Company が，同会社の職員となろうとする人々に一般教育および東洋語の初歩教育を授けるために，そのころ新しく設立したものであった。学生たちの，卒業後東インド会社 East India Company の職員となるという特権は，その後1827年に取消されたが，大学自身はマルサスが亡くなったのちも，1858年まで存置され，後に見るジョーンズがマルサスの後を襲って経済学の教授となった。マルサスは1810年ごろリカードウと識って非常に親しくなった。マルサスが，経済学クラブの創立に関係してその会員となったことは前に記したが，彼は，また34年に統計学会 Statistical Society の設立にも尽力している。

マルサスの著書論文の主なものは次のとおりである（Waentig: Thomas Robert Malthus, Handwörterbuch der Staatswissenschaften, 4. Auflage, VI. Band）

1　The Crisis, a View of the present interesting State of Great Britain, by a Friend to the Constitution. (1796)

2　An Essay on the Principle of Population, as it affects the Future Improvement of Society, with Remarks on the Speculations of Mr.Godwin, Mr. Condorcet, and other Writers, 1798. (anonymouse)

3　An Investigation of the Cause of the Present High Price of Provisions, containing an Illustration of the Nature and Limits of fair Price in Time of Scarcity, and its Application to the particular Circumstances of this Country, 1800

4　An Essay on the Principle of Population; or a View of its past and present

Effects on Human Happiness; with an Inquiry into our Prospects respecting the future Removal or Mitigation of the Evils which it occasions. A new edition, very much enlarged, 1803.

5　A Letter to Samuel Whitbread, Esq. M. P., on his proposed Bill for the Amendment of the Poor Laws, 1807.

6　A letter to the Rt. Hon. Lord Grenville, Occasioned by some Observations of His Lordship on the East India Company's Establishment for the Education of their Civil Servants, 1813.

7　Observations on the Effects of the Corn Laws, and of a Rise or Fall in the Price of Corn on the Agriculture and General Wealth of the Country, 1814.

8　An Inquiry into the Nature and Progress of Rent, and the Principles by which it is regulated, 1815.

9　The Grounds of an Opinion on the Policy of restricting the Importation of foreign Corn: intended as an Appendix to "Observation on the Corn Laws", 1815.

10　Statements respecting the East India College, with an Appeal to Facts, in Refutation of the Charges lately brought against it, in the Court of Proprietors, 1817.

11　Principles of Political Economy, considered with a View to their practical Application, 1820.

12　The Measure of Value, stated and illustrated, with an Application of it to the Alterations in the Value of the English Currency since 1790, 1823.

13　Poor Laws and Population. Articles contributed to the Supplement to the 4th, 5th and 6th editions of the Encyclopaedia Britannica vol.4, 1824.

14　Definitions in Political Economy, preceded by an Inquiry into the Rules which ought to guide Political Economists in the Definition and Use of their Terms; with Remarks on the Deviation from these Rules in their Writings, 1827.

　このうち 11 の『経済学原理』は 1836 年,『諸定義』は 1856 年に第 2 版を出している。ともにマルサスが亡くなった後のことであるが,マルサスが在世中に準備した訂正加筆が加えてある。また『原理』については吉田秀夫訳［上・下,岩波文庫,1937 年］および依光良馨訳［上・下,春秋社,1949-54 年］があり［現在は,小林時三郎訳,上・下,岩波文庫,1968 年］,『諸定義』には玉野井芳郎訳［岩波文庫,改訳版,1977 年］と小松芳喬訳,12 の『価値尺度論』には玉野井芳郎訳［岩波文庫,1949 年］および三辺清一郎訳［実業之日本社,1944 年］がある。また鈴木鴻一郎訳『穀物条例論』［改造文庫,1939 年］には 7,8,9 の,また堀経夫・入江奨共訳『食料高価論其の他』［創元社,1949 年］には 3 の邦訳がある。『人口論』の初版には高野岩三郎・大内兵衛の共訳書［岩波文庫版,改訳,1962 年］,最後の第 6 版には大島清・兵頭次郎共訳,吉田秀夫訳,伊藤秀一・寺尾琢磨共訳がある。

　マルサスについても,大体すべての経済学史の教科書が多かれ少なかれページを割いているが,単行書としてはボナーのもの（James Bonar, Malthus and his work, London, 1885. 堀経夫・吉田秀夫共訳『マルサスと彼の業績』）がある。ヴェンツィヒが『国家学辞典』に書いた前記『マルサス』の項の末尾には,マルサスに関する文献の目録が載っている。一橋新聞部編『経済学研究の栞』10 頁には和文のものの目録がある。

第6章　ジェイムズ・ミル

　リカードウの経済学には，反対する人も多かったが，また賛成者も多かった。ここに記すジェイムズ・ミル James Mill[1] をはじめ，マカロック John Ramsay McCulloch, ド・クィンスィ Thomas de Quincey, ジョン・ステュアート・ミル John Stuart Mill などが当時におけるその主な人々である。リカードウの弟子 Epigoni と呼ばれているこれらの人たちは，新しい学説が公けにされて間もないところからそれの解説と弘布と擁護の仕事を引受けて，担当する分野はそれぞれ多少ずつ異なっていたが，リカードウの学説を理解し易いような形態に説明し直し，個々の部分を解説し，批評の余地のないように訂正し，またそれをその当時の実際問題の説明に応用したり，批評を反駁したりしたのであった。そしてこの時代は，リカードウの学説に反対する人々からそれに対する批評が出，これらの人たちがその批評に対して反駁を加えるという方面から見れば，経済学界における覇権をめぐる一大論戦時代であったが，しかしこれらの人たちの才能と努力とによって，経済学におけるリカードウ時代を形成したのであった。
　ミルは，そのようなリカードウの弟子の1人であった。彼は，以前から数多くの著書論文を発表していたが，1821年に『経済学綱要（Elements of Political Economy）』［渡辺輝雄訳，春秋社，1948年］を書き，これに経済学全般を生産，分配，交換，消費の4篇に分けて説明するという，のちに広く採用されるようになった，正しくない方法を始めて採用し，この形式においてリカードウの学説を解説し普及させようとした。ミルのこの著書における学説は，単にリカードウのそれを通俗化したというだけではなく，新しい，リカードウを超える進歩もあったのであるが，しかし全体としては，リカードウが到達した水準からの後退であった。

　[1]　ミルは，たとえば葡萄酒の品質を向上させるために，これに対して新しい労働を加えることなしに単純に貯蔵する場合のように，ある産業部門に投じられた資本が，他の産業部門に投じられた資本の平均よりも比較的に永く，労働過程に服することなしに生産過程に滞留しなければならない場合，その資本が被る不利益は，その資本によって生産された商品の生産価格がその価値以上となり，し

たがってその資本の取得する利潤がそれ自身の剰余価値以上となることによって相殺される，という事実を認めて，それを強調した。

ある商品が生産価格をもって販売される場合，そのなかに含まれているところの，そしてその商品を生産した資本に帰するところの利潤は，その商品の価値のなかに含まれているところの剰余価値の転化した形態ではあるが，しかしこれとは，原則としてその大きさが違っている。そしてその大きさの違いは，ある産業部門に投じられた資本が，他の産業諸部門に投じられた資本の平均よりも，不変資本の割合が比較的に大きく，可変資本の割合が比較的に小さい場合，固定資本の割合が比較的に大きく，流動資本の割合が比較的に小さい場合，流通過程に永く滞留しなければならない場合など，種々の場合に生ずることであるが，生産した葡萄酒の品質を向上させるために貯蔵する場合のように，資本が労働過程に服することなしに比較的に永く生産過程に滞留しなければならぬ場合も，そのひとつである。

したがってミルが個々の事例を挙げてこの場合を強調し，『時間そのものは価値を創るものではない』ということを主張したのは，正しいことである。のみならず，それはミルのひとつの功績でもあった。けだしリカードウは，個々の資本の利潤がその剰余価値とは異なったものとなり，したがって商品の生産価格がその価値から離れるという事実の原因としては，ただ一定量の資本が種々相異なった産業部門に投じられた場合に，固定資本と流動資本とに分割される割合を異にするという事情だけを（それも賃銀の変動がこれらの資本に相異なった影響を与えるという，特殊の，限られた事情に関連してのみ）挙げているに過ぎないからである。

しかしミルは，この問題の解決に決して成功しなかったのであった。大体，ある産業部門に投じられた資本が，労働過程に服することなしに比較的に永く生産過程に滞留しなければならないとか，あるいは不変資本の割合が比較的に大きいとかいう事情のために被るところの不利益に対して受ける相殺は，相異なった資本家のあいだに剰余価値がどのように分配されるかという問題であって，その剰余価値がどのようにして生産されるかという問題ではない。したがってそれは，剰余価値と利潤とが異なったものであるということを理解し，剰余価値が剰余価値という形態のままではなしに，利潤という形態において資本に帰するということ，そしてもしも商品がその価値をもって販売されたならば，利潤率は産業部門ごとに種々様々なものとなるが，これらの利潤率が，資本と資本とのあいだの競争によって平均されて一般的利潤率が確立され，商品はその価値をもってではなしに，この一般的利潤率にしたがって算定された利潤を費用価格に加えた生産価

格をもって販売されることを明らかにすることによって、解決されるべきものである。そしてこのことが明らかにされたならば、この問題の解決は決して困難なことではないのである。しかるにミルはこのような正しい解決方法を採らず、剰余価値と利潤との同一視を維持し、個々の資本がある特定の産業において取得する利潤を、その資本が生産した剰余価値から説明しようとしたのであった。しかしこの方法は、本来同一でないものを同一のものとして説明しようとする、無理な方法であるから、当然に詭弁的解釈とならざるをえず、事実、ミルも詭弁的解釈に陥ったのであった。この誤った方法は、ミルにおいてはまだ萌芽的形態で現われているに過ぎないが、リカードウの学説を継承解説した他の人々のもとではるかに甚だしくなり、リカードウの理論の根底全体を崩壊させたのである。

② ミルは、結局は脆弁に陥ったにせよ、ともかく利潤および生産価格に剰余価値および価値とは異なった性格を与える、このような事情を強調したが、そればかりではなく、それ以外にも資本関係をはっきりさせた次のような功績があった。
① マルサスたちが、商品が資本としてもつところの価値によって、その商品の価値を規定しようとしたのに反対した。
② 資本と賃銀労働とのあいだの対立関係を隠蔽せず、資本家や土地所有者の階級が高い教育を受け、社会の指導的地位を独占するのが、労働者の貧困と大きな剰余価値の結果であることを認めていた。
③ 資本を明言をもって蓄積された労働に還元し、資本と労働との区別を単なる労働の形態の区別に還元した。
④ 資本は生産的に消費されるものであり、生産手段は消費されることによって資本となる、ということを、明言をもって述べた等。
ミルは、一般にリカードウの経済学の熱心な祖述者であって、リカードウの学説を忠実に解説し擁護しようとしたのであるが、これらの点は、リカードウを超える進歩であった。
しかしミルには、このような積極的な面もあった代りに、これも一部は上に見たとおり、非常に重大な欠陥があったのであった。資本制生産が行われ、資本家が労働者に対して生産期間中に必要とされる生活資料や生産に必要な原料を前払いするのを、労働者の窮乏からくる、単なる偶然事としたこと、資本を単なる蓄積労働として、それが労働者の所有でなく、労働者に対立していることを等閑視したこと、需要供給の同一性を主張して一般的過剰生産の可能性を否定したこと

などがそれであるが，ミルはまた商品の生産価格をそれの価値とは異なったものたらしめる要因のひとつとして，生産物がなおまだ生産過程に滞留しながら，しかし労働過程に服することなしに経過するところの時間を指摘しながら，剰余価値と利潤とはまったく同一のものであるとする独断的前提を固執し，そのため商品の価値規定から当然必要とされる中間項を経由することなしに平均利潤を説明しようとして，却って詭弁を弄するようになってしまった。資本家と労働者とのあいだの，労働力の売買を内容とする交換においては，事実上相等しい労働量の交換は行われず，これを価値の一般的規定から説明するにはある種の困難が存することと，そしてリカードウはこの困難のために混乱におちいるということはなかったが，しかしこの困難に対して十分の説明を与えはしなかったこと，そしてそのためこれがマルサスによってリカードウが創り出した成果を破壊するために利用されたことは，前に見たとおりである。ミルはこの問題を採り上げて解決しようとしたが，真の意味の解決には到達しないで，種々の不合理な説明を経たのちに却って労働者が販売する商品——それが何であるかは明白でないが——の価値は，それを生産するのに必要とされる労働時間によってではなしに，需要と供給との関係によって規定されるとする説に後退してしまったのであった。

(1) ジェイムズ・ミルは有名なジョン・ステュアート・ミル John Stuart Mill の父親に当る人である。1773年4月6日にスコットランドのフォーファーシャーのノースウォーター・ブリッジという村 Northwater Bridge, Forfarshire に生まれ，1836年6月23日にロンドンで亡くなった。父は靴屋で，ミルも幼いころ父の手伝いをしていたが，母の計らいで17歳のときにエディンバラ大学に入り，一定の課程を修めて説教師の資格を受けた。しかし説教師にはならないで，1802年にロンドンに出て著述家となり，また1818年に書いた大著『インド史』が縁となって翌19年に東インド会社に有利な地位を得て入社し，その後次第に昇進した。ミルは，1808年にベンタム Jeremy Bentham を識ってこれに傾倒したが，11年にはリカードウと知り合いとなった。ミルも前に記した経済学クラブの会員であった。躊躇するリカードウを励まして『経済学および課税の諸原理』を執筆公刊させたのもミルであった。

ミルの主な著書論文は次のとおりである。

1　An Essay on the Impolicy of a Bounty on the Exportation of Grain, and on the Principles which ought to regulate the Commerce of Grain, London, 1804.

2　Commerce Defended. An Answer to the Arguments by which Mr. Spence, Mr. Cobbett, and others, have attempted to prove that Commerce is not a source of National Wealth, London, 1808.

3　Government, Bank of Saving, Beggers, Benefit Societies, Economists etc., articles contributed to the supplement to the Encyclopaedia Britannica, 1823, 1816-1823.

4　The History of British India, 3 vols., London, 1817-1818.

5　Elements of Political Economy, London, 1821.

6 Analysis of the Phenomenon of the Human Mind, 2 vols., London, 1829.

5の『経済学綱要』はミルの経済学における主著を成すものであるが，ミルは1821年にこれの初版を出したのち，24年に第2版，26年に第3版を出し，各版とも多かれ少かれ重要な改訂をほどこしている。第3版については渡辺輝雄の邦訳［春秋社，1948年］がある。この『綱要』は，実はミル父子の合作であったと伝えられている。ミルは元来子供のジョン・スチュアートの教育には非常な関心を払い，まだジョンが幼かったころから自分自身で種々の学科を教えていたが，経済学もやはりその通りで，ジョンが13歳になったときに，これに経済学を教え始めたのであった。そしてミルが子供に教えようとした経済学は，この時よりも2年ほど前に公けにされたリカードウの『原理』に説かれてある経済学であったが，この『原理』という著書は，ことに年若い初学者には適当でないと見られたので，ミルは，子供を伴れて散歩しながらその一部ずつを講義して聞かせ，翌日までにその内容を文章にして提出させ，これを訂正して理解を精確にしてゆく，という方法を採った。このとき，子供のジョンが書いて提出した報告が『綱要』の基礎となったということである。ジョンは，このほかにも，『綱要』の初版が出版されるときには『著者をして思想の順序と説明の一般的性質とをより容易に判断し改善することを得しめるための各節の簡単な要領』を原稿上に作って父を助けた。また『綱要』の第3版における改訂は，一部はジョンたちがこれをテキストとして開いた読書会における質疑討論によるものであった。(John Stuart Mill, Autobiography, with an appendix of hitherto unpublished speeches and a preface by Harold J. Laski, London, 1935, p.24, p.52 および p.103)

〈第2篇　プロレタリア的反対論者〉

第7章　ホジスキン

1

　リカードウ，マルサス，ジェイムズ・ミル，マカロック，これらの人たちのあいだに資本制生産を何とかして理解しようという努力がつづけられていたころ，イギリスでは一方において労働者階級の運動が非常に活発[1]となり，またこれと並んで資本制生産を批判する著述家が現われてきた[2]。この傾向に属する人たちは一般にリカードウ派社会主義者と呼ばれ，資本制生産の分析に関するかぎりではリカードウの経済学を受け容れて，それを出発点としていた。そしてこれらの人たちは，資本制生産を批判し，社会主義の思想を建設してゆくという方面にも大きな貢献があったのであるが，単にそればかりではなく，大塚も言うように，剰余価値の分析を著しく前進させたのであった（大塚金之助『世界資本主義発達史文献解題』「日本資本主義発達史講座」所収，岩波書店，1932年，41頁）。

　ホジスキン Thomas Hodgskin[3]はこの傾向の有力な代表者のひとりであった。ホジスキンは，イギリス社会主義思想史における役割も小さいものではなかったが，資本の性質の理解を進めるうえにも非常に大きな貢献をなしたのであった。その貢献は大別して次の2種とすることができる。

①　資本というものは，実は資本家と労働者とのあいだの社会的関係であって，経済学者たちが資本を生産手段と同一のものであるように言つているのは，甚だしい誤りであるということを強調したこと。

②　剰余価値の若干の細目的性質を明らかにしたこと

　ホジスキンは，新聞や雑誌に寄せた論文のほかに10冊ほどの著書を書いているが，ここでは1825年——つまりリカードウの『経済学原理』がはじめて公表されてから8年後——に匿名で発表した『労働擁護論（Labour Defended against the Claims of Capital, or the Unproductiveness of Capital proved with reference to the Recent Combinations amongst Journeymen, by a Labourer)』（鈴木鴻一郎訳，世界古典文庫，1948年）によって，ホジスキンの業績の大要を見ることにする。

[1] 資本家の手にある貨幣は，それが産業資本として使用されるかぎり，その一部分は生産手段の諸要素を購入するために支出される。他の一部は賃銀として支出されるが，この部分は間もなく労働者によって生活資料の諸要素の購入に支出されるから，産業資本の現物は，生産手段や労働者の生活資料であると見ることができる。そしてこれらの生産手段や生活資料はいずれも生産にとって必要欠くべからざるものであって，生産に対し大なり小なりの貢献をするのであるが，これらの貢献は，果してそのまま生産に対する資本の貢献と見なしてよいか。資本家の貨幣は，その資本家の手に剰余価値をもたらすことによって初めて資本となるのであるが，この剰余価値は，果して生産手段や労働者の生活資料が生産に貢献するという事実から説明することができるか——ホジスキンは，資本は果して生産的であるかという形において，その当時の経済学者たちに対し，この問題を提出した。そしてジェイムズ・ミルやマカロックなどという当時の経済学者たちは，資本は労働者の協業と分業を可能ならしめ，労働の生産力を高め，それによって剰余価値を取得するのであると説明したが，ホジスキンはこれに反対して，まず資本全般につき，次に流動資本および固定資本のそれぞれについて資本はそのような効果をもつものではないということを証明しようとした。

大体資本というものは，それ自身としては，剰余価値となるべき新しい価値を生産しうるものではない。商品の生産過程をいわゆる価値形成の過程として見た場合，資本は——そのうち労働手段や原料などに投じられたいわゆる不変資本部分は——生産物に対して，それ自身がもっている価値を移譲する。しかし不変資本部分がなすことはそれだけであって，剰余価値を作ることはなく，またこの不変資本部分がもつ価値も，それの再生産にその時その時に必要とされる労働時間によって決定されるのである。また商品の生産過程を使用価値を生産するところのいわゆる労働過程として見た場合，生産手段や労働者の生活資料が欠くべからざる要素となっていることは，たしかに事実である。しかしそれらのものは生産手段として，あるいは労働者の生活資料として，重要な役割を果しているだけである。それらのものは，労働者自身の財産であることを止めて，資本家の所有物となり，労働者を支配するようになったときに，初めて資本となり，剰余価値をもたらすようになるのであるが，一方，それではそれらのものは，資本とならなければこのような生産手段あるいは生活資料の役割を果さないかというと，そうではなくて，かりに労働者の財産であったとしても，それが労働過程において大きな役割を演ずることには，変りはないのである。言いかえれば，資本は，あるいは資本が剰余価値をもたらすという事実は，単純に生産手段や労働者の生活資

料が新しい生産物の生産に際して重要な要素となっているということのみからは，説明し尽されないものをもっているわけである。生産手段や労働者の生活資料は，それが労働者の所有であることを止めて，資本家の所有物となり，資本家の手において労働者と対立し，労働者に命令を下し，労働者に剰余労働を労働せしめるようになったときに，ただそういうものとして初めて資本となり，剰余価値をもたらすようになるものである。資本が剰余価値をもたらすということ——あるいはこの場合のいわゆる資本の生産性なるもの——は，資本をこのような一定の社会的生産関係として把握したときに，初めてこれを問題とすることができるものである。しかし資本をこのように社会的生産関係の表現として把握すると，この社会関係の——したがって資本の——歴史的経過的性質が目に見えてくる。言いかえれば，資本を一定の社会関係の表現として把握するということは，それの歴史的経過的性質を理解するための前提条件を成しているわけである。

　ホジスキンが，その当時の経済学者に向って，資本というものは不生産的なものであると，力をこめて主張した場合，それは，上のような事情を指摘して，資本の——しかも根本的な——性質を明らかにしたものであった。

　ホジスキンは，資本一般について以上のような事情を強調したのちに，さらにその当時の経済学者たちの慣行にしたがって資本を流動資本と固定資本とに区分し，そのそれぞれについて，資本は不生産的であるとする自分の見解を立証しようとした。

　この場合ホジスキンが流動資本という言葉のもとに考えているのは，今日のいわゆる流動資本ではなくして，その中から原料，燃料等の購入に支出される部分を除外し，賃銀の支払いに充てられる可変資本の部分だけであるが，この可変資本として使用される貨幣は，やがてその労働者によって必要な生活資料の購入に支出される。したがって可変資本部分は，実質上は，食料品や衣料品や光熱用品というような，日常の生活に必要な種々の使用価値であると見ることができる。しかしこのような労働者に対してその労働の継続中に供給せらるべき生活資料の量は，資本制生産のもとでは，多かれ少なかれ大量となる。けだし資本制生産は，当初からある程度以上に上る労働者の集中を前提とする——そしてこれらの労働者の協業が，のちに発展する分業や工場制度の基礎となるのである——からである。当時の経済学者たちは，この事実を見て，分業の発展にはそれに先き立つ資本の蓄積が必要である，と言ったのであるが，しかしこの場合に資本の蓄積と言われているものは，一般に，単に新しい生産物が生産される以前に労働者のための生活資料が生産されていなければならぬというだけのことではない。そう

ではなくして，それは，それ以上に労働者の一人びとりが自営の労働者としてある生産物の生産に必要とされる種々の作業を順を追うてみずから行っていたあいだは，その一人びとりの労働者の手に非常に少量ずつ分散されていた生活資料を，1人の資本家の手に集積するということである。しかもこのような生活資料の集積は，資本制生産の発展の初期の，マニュファクチュアが発展してきた歴史的基礎の上では，労働者の生活資料がもはや彼の所有に属しないものとなり，貨幣を所有し，それによって資本家となった人々の所有に帰し，資本として労働者に対立するようになり，そのため労働者は賃銀労働者としてその労働力を販売しなければならなくなり，賃銀労働者となって一箇同一の職場に集合するという形式において行われたのであった。このような，労働者とその生活資料とのいわゆる分離は，資本制生産の前提となるものであって，資本制生産の発生に際しては，いわゆる原始的蓄積の過程においてまず行われ，そしてひとたび資本が存在し，資本制生産が行われるようになると，その資本制生産方法そのものによって継続拡大されるものである。ここでは，蓄積は，利潤または剰余生産物を資本に還元するという手続によって不断に行われるところの過程となり，また蓄積するということ，言いかえれば剰余生産物の一部を追加的な労働者の生活資料とするということは，資本家の特有の機能となるのである。そしてまたひとたびこのようにして資本制生産が発足すると，生活資料の諸要素は，それが資本の性質をもつようにならないかぎり，すなわち労働者自身の所有に属しないで，資本家の所有に属するというのでないかぎり，生産の物的条件として作用しないのである。分業が発展するためには資本の蓄積があらかじめ必要であるということは，したがって，労働者の生活資料に関するかぎり，それらのものがあらかじめ生産されてあること，およびそれが資本家の手に集積されてあること，そしてそれが資本として無産の賃銀労働者に対立していることという，この3者を意味するわけである。

　もっともこれはひとり労働者の生活資料に限られたことではない。原料燃料のごとき流動不変資本部分や，機械建物のごとき固定資本部分についても，多かれ少なかれ同じことを言いうるわけである。

　しかし分業は，歴史的にみれば，事実上資本制生産の一産物として現われたものであるが，それにもかかわらず，それは，かりに生産の諸条件がいわゆる結合せる労働者の所有に属し，その結合せる労働者たちがそれらの生産諸条件を直接に自分たち自身の活動のために使用したとしても，可能なはずである。したがって，もしも，その当時の経済学者たちのように，このような資本の蓄積が分業の前提であると主張するとすれば，その主張は，二重の，しかも互いに条件づけ合

っている混同をおかすことになるわけである。すなわちそれは，一方において資本をば一個の社会関係から一個の物——生活資料，生産手段等——に変えてしまうことになる。しかも，この場合に生活資料や生産手段の素材となるところの諸商品は，決して単純な物ではない。それは他人に雇われて賃銀を受ける労働者のために生活資料となり，この労働者の労働のために生産手段となるものであり，そしてそれはこれによって資本となり，またそれの再生産方法の如何によってあるいは流動資本となり，あるいは固定資本となるのであるが，上の主張はこのことを無視することになるのである。また上の主張は，他方において，物をそのまま資本として把握するものである。労働者の生活資料や生産に必要とされる原料等は，それが非労働者の手に独占されて労働を支配する手段となったときにはじめて資本となり，そういうものとして分業の先行的条件となっているのであるが，上の主張は，分業の前提たる資本の蓄積とは，生活資料や生産手段の増大または集積のことである，と解釈する。すなわち社会関係が物のなかに，あるいは物を通して表現せられるのを，その物が，技術的な労働過程にその要素として入り込むその時から，物そのものとして与えられるところの性質として理解するわけである。結局，前記の主張は，資本を1個の社会関係として把握せず，労働とそれの物的条件との一般的関係として，すべての生産様式に共通なるもの（そこには資本に特有な性質は何ひとつない）として把握するものである。しかしその当時の経済学者たちはこのように解釈し主張していたのであった。

　したがってこのような経済学者たちに対しては，次のような質問を提出することができるわけである。すなわちそもそも労働者が新しい生産物を生産しようとする場合に，過去の労働の生産物を生産手段や生産期間中の生活資料として使用するということは，それにとって必要欠くべからざることである。しかし労働者がみずから生産した生産物を利用するこのような方法は，これらの生産物に対する労働者の所有権を否定し，これらのものに対する支配権を資本家の手に集中し，そのため労働者の生産物が資本としてその労働者自身を支配するようになるということと，一体どのような関係があるのか。労働者は，自分の労働の生産物を最初にまず資本家という第三者に無償で提供し，そうしたのちにいま一度これをその人から買い戻さなければならず，そしてその際にはそれらの物に支出された労働よりも多かれ少なかれ多量の労働を提供し，それによってその第三者のためにいま一度新しい剰余価値を生産しなければならないのであるが，これとは一体どのような関係があるのか，ということがそれである。

　ホジスキンは，流動資本部分について——ただしホジスキンはこの中に今日の

流動資本ではなくして、そのうちただ労働者に賃銀として支払われる資本部分しか考えていない——このような疑問を提出したのであった。もっともホジスキンの問題の提起は、非常に奇妙な形において行われたのであるが、この点については後に見ることにしよう。

　ホジスキンは、その後で固定資本部分について論じて、固定資本の現実的形態たる機械その他は、それが労働者によって生産されたばかりで、そのまま貯蔵されるかぎり、かえってその使用価値を減じ、また価値を減ずるばかりで、それを生産するために費された費用をつぐなうことなく、それが生産手段として機能し、その所有者に剰余価値をもたらすのは、それが労働者に対する支配権を獲得する手段となり、生産的労働者によって使用されるからである、ということを明らかにしている。

　ホジスキンは、以上のように資本というものは生産手段や労働者の生活資料とはまったく別個のものであり、資本を単純にこれらのものの貯蔵と同一視するのは甚だしい誤りであること、その当時一般に資本から生ずる効果と解釈されていた諸々の事実は、実は資本そのものの効果ではないこと、そして資本そのものは単に賃銀労働者の労働を支配し、これに剰余労働を強制するところの社会的権力に過ぎないことを明らかにし、これをその当時の経済学者たちに向って力をこめて強調したのであった。しかしホジスキンがこれらの命題と証明しようとしたその方法には、若干の、しかも重大な欠陥があった。そしてその結果、資本は、ホジスキンにとって、労働の一定の社会的形態の表現であって、しかもその労働の社会的形態の効果がこの労働の生産物の効果として現われるところのものではなくして、『他の人々を丸裸かにさせてしまう人々が、その、他の人々を剥奪する手を隠さんがために発明した』〔前掲、『労働擁護論』48頁〕一種の神秘的な言葉に過ぎないものとなったのであった。ホジスキンをつまずかせたその欠陥は、第1に、資本制商品生産の過程を使用価値の生産を内容とする労働過程と価値の形成を内容とする価値形成ないし価値増殖の過程とに分かち、その各々において資本がどのような作用をいとなむかを明らかにしなかったことである。剰余価値が生産される機構を明らかにし、生産における資本の役割を明らかにするには、これだけの用意が必要であるが、この用意が欠けていたために、この機構が明らかとならなかったわけである。第2に、生産手段や労働者の生活資料と資本との区別を極力主張しながら、なおこれらの物を資本とする経済学者たちの誤った考え方をそのまま受け容れていた。第3に、そのため経済学者たちが生産手段や労働者の生活資料を生産する労働が一旦それぞれの生産物となり、過去の労働となっ

て，この形において新しい労働の条件となるという事情を強調し，これによって資本を弁護するのに対して，逆に，過去の労働あるいはその生産物が新しい労働の条件として有する重要性を否認しようとした。ホジスキンが，労働者の生活資料において，この主張を証明するために持ち出した議論が，有名な共存労働の理論である。大体，資本制生産のもとでは，労働者の生活資料は，労働者がこれを生産すると，ひとまずその全部が資本家の所有に帰し，のちに賃金を通して労働者の手に戻ってくる。この事情は資本の蓄積と呼ばれるけれども，しかしそれだけのものが前もって生産されて，資本家の手に貯えられてあるわけではない。それは，労働者が資本家のために商品と剰余価値とを生産したその時に，それと並行して生産されるものである。しかしそれであるからといって，これらのものが生活および生産の物質的条件としてもっている意義を抹殺することはできぬ。労働者は，これらのものを欠いては，生活と生産とをつづけることができないのである。流動不変資本の要素についても同様である。ホジスキンが，これらのものが同時に相並んで行われるいわゆる共存労働の産物であることを強調したのは正しいが，しかしこれらのものの生産の物的条件としての重要性を否認するのは誤りである。固定資本の要素である機械等についてもこれは同様であって，それの発明，製作，利用はたしかに労働者の知識や熟練や労働によるものであるが，しかしそれであるからといって，機械等の労働手段としての重要性を否認するのは誤りである。

② しかしホジスキンには，このほかになお剰余価値の細目的な性質のいくつかをはじめて明らかにしたという功績がある。そしてこの種の功績は，その一部は上に記した資本の生産性という独断の批判と関連して現われ，他の一部はそれから独立して現われるものであるが，ここにその主なものを一括列記すると次のとおりである。

① 労働者階級の再生産は，熟練をある世代から次の世代へ伝達し，それを蓄積してゆくという作用をふくむ。しかもこのことは資本の前払いなしに，賃金によってまかなわれる。ホジスキンはこのことを明らかにした。
② 資本の蓄積が進行するにつれて，可変資本部分が不変資本部分に比べて相対的に減少し，過去の労働に比べて現在の生きた労働が相対的に減少する。そしてこのことが――剰余価値率は上昇するにかかわらず――利潤率の低下となって現われるのであるが，ホジスキンはこれを認め，利潤率の低下に関するスミスやリカードウの説明の誤りを訂正した。

③ 利潤によって生活する人々の数が資本の蓄積の進行とともに相対的に増加することを指摘した。
④ 産業資本家には，資本の所有者という側面と生産過程の技術的指揮者という側面との2つの側面があり，この両者は相異なったものであることを指摘した。
⑤ 生産手段および労働者の生活資料と労働という，社会的労働の相異なった契機が，互いに引き離され，相異なった人間に属し，そして一方が資本となっているという形態をとり除くならば，それとともに資本制生産という生産様式も消滅する，ということを認めていた。

3 ホジスキンは，以上のように，生産手段や労働者の生活資料が資本となり，資本家の手に剰余価値をもたらすことに非常に強い疑惑をもち，これらのものと資本との区別を力をこめて強調した。そしてその当時一般に資本から生ずる効果であると解釈されていた諸々の事実は実は資本そのものの効果ではなく，資本そのものは単に賃銀労働者の生産したものが資本家の手に移され，それによって逆に労働者自身の労働を支配し，これに剰余労働を強制するところの社会的な一権力となったものに過ぎないことを明らかにしたのであった。ホジスキンにはこのほかにも資本制生産の若干の側面を明らかにしたという功績があったが，そしてまた彼が上の命題を証明しようとしたその方法には前に記したような欠陥があるにはあったが，しかし資本のこのような性質を明らかにしたということは，ホジスキンをその当時の経済学者たちのあいだに置いてこれと較べてみた場合，彼の非常に著しい，非常に大きな功績となるところであった。

大体，その当時の経済学者たちは，資本を決してこのような一定の社会関係の表現として把握していなかったのであった。経済学者の理解においては，生産手段や労働者の生活資料が資本家の所有物となり，労働に対立して採るところのこの特定の社会的形態と，それらのものが新しい生産物の形成に参加して，労働過程の要素としてもつところの現実的規定とが，甚だしくもつれ合っていた。もっともリカードウは，資本が価値を生産するとは言わなかったし，また資本は――それも不変資本部分だけが――それ自身の価値を生産物のうえに移すに過ぎず，しかもこの価値は，それらのものの再生産に必要とされる労働の量によって規定されることを認めていた。また新しい生産物の形成に当って資本が果すところの役割についても，経済学者たちは，一般に，それは過去の有用労働によって作られた生産物が生産手段または生活資料として役立つだけであると考え，事実，新

しい生産物を生産する労働過程を分析するに当っては，資本という言葉を棄てて，もっぱら原料，労働手段，生活資料という言葉を使用したのであった。しかしそれにもかかわらずこれらの経済学者たちは，生産手段や労働者の生活資料が拠ってもって資本となるところの一定の特殊な形態を，それらのものが単純な物として，また単純な労働過程の要素としてもっているところの性質と，絶えず混同していた。リカードウでさえも，一般的利潤率の説明に際しては，後に批判者たちによって大いに利用されたところの，重大な欠陥をおかしたのであった。そしてこれらのものが資本となり，労働者に対して命令を下す主人となったときに示すところの神秘的な性質を，いつも，無意識的に，それらのものが物としてもっているところの性質と分かつことのできないもの——そのようなものとして説明していたのであった。しかし資本はそもそもそういうものではないのであって，経済学が資本を正しく理解するためには，このような経済学者たちの誤解，独断を排除して前進することが是非とも必要であったが，ホジスキンの『資本は不生産的である』という命題は——もっともこの命題は，実はリカードウの理論の必然的結論を成すものであり，またホジスキンはリカードウからこの結論を引き出すに当り1，2の先輩をもっていたのであるが——この仕事をなし遂げたものであった。

　ホジスキンのこのような功績は，しかしその後の経済学界において十分な評価を受けなかった。マルクスは『労働擁護論』を『すぐれた述作』と評価し（『資本論』第1巻第11章），彼が『剰余価値学説史』の草稿を執筆していた当時，これと同じ系統に属する他の小冊子類がすべて忘れられてしまったのに対して，なおイギリス経済学の重要生産物のひとつに数えられていると言っているが（Th.Ⅲ, S.313. 改造社版全集，第11巻，317頁[MEW, Bd.26-3, S.259]），ジョン・ステュアート・ミルの『経済学原理 Principles of Political Economy, with some of their Applications to Social Philosophy, 2 vols, London, 1848』（末永茂喜訳，全5巻，岩波文庫版，1959-1963年）もホジスキンには触れていない。経済学史の教科書でも，これに言及しているものはほとんどない。

(1) この時期におけるイギリスの労働者運動の昂揚は，実は経済学がリカードウの手によって発展せしめられるよりももっと早く，すでに1790年代に始まったものであった。そしてこの時の昂揚は，政府や新興資本家階級からの妨害と弾圧により，しかしそれよりも労働者運動のなかへ種々雑多な要素が流れ込み，それらの要素がそれぞれ相異なった思想と要求と期待をもっていたことによる内部的不統一のために，いく度かつまずいたが，それでも結局1840年代のいわゆるチャーティスト運動までつづいたのであった。

この当時の労働者運動は，もちろん，今日のそれと較べてみればかなり未熟なものをもっていた。たとえば，それは，1810年代には，資本制生産の作用と機械の作用とを混同して，自分たちの悲惨な境遇は，このごろ新しく普及してきたあの機械と工場設備とによるものであるとして，その機械と工場設備とを大規模に破壊して歩いた，いわゆる機械破壊者Ludditeの運動をふくんでいたし，また1832年の選挙法の改正を戦い取った運動の際には，ブルジョアジーと共同戦線をつくって積極的に闘いながら，新しい選挙法においては，ブルジョアジーだけが選挙権を獲得し，労働者は何も得るところがなかったという結果となるのを，防ぐことができなかった。新しい選挙法に対し，またブルジョアジーとの共同の政治運動に対して失望したあとには，反議会主義的傾向に陥って，総罷業か生産協同組合かによって労働者階級による生産手段の掌握を実現しようとしたのであった。それは，ようやく1836年末になって『社会主義の秩序を誘致するための手段として選挙権と議会との民主主義化に努力する政治的階級党』を結成するようになった。1837-38年に起草されたその綱領は『Charter』と名づけられ，全運動はこのCharterにちなんでChartismと呼ばれた。この時期の労働者運動はこのようになお未熟なものをもっていたけれども，なお1824年に国会から結社禁止法の廃止を獲得して，その時まで禁止されていた労働者組織を公然と結成しうるようにし，また工場や鉱山で労働する婦人や青少年のための保護立法，十時間労働日，出版の自由，刑法の規定の緩和などを獲得したのであった。(Max Beer, Allgemeine Geschichte des Sozialismus und der sozialen Kämpfe, 6. Auflage, Berlin, 1929, S.531-567. 西雅雄・田畑三四郎共訳『社会主義通史』620-661頁)。ホジスキン自身も，結社禁止法廃止のための運動が行われていた時には，この労働者運動に積極的に関係していた。また『労働擁護論』という著書は，公然と組織しうることとなったその『労働者の組合に向って，資本家の利潤を及ぶかぎり排除するという思想的目的を指示しようとしたものであった』(Georg Adler, Ricardo und der ältere englische Sozialismus. Einleitung zu Verteidigung der Arbeit gegen die Ansprüche des Kapitals von Thomas Hodgskin, aus dem Englischen übersetzt von Friedrich Raffel, Leipzig, 1909, S.22)。ホジスキンは一時ロンドンに労働学校を設立して，そこで経済学の講義を行ったが，この労働学校には，ロンドンの労働者のうちでもっとも聡明な，もっとも積極的なものたちが参加し，これらの学生のなかからは，ラヴェットWilliam Lovettやヘザリントン Henry Hetheringtonなどという，後にチャーティスト運動の指導者となった人たちを出したのであった。この点からいえば，ホジスキンは『やがていく度か経験したその革命的時期のひとつに入ろうとしていたイギリスの労働者階級に対して，これらの先駆者たち』つまりロック，リカードウ，レイヴンストーンの『教義を伝達した』のであった (Max Beer, A History of British Socialism, with an Introduction by R. H. Tawney, 2 vols., London, 1923, vol. I, p.260 [大島清訳『イギリス社会主義史』(二)，岩波文庫，1970年，149頁])。

(2) イギリスでは，1815年にフランスを相手とするいわゆるナポレオン戦争が終戦となって，10年ぶりに平和が回復されたが，しかし労働者階級の境遇はすこしも改善されず，労働者の団結を禁止した法律のもとで，犠牲ばかり大きく，効果の少い労働者たちの闘争が展開された。しかしこの時期はまた『近代イギリス社会主義の誕生時代』であった (Beer, Allgemeine Geschichte, S.538. 西・田畑訳書，630頁)。イギリスにおける近代社会主義の歴史はロバート・オーウェンに始まるが，そのオーウェンは，すでに1797年にスコットランドのニュー・ラナークに綿糸紡績工場を求めて，労働者の境遇を改善することによってその性格を改造するという有名な実験を試みて大きな成功をおさめ，名

声を博していたが，結局1817年――リカードウの経済原論がはじめて公刊された年――には社会主義に到達して，その宣伝を開始し，23年には共産主義的理想郷の建設計画に着手した。この当時のイギリス社会主義にはアドラーによると2つの潮流が認められる。その1は『実践的な博愛主義的観点から出発するオーウェン派の宣伝活動』であり，その2は『リカードウの価値理論の社会倫理的解釈に結び付いて成立した著述家たちの運動』であった（Adler, Ricardo und der ältere englische Sozialismus, S.9）。そして1820年代には，エンゲルスが『リカードウの価値および剰余価値に関する理論をプロレタリアートの利益のために資本制生産攻撃の目的に利用し，ブルジョアジー自身の武器をもってブルジョアジーと戦った全文献』（『資本論』第2巻序文）といっている数多くの文献が公けにされた。これらの文献は，資本制生産の分析に関するかぎり，若干の例外はあるようであるが，『実際みなリカードウの形態から出発し，』経済学のリカードウ的形態の痕跡をとどめていた（Th.Ⅲ, S.281. 改造社版全集，第11巻，286頁〔MEW, Bd.26-3, S.234〕）。これらの文献を書いた著述家たちは，その当時の経済学者に対立して，マルクスがリカードウの理論の『平等主義的適用』と呼んでいるもの（Marx, Misére de la philosophie, etc., Paris, 1935, p.64. 山村喬訳『哲学の貧困』改造社版全集，第3巻，518頁〔MEW, Bd.4, S.98〕〔山村喬訳『哲学の貧困』岩波文庫，1950年，63頁〕）を提唱した。すなわち，リカードウによると，ある生産物の価値は，その中に含まれた労働の量に等しい。とすれば，1労働日の価値は，その1労働日の生産物の価値に等しくならなければならぬ。あるいは労働賃銀は，労働の生産物全体の価値（ただし生産手段の価値を移した部分を除く）に等しくなければならぬはずである。しかるに事実においては，労働者はその労働の生産物の全部を取得せず，必要なる生活資料しか受取っていない。したがって，この場合には，社会の実際はその原理に背馳しているわけである。このような事態は匡正されなければならぬ。そしてこれを匡正する唯一の方法は，言うまでもなく労働者に対してその労働の全生産物に対する請求権を保障することでなければならぬと。

ホジスキンも，その思想は，ベアによれば「峻烈に反資本主義的ではあるが，社会主義には達しえない個人主義的社会批評」であるが（Allgemeine Geschichte, S.552. 西・田畑共訳書，645-46頁），やはりリカードウの理論を立証の出発点とし，すべての労働者にその労働の生産物全部に対する請求権をもたせるという要請を提出したのであった。

(3) ホジスキンは，1787年12月12日にロンドンの近郊にあるチャタム Chatham に生まれた。父が海軍関係の商人であった関係から12歳のときに海軍に入り，最初は見習兵からその後次第に昇進して大尉となったが，その時上司と衝突して海軍から去った。1813年に書いた，その当時のイギリス海軍の軍規に関する小冊子は，この処置に対する彼の抗議であるが，この小冊子が仲介者となって，プレイス Francis Place その他のその当時の急進的思想家たちと識るようになった。これらの人たちの急進主義はベンサムの思想を根底とするものであった。1815年から1818年にかけてフランス，イタリア，スイス，ドイツを旅行した。1822年末または23年の初めにエディンバラからロンドンに移り，ジェイムズ・ミルの斡旋によって急進派の新聞『モーニング・クロニクル』の記者となり，議会関係の報道を担当するようになったが，ホジスキンはこのころからロンドンの労働者と接触して，プレイスの結社禁止法撤廃運動や一般に労働者運動，特に労働者教育に深い関心をもつようになった。そして労働者のための週刊の通俗的科学雑誌『労働雑誌 Mechanics' Magazine』を創刊し，また労働者に化学，機械学，経済学などを教えるための『労働学校 Mechanics' Institute』を創立した。労働学校では，自分

でも経済学の講義を受持った。のちに記す経済学関係の著作は，この時期のものである。また労働学校の学生のなかから，後に労働者運動のすぐれた指導者を出したことは，前に記したとおりである。しかしホジスキンが労働者運動に積極的に関係していたのはおよそ10年間，1833年ころまでであって，これ以後はこれから離れ，新聞雑誌に寄稿して生活していた。ホジスキンは1869年8月21日に亡くなったが，1860年以後はまったく隠退していた。そして彼が亡くなったときに，ロンドンの新聞で彼の生涯や業績について書いたものは，ひとつもなかったということである。

ホジスキンが書いたものには，前に記した『労働擁護論』のほかに，なお次のようなものがある。

1　An Essay on Naval Discipline, shewing part of its evil effects on the minds of the officers and the minds of the men and on the community, with an amended system by which Pressing may be immediately abolished, London, 1813.

2　Travels in the North of Germany, describing the present state of the Social and Political Institutions, the Agriculture, Manufactures, Commerce, Education, Arts and Manners in that Country, particularly in the Kingdom of Hannover, 2 vols., Edinburgh, 1820.

3　Popular political Economy, four lectures delivered at the London Mechanics' Institution, London, 1827.

4　The natural and artificial right of property contrasted, a series of letters, addressed without permission to H. Brougham, by the author of "Labour defended against the Claims of Capital", London, 1832.

5　"Peace, Law and Order", a lecture, London, 1842.

6　On Free Trade and Corn Laws, London, 1848.

7　A Letter on Free Trade and Slave Power, London, 1848.

8　What shall we do with our criminals? Don't create them, a lecture, delivered at St. Martin's Hall, May 20th 1857.

9　Our Chief Crime: cause and cure, second lecture, on what shall we do with our criminals?, delivered at St. Martin's Hall, June 3, 1857.

ホジスキンはまた1823年中に『Mechanics' Magazine』に，1844-57年の間に『Economist』にいくつかの論文を書いた（Élie Halévy, Thomas Hodgskin (1787-1869), Paris, 1903, pp.213-218およびJosef Stammhammer, Bibliographie des Sozialismus und Communismus, Band III, Jena, 1909, S.151による。

『労働擁護論』にはコールの複刻本（With an Introduction by G. D. H. Cole, London, 1922）がある。邦訳には細川嘉六訳および鈴木鴻一郎訳［前掲，世界古典文庫版］の2種がある。それは，その当時結社禁止法の廃止という条件に恵まれてひとつの昂揚期に入ろうとしていたイギリス労働者の組合に対し，いわゆる労働全収権と利潤の廃止という目標を与えることを目的としたもので，この方面における名著のひとつとなったものである。

ホジスキンの生涯や著作について記したものではアレヴィの手に成る前記のものが標準的なものである。ホジスキンを研究した文献については鈴木の前記訳書に詳しい目録が載っている。

〈第3篇　歴史性の発見〉

第8章　ジョーンズ

1

　リカードウや，リカードウの学説を解説したジェイムズ・ミル，マカロックたちは，初めから，資本制生産という生産様式は生産の絶対的形態である，したがって自分たちが研究し発見した経済学の法則は，あらゆる時，あらゆる処において妥当するものであると考えていた。ホジスキンはこれらの経済学者を批評して，資本は生産手段そのものとは異なったものであると言ったが，しかしまだ資本制生産は生産の絶対的形態であるとするリカードウたちの独断を批評するには至らなかった。ところがジョーンズ Richard Jones[1]が1831年に――これはホジスキンが『労働擁護論』を公にしてから6年後である――『富の分配に関する，および課税の諸源泉に関する一試論。第1部――地代（An Essay on the Distribution of Wealth, and on the Sources of Taxation, Part I.—Rent)』という著書を公けにした。そして一方ではリカードウたちの個々の誤りを正しもしたが，それと同時に資本制生産という生産様式，それを支配する法則，この法則を体系化したリカードウたちの学説，これらが行われるのは，歴史的にいえば比較的に新しい時代のみ，地域的にいえば地球上極めて限られた西ヨーロッパの一角だけであって，したがってリカードウたちのように，経済学において研究発見された法則はあらゆる時代，あらゆる土地において行われるように考えることは誤りであると主張した。これは資本制生産の，資本というものの，したがって経済学の法則の歴史的経過的性質を宣明したものであった。このように種々なる生産様式の歴史的区別に対して鋭い感覚をもっていたということは，ステュアート以降のイギリスのすべての経済学者がこの感覚を欠いていたのと対照して，ジョーンズの上の著書の非常に著しい特色を成すことで，ジョーンズの大きな功績となるものであった。

　ジョーンズがこのような業績を発表した著書としては，上の地代に関するもの［ジョーンズ，鈴木鴻一郎訳『地代論』上下，岩波文庫，1950-51年］のほかに，なお
　　『経済学序講（An Introductory Lecture on Political Economy, delivered at King's

College, London, February 27, 1833. To which is added a Syllabus of a Course of Lectures on the Wages of Labour, to be delivered at Kings College, London in the Month of April, 1833)』［大野精三郎『ジョーンズの経済学』岩波書店，1953 年に「政治経済学についての序講」として翻訳が収録されている］.

『政治経済学講義（Text-Book of Lectures on the Political Economy of Nations, Hartford, 1852)』［大野精三郎訳，日本評論社，1951 年］がある。

2

[1] ジョーンズは，まず第 1 に，次のことを明らかにした。すなわちリカードウ以後の経済学者たちは，地代は超過利潤によって規定されると言っている。しかし地代が超過利潤によって規定されるという事情は，土地を借りて農業をいとなむ人が資本家であること，および他の諸産業ばかりではなしに，農業そのものまでも資本制生産様式のもとに包摂せられているということ，この 2 つの事がらを前提するものである。しかしこの関係は極めて新しい関係であって，資本が世界の太初からして確立されていたように考えることは，まったく誤った幻想であると。

大体，土地を借り受けて農業をいとなむ資本家が支払うところの地代は，差額地代も絶対地代もともに，平均利潤を超えるところの超過利潤である。農業生産物が，かりに他の生産物と同じように生産価格をもって販売された場合，その生産価格には，消費された不変資本および可変資本のほかには，ただ前払いされた資本全体に対し一般的利潤率にしたがって計算された利潤がふくまれるだけであるが，ある農業資本家が借り受けて耕作している土地が特に大なる自然的肥沃度を有する場合，あるいは特に有利な位置にある場合には，その資本家はひとつの超過利潤を獲得することができる。また農業生産物の市場価格が土地所有のために生産価格以上に釣り上げられた場合には，農業資本家一般が超過利潤を獲得しうる。これらの超過利潤が，一定の条件のもとで，土地所有者の手に帰して地代となるのである。しかし地代がこのように超過利潤であるということは，土地を借りて農業をいとなむ人が資本家であって，農業という特別の産業においてその資本を使用することに対し平均利潤を得ることを期待しているということ，そして他の諸産業と並び，農業までも資本制生産のもとに包摂せられてあり，平均利潤が生産一般の調節者として確立されてあり，したがって平均利潤が地代にとって『度量基準』として確立されてあることを前提とする。

しかし資本制生産と平均利潤とは，一定の，厳密に規定された歴史的な生産関係とそのもとで行われる社会的生産過程の一生産物であって，資本がなおいまだ社会の生産的労働を全然あるいは散在的にしか包摂していないところ，したがって一切の剰余労働を強要し，かつ一切の剰余価値を第一番に取得するという機能をはたすに至っていないところの諸々の社会形態においては，このような近代的意味における地代は存在しないのである。地代のもっとも簡単な，もっとも原始的な形態は労働地代であるが，この労働地代の場合には，直接的生産者は，自分の所有に属する犂，家畜などの労働手段をもって，1週間中のある部分には事実上彼の所有に属する土地を耕作し，週間の他の部分には土地所有者の所有地で土地所有者のために無償で労働する。この労働地代の場合には，地代は決して超過利潤ではなくして，剰余価値と同一物であり，利潤ではなくして地代が，不払いの剰余労働がもってみずからを表現するところの形態となっている。この場合，徭役農民の手にのこる生産物は，彼の生活をささえ，また彼の労働諸条件を補填するに足りるものでなければならない。したがってここでは，農業労働の生産性が生産者の個人的必要を超えており，各生産者が自分自身の再生産に必要とするよりもより多くの生活手段——最狭義ではより多くの農耕生産物——を生産しうるということが，その前提となっており，この超過分が地代の源泉となるのである。この場合には，また直接的労働者が自分自身の生活を維持するための手段を生産するために必要な労働諸条件をみずから占有しているために，所有関係は同時に直接的な支配および隷属の関係として現われ，それで直接的生産者は非自由者として現われる。言いかえれば，直接的生産者から不払いの剰余労働が汲み取られる特殊な経済的形態が支配および隷属の関係を規定しており，支配および隷属の関係は——一方において生産に対し規定的な作用を及ぼすと同時に——直接に生産そのものから発生しているのである。そしてこれを基礎として，この経済的共同体の姿の全体が，そしてそれと同時に，かかる共同体の独自的な政治的姿態が定まる。
　この労働地代は，生産関係の発展とともにやがて生産物地代に転化し，生産物地代は貨幣地代に転化する。しかしそれが剰余価値または剰余生産物の唯一の正常的な形態であるという，その本質においては変りはない。
　貨幣地代がさらに発展すると，それは——土地が農民の自由なる所有となる場合などを別とすれば——比較的によい地位にある農民たちが自己の計算において賃銀労働者を雇用し搾取する習慣を身につけてみずから農業資本家となるか，あるいは従来は都市において商業あるいは工業をいとなんでいたが，今後はそこで

獲得した資本とそこですでに発展せしめられた資本主義的経営様式とを農業に移そうとする資本家たちへ土地の賃貸しが行われるか，することが必要である。この2つの途のうち，のちの方のものはもとより，前の方の途も，農村の外での資本制生産の一般的発展によって条件づけられる。したがって地代の資本制的地代への転化もそうである。またこのような変化によって，従来の農村的生産様式から発生していた諸関係は，そのすべてが根底から破壊され変革される。そして農業資本家が農業労働者たちを実際に指揮し，彼らの剰余労働を現実に搾取するところの当事者となり，一方，土地所有者は，もはや生産と社会とを支配することを止めて，直接的にはただこの農業資本家とのみ関係を結ぶこととなる。そして地代は，剰余価値および剰余労働の正常的形態としての地代から，この剰余価値のうち，資本家が利潤の形態で取得する部分を超えるところの超過分に零落し，資本家が，利潤と利潤を超える超過分との両者をふくむ剰余労働の全体を，直接に収得し，その剰余労働の一部分を地代として土地所有者に支払うこととなるのである。

　この転化の過程は，周知のごとく非常に複雑難解な過程であって，ジョーンズがその全貌を明らかにし尽し，描き尽したというわけではないが，しかしとにかくジョーンズは，主として1831年に公けにした地代に関する著書のなかでこれらの事情を明らかにしたのであった。この地代に関する著書は，全部で7つの章から成っているが，そのうち，農業資本家が支払う地代を取扱っているのは最後の第7章のみであって，その前の6つの章は，地代一般の起源と小農地代の——労働地代というもっとも原始的な形態から貨幣地代に至るまでの——種々なる形態とその発展を詳しく分析しているのである。

　そしてリカードウは，ジョーンズも非難しているとおり，資本制生産のもとで農業生産物の価格を規定し，地代を規定するところの『原理が真に適用される領域は限定されていることを全く看過して，あらゆる場所，あらゆる事情のもとにおいて土地から引出される収入の性質と大いさを規制する法則をひとりこれらの原理からのみ演繹しようと企てた……けれども，現実あるがままの世界を一瞥すれば，この体系〔リカードウの〕は人類の過去および現在の状態と全く相容れないことが充分に証明されるのである』。ジョーンズのこの非難は正当であって，それは大野精三郎も言うように『リカードウの取り扱う地代，賃銀，資本などの経済的範疇がすぐれて歴史的な性質をもつことを明らかにする結果となった』のであった。しかしそれはまた彼が『世界の太初からして資本が創立せられていたという幻想に全然煩わされていない』ことを示しており，また種々なる生産様式

の歴史的区別に対するこの鋭い感覚は，ステュアート以後のイギリスのすべての経済学者がこの感覚を欠いていたのに対比して，ジョーンズのこの著書の著しい特色を成すものである（Th.Ⅲ, S.450. 改造社版全集，第11巻，445-446頁［MEW, Bd.26-3, S.390-391］）。

ジョーンズのこのような説明にも，一方において欠陥はあった。ジョーンズの説明は『非常に重大な考古学的，言語学的，歴史的な欠点をもっている』ということであるが，彼は，また土地所有の種々なる形態から出発し，種々なる労働の社会的形態をこれに対応するものとして叙述しているのである（Th.Ⅲ, S.450, 473. 改造社版全集，第11巻，445頁および468頁［MEW, Bd.26-3, S.390, 406］）。

なおジョーンズの地代に関する著書は，ひとりこのような歴史的説明において優れているばかりではなしに，マルクスも言っているように，資本や剰余価値の細目的性質の分析においても『リカードウを越えるひとつの本質的な進歩』（Th.Ⅲ, S.454. 改造社版全集，第11巻，286頁［MEW, Bd.26-3, S.234］）を成しているが，この点については後に見ることにしよう。

[2] ジョーンズは，しかしその当時の経済学者たちによってその性質が明らかにせられた地代が，農業までも資本制生産のもとに包摂せられるということを前提としていること，そして資本制生産以外の生産様式が行われているところでもわれわれは地代が支払われるのを認めるが，その地代は，資本制生産のもとにおける地代とは性質を異にし，相異なった法則によって支配されるということ——これらのことを解明し主張したばかりではない。また労働者の賃銀についても資本制生産の特殊な歴史的な性質が認められることを明らかにしたのであった。

資本制生産のもとでは，改めて言うまでもなく，種々なる生産物の生産は，労働力を一定の期間にわたって購買するということによって行われる。この労働力の購買は，1日，1週あるいは1箇月というような一定の生産期間が経過し，労働力の購買期限が満了するごとに，絶えず更新されるのである。この場合，労働者は労働力の販売期限が満期となるごとに賃銀の支払いを受けるのであるが，しかしそれ以前に剰余価値を加えてその労働力の価値を商品のうちに実現せしめているのであるから，彼自身への支払いの基金たる可変資本をば，自分自身で，しかもそれが賃銀として彼の手に回流してくるよりも前に，生産するわけである。しかしそれにしても，この労働者が生産した生産物のうち，彼自身の生存および労働者の再生産のために必要とされるところのいわゆる生活資料の基金に該当する部分は，資本制生産のもとにおいては，やはり一旦資本家の手に可変資本とし

て蓄積され，その後において賃銀として労働者に支払われてくる。一方では資本家の階級，他方では労働者の階級を全体として観察すると，資本家階級は，労働者階級が生産した生産物の全部をみずから占有し，その一部分を改めて労働者階級に払い戻すわけである。そして資本家階級は，その際，労働者に対し絶えず貨幣形態をもってその生産物部分に対する一種の手形を交付するということをする。そして労働者も，また絶えずこの手形を資本家階級へ返還し，そうすることによって彼自身の生産物のうち彼自身の手に帰すべき部分をば資本家階級の手から受取るのである。そこで可変資本と労働賃銀とは，労働者が彼自身の生存および再生産のために必要とし，しかも自身において生産し再生産しなければならぬところの，生活資料の基金の形態であるということになるわけである。しかし生活資料の基金のこの形態は，この生活資料の基金にとって，決して唯一の，絶対的なものではない。かりにたとえば徭役農民を例にとってみると，徭役農民は，たとえば1週のうち3日間は自分自身の生産手段をもって自分自身の田畑を耕し，他の3日間は領主の土地で徭役労働にしたがうということをする。彼は，彼の必要とする生活資料――いわゆる労働基金――を自分自身で再生産するが，しかしその労働基金は，資本制生産における賃銀と異なって，決して『彼の労働を獲るための代償として第三者により前払いされる支払手段』という形態をとって彼に対立することがないのである。もっともその代りに，また彼の剰余労働は，不払いの強制労働であって，決して自由意志による支払労働という形態を採らないのである。

　要するに，資本制生産のもとにおける賃銀労働者にせよ，あるいは徭役農民にせよ，ともかくみずからの労働によって社会が必要とする種々様々な生産物を生産するものは，彼自身の生存および労働者の再生産のために必要とするところの一定の生活資料の基金あるいは労働基金をば，自分自身の労働によって生産し再生産しなければならぬ。このことは，社会的生産の制度が資本制生産の形態を採っていようと，あるいは封建制度等の形態を採っていようと，何ら変りのないことである。しかし直接的生産者がこの生活資料の基金をどのような方法で手に入れるかという，その様式は，社会的生産の制度の如何によって決して同一でない。しかも資本制生産のもとにおける賃銀労働者とたとえば徭役農民とのあいだのこの区別は，一方の場合には労働者は自分のための労働基金をみずから生産するが，他方の場合にはそうではない，という点に在るのではない。そうではなくして，資本制生産の場合には，それが労働賃銀として現われるということ，すなわち労働者が生産した生産物のうち労働基金を構成するところの部分がまず最初

には他人の——資本家の——収入として現われ，次いでしかし単なる収入としてその資本家の個人的欲望を満たすために支出されるということ（このなかには家事使用人を雇って賃銀を支払うことをふくむ）とならないで，資本として労働者と対立し，等価物との交換を通してではなくして，そのなかに対象化されている労働よりも多量の労働との交換を通して，労働者に返却される，という点にあるのである。ここに存する区別は，ただ形態上の区別——労働者が生産した労働基金がその労働者の手もとに労働基金として戻ってくるまえに通過するところの形態の転化——に過ぎないのである。

　ジョーンズは，この，可変資本と労働賃銀とが，労働者が必要とする生活資料の基金が採るところの，特殊な歴史的な一形態であるということを明らかにし，また強調したのであった。そして『われわれは，もし欲するならば，たしかに労働の維持にあてられるすべての富を——それがなんらかの貯蓄という先行的過程を通過したかどうかにかかわりなく——資本という同じ用語のもとに包含することができるであろう』。しかし『わたくしは，資本という言葉を，富のうち，収入から貯蓄された・そして利潤を目的として使われている・部分をあらわすために用いる』。そして労働者の必要とする生活資料が資本となっているのは，イギリスとオランダだけであり，その労働者の数は地球上の労働者の4分の1以下であるが，そこでは労働の生産力の発達が顕著である。『わたくしは，利潤を目的として貯蓄された・そして賃銀として支出されている・富と，収入のなかから労働の維持のために前払いされる富とでは，諸国民の生産力におよぼす影響に相違があることを主張する……』と言っている［この一連の引用は，ジョーンズ，前掲『政治経済学講義』90-96頁に見い出される］。

　3　ジョーンズは，また蓄積と生産規模の拡大との源泉となるものは利潤のみではない，利潤が蓄積と生産規模の拡大の源泉となるのは資本制生産が発展した近代社会のみのことであって，歴史的にはむしろ土地所有者や直接的小生産者の収入の方が蓄積の主要なる源泉となっていたということ，また資本制生産のもとで労働の生産力が他の生産諸様式の場合と異なって著しい発展を遂げるという事実は，資本が利潤を獲得することを目的として，賃銀労働者を雇用して生産するという事実と関連があるということ，資本は，産業資本の形態をとって現われて非常に顕著な社会的影響をあらわす前に，他の副次的形態をとって現われること——これらのことをも明らかにした。

　大体，富の蓄積ということは，経済的発展のすべての段階において，何ほどか

行われてきたことである。そして土地所有者の収入たる地代と，資本制生産のもとにおいては労働賃銀となるところの直接的生産者の収入とが支配的な収入形態となっているところでは，すなわち直接的生産者自身の手に帰属せざる剰余労働および剰余生産物の最大部分が土地所有者の手に帰属するところ，そして直接的生産者が必要な生活資料を自分自身で再生産している（すなわちそれをひとりみずから生産するばかりではなしに，またそれを自分自身で直接に取得してもいる）ところ，そして（このような社会状態では一般にほとんどいつもその通りであるが）直接的生産者が自分の剰余労働および剰余生産物の一部をみずから取得することができるところ，そして利潤を獲得しているのは少数の商人等に限られているところ——このような社会状態では，土地所有者の収入たる地代と，直接的生産者の収入であって，資本制生産の場合の労働賃銀に相当するものとが，蓄積の主要なる源泉となっている。そしてこのような社会状態ののちに，資本制生産が発達し，それがある社会において単に散在的に行われているのみというのではなくして，その社会の生産を自分のもとに把握し，その社会の支配的生産様式となったときに，そして資本家が剰余労働と剰余生産物の全部を直接に取得するようになったときに（もっとも後にその一部分を地代として土地所有者に支払わなければならぬということはあり得る）——このときになって初めて利潤が資本の蓄積の主要なる源泉となるのである。一般に，蓄積するという職能は，まず第1には剰余生産物や剰余価値を取得する人々の，また第2に剰余生産物や剰余価値を取得する人々のあいだでは特に生産の担当者となっている人々の，職能となるものである。

　その当時の経済学者たちは，利潤が蓄積の唯一の源泉であって，これが消滅すると蓄積と生産規模の拡大とは全く行われえなくなると考えていた。また資本家は利潤の全部を個人的消費のために費やすということをしないで，その一部を生産的目的のために節約し貯蓄するという犠牲を払うのであるから，彼が利潤を取得するのは正当である，と主張した。しかしこれはともに誤りである。資本制生産が行われていないところでは，直接的生産者自身あるいは土地所有者が蓄積の職能を引受けていたのであり，ただ資本制生産という特殊な生産様式が行われるようになったときに初めて資本家がその職能を引受けるようになったのである。したがって利潤が蓄積の源泉であるという主張は資本制生産が唯一の生産様式であるとする誤った主張をふくむものであり，また資本家は蓄積の職能を担当するがゆえにその利潤は正当なものであるという主張は，資本制生産は，それが存在するがゆえに正当なものなのだとする主張をふくむものである。

　ジョーンズは，直接的生産者が生産諸条件の所有者となっている状態が，資本

制生産と，利潤が蓄積の主要なる源泉となっている社会状態へ移行するところの原始的蓄積の過程を正当に強調するということをしていない等という欠陥はあるが，これらのことを明らかにしていた。

　ジョーンズは，また資本制生産のもとでは他の生産諸様式の場合と異なって労働の生産力が著しい発展を遂げるという事実を，資本が賃銀労働者を雇用し，利潤を獲得することを目的として生産するという事実と結び付け，これから説明しようとした。

　資本制生産においては，特に2つの事実がその特色となっている。第1は，生産手段が個々の直接的生産者の所有として現われることを止め，少数の人々の手に集積され，直接に社会的生産の動力として現れる――しかしさし当りは労働に従事しない資本家の所有となっており，したがってこの人たちは社会的生産手段の保管者となり，この受託からすべての成果を享受するのであるが――ということであり，第2は，生産的労働もまた協業と分業を通して社会的労働として組織せられ，この労働が自然力に対する社会的な，共同的な統制の結果と結合せられるということである。資本制生産様式は，この2つの方面において，私有財産と私的労働とを――ただしなお対立的形態においてではあるが――揚棄するものである。しかして資本制生産のもとで労働の生産力の著しい発達を見るということは，このような生産手段の集積と労働の社会化とによるものであるが，しかしこの場合における生産手段の集積および労働の社会化は，個人の生産者が生産手段を失って，資本家のもとで賃銀労働者となるという事実を基礎としている。

　ジョーンズは，この間の事情を明らかにした。

　ジョーンズが，このように労働が直接に資本に転化し，資本がこの労働を，それからサーヴィスを受けるためにではなくして，剰余価値を生産させ，資本の価値増殖をなし遂げさせるために購買するという，資本の社会的形態規定を本質的な事がらとして強調し，資本制生産様式の他の生産諸様式に対する差異をすべてこの形態規定に還元しようとしている点は『ジョーンズを，恐らくはシスモンディを除いたすべての経済学者に対して優越せしめる点』である。またジョーンズの上の所論は，アダム・スミスが樹てた，労働が資本から支払いを受けるか収入から直接に支払いを受けるかによって，労働を生産的労働と不生産的労働とに区分する，あの区別を，それが当然行きうるところまで展開せしめたものである。スミスのこの区別の意味は，生産的労働とは資本制生産様式を特徴づける労働であり，不生産的労働は，それが支配的である場合には資本制生産以前の生産様式に属し，それが偶然的である場合には直接的生産に関係のない部面に限られ

る、ということにあるのであるが、ジョーンズの以上のごとき立論は、この意味を初めて完全に展開したものである（Th.Ⅲ, S.485, 470-471, 487-488. 改造社版全集, 第11巻, 479, 466, 482頁［MEW, Bd.26-3, S.416, 405, 418］）。

　資本は賃銀労働に対立して現われ、労働者に賃銀を支払うことによって、社会的生産過程の全般を支配し、これに特殊の明確な特性を与え、社会の生産的労働の発展におけるまったく新しい段階をもたらし、社会的および政治的諸関係の全部を変革する。しかし資本がこのような作用をいとなむのは、そのもっとも充実した基本形態——産業資本の形態——においてであって、資本は、このような特色のある形態をとって現われるまえに、他の副次的な、しかし歴史的には先行的な形態において現われ、これとは異なった機能を果してきた。しかしそれは終に産業資本として現われて、そのときに初めてそれがそのすべての機能において具えているところの力を十分に発揮するようになる。

　ジョーンズは、これらのことを認めていた。もっとも資本が産業資本として現われる以前に採るところの歴史的形態は、商人資本および高利貸資本の形態であるが、ジョーンズはこの点を明確にせず、むしろ資本が単純なる生産諸条件として——いわゆる『蓄積された貯財』として——果すところの機能を考えている。ジョーンズには、このような欠陥はあったが、しかし無産の賃銀労働者を基礎とし、これに賃銀を前払いするということが、資本を資本たらしめるところのものであることを認め、またこれが資本制生産様式の特徴的なものを条件づけ、かつこのような形態が生産の比較的に高い発展段階に現われて、しかもその後さらにまったく新しい物質的基礎を創ってゆくことを明らかにしたことは、ジョーンズの大きな功績であった。

　そればかりではない。資本制生産は、このような労働の生産力の著しい発展と国民大衆の賃銀労働者への転化とによって、新しいより高級な生産様式の準備をするのであるが、ジョーンズはこのことをも認めていた。そして『労働者と蓄積された資本の所有者とが同一人に帰するような事態が将来存在するかも知れないし、また世界のいくつかの部分ではその事態に近づきつつあるかも知れない』と言っている。もっともジョーンズがこのように述べたのは1852年、つまり1848年のヨーロッパ大陸における革命運動よりも後のことであるから、このこと自身はジョーンズの創見と言いうることではないが、しかし『私たちは、ここに、本来の意味における経済学が、終にブルジョア的生産諸関係を、それが拠って立つ対立が解消されるところのより高度の生産諸関係へ導くところの、単なる歴史的な生産諸関係として把握しているのを認めるのである』（Th.Ⅲ, S.490. 改造社版全集,

第 11 巻, 485 頁 [MEW, Bd.26-3, S.421])。

4 ジョーンズは, 以上のように資本制生産とそれを構成する種々なる範疇について, その歴史的性質を明らかにした。そしてこれがジョーンズの経済学史におけるもっとも大きな功績であったのであるが, しかしジョーンズには, そればかりではなくして, 剰余価値の細目的性質の研究においても, リカードウを超えた進歩があった。その主なものは次のとおりである。
① ジョーンズは, 地代が農業資本の増加によって増加すること, その際追加的投資の生産性は必ずしも低下せず, またこれが低下しなくても, 地代の増加をもたらしうることを明らかにした。これは, 後にマルクスの手で差額地代の第2形態の法則として詳しく研究展開せられたものの核心を成すものであった。
② 資本の蓄積の機構を詳しく研究し, それは, 利潤率の低いところでも, 資本の量と利潤の量が大であるために大でありうることを明らかにし, また資本全体のうちでいわゆる不変資本部分が占める割合が可変資本のそれを犠牲として大となるという事実を確認した。
③ 資本制生産のもとにおける労働の生産力増進の機構を詳しく分析して, 種々なる国の経済的諸関係, ならびに社会的政治的道徳的状態が生産力の変化とともに変化することをよく叙述している等。

3

ジョーンズの学説とリカードウやリカーディアンの学説に対する彼の批評とは, 以上の箇所で見てきたように非常に特色のあるものであり, 私たちが資本制生産を理解するに当り絶対に看過することのできない種々の要素を明らかにしたものであったが, しかしその当時の経済学者たちの注意はそれほど惹かなかったようである。もっともジョン・ステュアート・ミルはジョーンズの地代に関する著書から学ぶところがあり, 彼の小農地代論はジョーンズのそれと深い関係があるようであるが (Ingram, History, p.139) 一般的には冷遇され, マカロックなどは, ジョーンズの地代に関する著書は主としてリカードウが宣明した形態における地代の理論に対する批評から成るが, その批評は『的をはずれた, 当てはまらない』批評だとしていたのであった (Literature, p.33) このようなジョーンズに対する取扱いには種々の理由があったであろう。イングラムは, それはジョーン

ズのリカードウ批判がリカードウの名声に圧倒されたからだとみており (History, p.142) タウスィグは, 賃銀基金に関するジョーンズの学説の取扱いに関連して, その当時のイギリスの経済学者たちの視野がはなはだ島国的であったからだとしている (Wages and Capital, p.209)。

しかるにイングラムとなるとジョーンズに対する評価はまったく変り, 彼は, ジョーンズはリカードウに対する早いころの批評家のうちではもっとも体系的な批評家で, のちの経済学者たちのジョーンズに対する態度は不当であるとしており (History, p.139), タウスィグもこのイングラムの評価に賛成している (Wages and Capital, p.20)。しかし大野も言うように『つぎの世代においてジョーンズの学説をもっともくわしく研究し, そしてもっとも高く評価したものはカール・マルクスである』(大野前掲訳書, 250頁)。そしてこのようなジョーンズに対する評価の転向は, イングラムによると, ジェヴォンズ Stanley Jevons から出発したものであった。ジェヴォンズは, 経済学の研究は数多くの部門に分かれ, そのうち主要なものは理論と歴史的研究とであるが, イギリスにおけるその歴史的研究を代表する学者はジョーンズであるとしたのであった (History, p.227)。もっともバジョットはジョーンズを知らずにジョーンズと同じような途をたどったということであるから (Ingram, History, p.218) これから見ると, ジョーンズに対する評価の変化は, 経済学そのものの傾向がこの時期において変化し, ジョーンズはこの新しい傾向の態度をば多かれ少なかれ暗示していたということによるものかも知れない。

(1) ジョーンズは 1790 年にロンドンの南東にあるタンブリッジ・ウェルズ Tunbridge Wells の町に生まれ, 1855 年 6 月 26 日にヘイリーベリの東インド大学の構内で亡くなった。生まれたタンブリッジ・ウェルズの町は 17 世紀の初めごろ発見された鉄鉱泉で有名な盛り場で, ジョーンズの父はこの町で弁護士として有名な人であった。ジョーンズは, 1812 年に, 一般の青年の進学よりやや後れてケンブリッジのケイアス・カレッジ Caius College に入り, 1819 年にこれを卒業, その後僧職に就いて, ケントおよびサセックスの各地において牧師補 curate をつとめた。ジョーンズは, 初めは父の跡を継いで法律を専攻しようとし, またこの方面において成功をおさめるに十分な才能と気力と雄弁とをもっていたが, 健康上の理由のためにケンブリッジに入り, 僧職に就くことにしたと言う。またケンブリッジでは後に天文学者として有名となったハーシェル Sir John Frederick William Hershel や有名な哲学者となったヒューウェル William Whewell その他と親しくなったが, この交友関係は, ジョーンズの実証的帰納的知識に対する愛好を育てたと言われる。牧師補としてケントおよびサセックスの各地を動くあいだに 1831 年に公けにした地代に関する著書の準備を進めた。1833 年には, そのころロンドンに新設されたキングズ・カレッジ King's College の教授に任命された。またジョーンズは以前からマルサスと面識があり, これを尊敬していたが, 34 年にマルサ

スが亡くなると,その翌年の3月にその後継者としてヘイリーベリの東インド大学の経済学および歴史の教授となり,亡くなる直前までその職に在った。東インド大学は創立の当初から閉鎖に至るまで,すぐれた文筆家たちを珍しいほどよく蒐めていたが,ジョーンズがいた当時もそうであったと言われる。ジョーンズがこの大学の教授としてインドの社会事情,特にその土地所有関係について知ることができたということは,やはり彼の研究法や結論に対し,ひとつの動機となるものであったと言う。ジョーンズは,この大学で講義をする一方,また十分一税委員 tithe commissioner となった。当時,教会の維持および教会関係者の給与に当てるために収穫の十分の一を徴収していたいわゆる十分一税 tithe を,従来の物納から金納に改正することとなったが,十分一税委員はこの改正に関連する事務を処理する機関であった。ジョーンズのこの仕事は15年間つづいたが,その後はまたイングランドおよびウェルズの慈善事業管理委員 charity commissioner となった。ジョーンズの友人たちは,彼のこのような仕事が彼の研究や著述を妨げるのを遺憾としていたと言うことである。

ジョーンズの著書には,前に記した3つのもののほかに,なお次のものがある(F. Y. Edgeworth, Richard Jones, Palgrave's Dictionary of Political Economy, vol. II による)。

1　A few Remarks on the Proposed Commutation of Tithe, with Suggestions of some additional Facilities, 1833.

2　Remarks on the Manner in which Tithe should be assessed to the Poor's Rate, under the Existing Law, with a Protest against the Change which will be produced in that Law, by a Bill introduced into the House of Commons by Mr. Shaw Lefevre, 1838.

また次の遺稿集がある。

Literary Remaines, consisting of Lectures and Tracts on Political Economy, edited, with a Prefactory Notice, by the Rev. William Whewell, London, 1859.

このうち『地代論』には鈴木鴻一郎の邦訳[前掲],『政治経済学講義』には大野精三郎の邦訳[前掲]がある。

ジョーンズの生涯や著作について書いたものとしては右の遺稿集に附せられたヒューウェルの序文が代表的なものである。ジョーンズに関する文献については大野の訳書に目録が載っている。

末永茂喜評伝

1 青春時代

　末永茂喜は，明治41（1908）年5月5日，山口県萩市に，中村喜代蔵・松子の長男として生まれました。男ばかりの5人兄弟です。父は軍人で陸軍中佐でした（正六位勲四等というのが，墓に刻んであるとのことです）。末永の姓は母松子の実家で，のちに養子に入りますが，養家で暮らすことはありませんでした。母松子が末永家の長女で，男兄弟がいなかったために末永姓を継いだようです。

　中村家はその地域の素封家で，父の兄弟には医者などが多いようです（茂喜のすぐ下の弟も医者で，四男の弟は大学教授）。そんな環境で育ったために，小学校ではよくできる子でした。父の仕事の関係で，小学4年生のとき東京の小学校に転校しました。移った当初は，学校のレベルが高いため心配しましたが，それは全くの杞憂でした。当時始まったばかりの飛び級制度で，大正9（1920）年府立第4中学校（現都立戸山高）へ入るほど優秀な成績だったからです。

　「飛び級」とは，ここでは小学校5年から中学校へ上がる制度です。この制度は大正8年に当時の「中学校令」の改正として作られたものでした。つまり，「尋常小学校第5年の課程を修了し，学力優秀且つ体の発育十分にして中学校の課程を収むるに足ることを当該学校長に於いて認められたる者」[1]は，6年生を経ずに中学生になることができる制度が，大正9年から始まりました。彼はこの制度の適用を受けた最初の児童の一人でした。

　明治42年2月生まれ（早生れではあるが同学年）の木村健康（東大経済学部教授）も，中学校は福岡で全く違いますが，小5から中学校に入ったことを，彼の自伝的な文章の中で語っています[2]。しかし大正生まれの学者の伝記などを幾つか当たってみましたが，この後この飛び級の話は出てきません。推測の域を出ませんが，この制度は，それほど長くは続かなかったのかもしれません。

　末永はこの後，中学校も四修（4年生修了で）で旧制一高（現東大）の理科乙類（理科は大学で医学・理学・工学の理科系学部に進学するコース。乙類は主たる外国語がドイツ語のコース，ちなみに甲類は英語，丙類はフランス語）に進んでいます。大正13（1924）年のことです。当時の旧制中学校は5年制ですから，高校にストレートで入っても，小学校6年と中学校5年と計11年かかります。それを末永や木村は9年で通過しているわけです。しかも末永の入った旧制一高は，全国の秀才たちが集まる難関中の難関です。

一高出身の先輩作家久米正雄の小説『学生時代』は，その一高の入試に2度も失敗し弟にも先を越される受験生を描いた作品ですが，当時の受験の厳しさが描かれています。ちなみに久米は旧制一高で芥川龍之介らと同級ですが，中学校の卒業後すぐに一高に入っているので，この作品は自伝的なものではありません。

　末永が高校に入った大正13年を例にとると，全国の旧制高校の生徒数は1万7000人弱，三学年合わせての数であるから，その年の入学者は6000人弱と考えられます。その前年の中学生の数は約30万人ですから，1学年にすると約6万人，中学生の1割しか高校に進学しないわけです。さらに当時の尋常小学生の数は（末永の小学生時代にスライドすると），男子は約470万人で1学年では約80万人です。つまり80万人の男子小学6年生のうち中学に進む者6万人，さらに高校まで行く者は6000人というわけです。これは言い方を変えると小学校の同級生男子のうち13人に一人が中学生となり，133人に一人が高校に行くということです（女子を含めると，270人に一人となります）[3]。このことからも，旧制高校生は大変なエリートと言えます。蛇足ですが現在の高校進学率は99％台，短大・大学進学率も50％台ですから，旧制の中学生でも，現在の大学生よりはエリートなのです。

　さてこれほどのエリートの旧制高校生[4]を，その意識から三つのタイプに分けてみましょう。第1は，自分が高校生であることに強いエリート意識を持っているグループです。彼らは，当然将来は官僚や学者あるいは会社のトップといった，社会のリーダーたらんと欲する若者たちです。そのプライドが悪く出ると，尋常小学校しか出ていない者，中卒の学歴しかない者に対して，優越感を持ってしまう（見下してしまう）人々でもあります。

　第2のグループは，小中時代の同級生・同世代の大多数がすでに働いているなか，自分がまだ学生であることに，むしろ負い目を感じている者たちです。彼らは，エリート意識よりむしろその負い目から，社会に役立つ人間になりたい考え，又社会の矛盾（働く人々の貧しさ）に悩むことが多いといえます（のちに見る，河上肇や小林多喜二もこのような人たちだろうと思われます）。そして第3のグループは，そしてそれが大多数でしょうが，両者の中間です。その時々で，あるときはエリート意識が首をもたげ，またあるときは学生であることに（まだ働いていないことに）負い目を感じる，芥川龍之介的に言えば，「選ばれてあることの，恍惚と不安われにあり」という学生たちです。

　例えば，ヘーゲル・フォイエルバッハの研究で著名な哲学者の舩山信一（1907-1990，山形県米沢出身）は末永より1年早く生まれていますが，やはり四修で旧

制山形高校に入り，その後京都帝大の哲学科に進みます。彼こそ上記の第2グループの典型的な学生といえます。彼は自伝のなかで次のように学生時代を回想しています。

「私は学校に入りたいという希望，入れたという喜びもあったが，しかし同時に学校に入れない貧乏に生まれなかったことを悔み，むしろそういう人をうらやむ気持もあった。少なくとも私は自分一人仲間から抜け出て学校に入っていることに強いヒケメを感じていた。――こういう気持は中学校から高校，大学に入るにつれてますます強くなり，高校以降は休暇などで帰郷する場合に，私は昔の仲間がタンボで働いている日中にはどうしても帰る気がせず，夜遅くなってからコッソリ帰り，最後には休暇にもあまり帰らなくなった。」[5]

末永は，既に見たように飛び級・四修で旧制高校に入るような，旧制一高生の中でもとりわけ優秀な学生であるといえます。しかしそれを鼻に掛けるような学生ではなく，舩山のように自分が学生であることに悩む学生でした。それは，理科乙類に入った彼が，プロレタリア文学に関わったことにも示されます。

彼は高校で理科に進んだのは，ラジオに関心をもったからと言っています。中学時代にヨーロッパで放送が始まり，その直後日本でも試験放送がNHKによって始まると，彼はラジオ放送ももちろんですが，その受信機（当時はとんでもなく高いものだったようです）に特に興味を持ち，ラジオを作るために電気を専攻をしようと考えたわけです（ご子息の話では，医学部に行くために理科を選んだと，生前の父末永に聞いていたとのこと，係累に医者が多いことからして，考えられることです。恐らく中学生の頃は，医学部か工学部か迷っていたのかもしれませんが，どちらに進むにしても高校の理科にいくことでは迷いはなかったと，見るべきでしょう）。

むしろ真の悩みは高校に入ってから始まりました。一高に入ったとき，彼はまだ15歳で，数少ない最年少の一人でしょう。同級生といってもほとんどが，2歳3歳年上です。この年頃の2つ3つの違いは大きい。上級生はもちろん年上の同級生も，文学哲学を論じ，社会問題を熱く議論していたと考えられます。

彼が高校に入る前年の大正12（1923）年には関東大震災があり，アナキストの大杉栄・伊藤野枝夫妻が殺されたり，難波大助による摂政狙撃事件（虎の門事件）が起きています。その一方で，普通選挙運動や小作争議・労働運動といった社会運動が高揚していました。

そんな激動の時代に高校に入った多感な15歳の少年が，その議論に入っていったことは想像に難くありません。社会に目覚めるのに時間は要しなかったと思われます。彼らの議論に圧倒されながら，必死でついていくために，社会科学・

思想の新たな勉強が始まります。また既に働いている郷里の小学校時代の多くの友達のことを考えると，安穏と理科の勉強だけをしていられない状況だったと考えられます。

　彼は一高入学後，後に作家高見順となる高間芳雄と親しくなります。高見は同級生ではありますが，小学6年中学5年を普通に通過してきたので，年齢は末永の二つ上であり，その育ちのこともあり（彼の父親は，内務官僚で彼の出生当時は福井県知事，彼はその妾腹の子として生まれています），早熟で社会を見る眼も年齢以上に大人でした。末永は彼に深く兄事したと思われます。高見順の一高時代の日記「向陵雑記」やのちの回想的文章に，東大の新人会からチューターとして是枝恭二が来て，唯物史観の講義をした話が出てきますが[6]，その中に末永もいたと思われます。是枝は後期新人会のリーダーで，理論家として知られています。この頃は福本イズムの時代で，末永も福本イズムに大きな影響を受けることになります。

　一方彼らの2級上には堀辰雄や神西清が，1級上には深田久弥らがいて，いくつかの同人雑誌のグループが一高内にはあったようです。末永は高見らと同人雑誌『廻転時代』を始め，そこで幾つか書いているようです。そして当時を代表するプロレタリア雑誌『文藝戦線』に評論を載せるまでに至ります。その復刻版から若き末永の文章を読むことができます。彼は昭和2年2月号と3月号に，『アナーキズムの反動化——小野十三郎君を駁す——』と『加藤一夫氏に答ふ』という論文を書いています[7]。どちらもアナーキズム系の詩人に対する批判です。

　こうして彼は電気学をやるという情熱を失っていったのでしょうか。1927（昭和2）年3月に，在籍3年で一高を中退してしまいます。彼は「結局怠けたから退学したのです」と座談会[8]では言っていますが，若くして入学した彼はまだ18歳であり（この年ではまだほとんどが1年生），まだ3年しか経っていないのです（3年の課程のところを，5〜6年在籍するものもかなりいたらしい）。理科から文科に移ることはできなかったのでしょうか。彼の退学についての謎は残ります。

2　仙台時代

　翌年の1928（昭和3）年，彼は仙台に来て東北帝大法文学部の聴講生となります（30年には本科生になっています）。そこで経済学の勉強を始めます。何を学ぶかについては，哲学と経済学の間で迷ったようです[9]。最後にその決断をさせたのは，当時の金融恐慌や景気・不景気の問題があったようです。創立して間もない東北大学法文学部は，法学科・経済学科・文学科の垣根が低く，哲学か経済学

かで迷っていても，どの学科に所属していても，やりたい勉強はできるシステムでした。また高校中退者にたいして東北大が寛容であったということも，仙台に来たひとつの理由だったのでしょう（当時女子学生も受け入れていた，唯一の帝国大学が東北大学でした）。

　1931（昭和6）年，彼は金融論の中村重夫教授のところで卒論を書いて，今度は回り道しないで卒業します。金融論を選んだのは，すでに述べたように恐慌論・貨幣論（インフレ論）に関心を持っていたからです。また時代は昭和恐慌の真っ只中でした。彼は卒業後，運良く副手として大学に残ることになります。残ることになった理由については，座談会でも詳らかにしていませんが，宇野弘蔵が尽力してくれたようです。恐らく彼が優秀で人柄も温厚だったからではないかと想像します。紆余曲折はありましたが，このとき彼はまだ23歳です。最初に述べた小中での2年間の短縮が，ここで利いています。

　彼は34年には講師になり，経済学史の講義を担当します。金融論で卒論を書いた彼が，なぜ経済学史をやることになったのでしょうか。この講座の前任者は堀経夫教授でした。

　堀経夫は，リカードウ研究の第一人者（戦後においてもスラッファ版『リカードウ全集』全10巻の邦訳版の代表者であり，この翻訳スタッフの中に末永茂喜も入っています）として，著名です。彼は1920（大正9）年に京都帝大経済学部卒業後大学院に残り，田島錦治と河上肇の下で経済学史の研究を行い，22年9月に新設の東北帝大に経済史担当の助教授として赴任します。23年8月から2年間のヨーロッパの留学を経て，帰国後の25年秋より経済史及び経済学史の講義とリカードウの研究を行い，32年2月に大阪商科大学（現大阪市立大学）に転出しています。彼の代表作『リカアドウの価値論及び其の批判史』（岩波書店，1929年）はこの間の仕事です[10]。

　このように34年に末永が講師になったときは，堀が大阪商大に出たために，2年間経済学史の担当ポストが空席になっていたという客観的な条件はありましたが，やはりここでも宇野弘蔵の勧めが大きいと思われます。堀経夫は，在外研究員でイギリスへ行った時，古典経済学関係とイギリス経済史関係の書籍を大量に買い付けてきました。堀氏が書籍を蒐める基準のひとつが『資本論』の引用文献であったことは知られています。現在も東北大学附属図書館には，経済学の古典的名著・稀覯本が多いのですが，その功績の一端は堀経夫が担っているといっても過言ではないでしょう。宇野はその膨大な経済学の古典的な著作を利用して，経済学史をやってくれる人物を探していたようです。そこで末永に白羽の矢が立

った，ということではないはないでしょうか。

彼はそれから6年に亘って，リカードウ，ケネー，ジョーンズ，シィーニア，スミスに関する論文を精力的に，『研究年報 経済学』に発表にしています[11]が，突然1941年5月助教授のときに，辞職してしまいます。それは宇野の退職に殉じたとされています。すでに述べたように，末永が大学に残るにあたっては，宇野弘蔵に負うところが大きいかったわけです。その宇野自身は，1938年2月に検挙されます。いわゆる労農派教授グループ事件です。そして同年12月に起訴され，大学は休職となります[12]。しかし結局証拠不十分で，第一審（仙台地方裁判所）第二審（宮城控訴院）とも無罪の判決を受けます。1941年1月にその結果を受けて教授会でも復職を決定しますが，数日後宇野は辞職します。末永の辞職はその直後の1941年5月です。末永自身は，座談会では，学生の気分が変わってきて，「この連中に話したって，通じっこないという感じがしてきたのが，僕には決定的な打撃」だったことを強調しています。もちろん日中戦争の激化や2・26事件のなかで，学問の自由が奪われ（1935年の美濃部達吉天皇機関説事件，1937年の矢内原忠雄事件など），学生の右傾化は著しく，末永が学生に絶望したのも頷けますが，宇野の逮捕以来の大学の対応・同僚たちの動きに，大きな失望があったものと考えられます。

大学を辞めた末永は，参謀本部調査事務部そして中央物価統制協力会議などで働き，戦後は，森田優三の誘いを受けて総理府統計局に入ります。その後，そのまま役人生活を続けるか大学に戻るか迷ったようですが，結局1950年8月に東北大学に戻ることになります。その年5月にイールズ事件[13]が起きて，学内騒然とするなか，当時の経済学部長の長谷田泰三が亡くなります。空白となった財政学の講義をするため，9年ぶりで末永は東北大に戻りますが，翌年には，経済学史を担当していた玉野井芳郎が東大に転出したこともあり，末永がそれを担当することになります。東北大に戻っての最初の仕事が，今回復刻される『経済学史』の出版でした。

仙台に戻ってからの末永は，72年3月定年で東北大を去るまで，22年間ほどを経済学部の教授として過ごします。その間，イギリスへの留学もあり，経済学部長などの要職にもついていますが，全体としては，研究（次節で見るように，論文の執筆とリカードウやJ. S. ミルの古典の翻訳）と教育の比較的静かな学究生活だったと，言うことが許されるでしょう。

東北大退職後，東北学院大学に迎えられますが，体調を崩して74年8月には長男顕二のいる福岡に移り，77年1月22日に亡くなっています。

3 末永茂喜の経済学史研究

末永の研究は，大きく分けると，第1に古典派を中心とした経済学史の研究，第2は戦後恐慌論や物価論の研究，そして3つ目は，ミルやリカードウの翻訳，とすることができます。

もちろん第1の古典派を中心とした経済学史の研究が彼の研究の中心であるわけです。それは今回の復刻版『経済学史』(三笠書房，1952年)，『古典派経済学』(東大出版会，1953年) として結実しています。さらに彼の編著で『経済学説全集』の一巻として出た『古典学派の批判』(河出書房，1955年) も欠かせません。

第2の戦後恐慌論と物価論の研究は，すでに見たように，前者は金融恐慌・昭和恐慌の時代に東北帝大で経済学を学び始めた頃からの問題関心であり『講座恐慌論』(東洋経済新報社，1959年) 所収の，『戦争経済と恐慌』が主要な論文でしょう。後者は大学を離れていた頃の，中央物価統制協力会議及び理府統計局の仕事と重なる論文です。

第3の翻訳は，英語が得意だった彼の仕事として，学界に大きな寄与をしています。それはいずれも，当該分野の研究者にとっては欠かすことのできない，古典的著作の翻訳だからです。①J. S. ミル『経済学試論集』(岩波文庫，1936年)，②J. S. ミル『経済学原理』全5分冊 (岩波文庫，1959-63年)，③リカードウ『ディヴィド・リカードウ全集』第Ⅲ巻『前期論文集 1809-1811年』(雄松堂書店，1969年) の3点を挙げることができます。①は，若き日の翻訳で，その後もこの翻訳が無いため，今では岩波文庫のなかでも，稀覯本のひとつとなっています。②は末永の代表的な仕事のひとつですが，現在は品切れです。③は，すでに述べた堀経夫らとのスラッファ版全集の翻訳です。

さて彼本来の仕事である末永の経済学史の考え方について，その独自性に言及しておきます。末永の『経済学史』は，マルクス『剰余価値学説史』の彼独自の理解に基づく要約です。しかし彼の『学説史』理解は，1952年という時点を考慮するとかなりユニークです。というのは，当時末永たちが見ていた『学説史』は，カウツキーによって編集され，1905-10年に出版されたそれでした。そのため，カウツキー版『学説史』と呼ばれ，向坂逸郎らによって翻訳されて戦前の『マルクス・エンゲルス全集』(改造社) に入っていました。カウツキーはこの著作を，『資本論』と並ぶ独立したものとして取り扱いました。戦後このカウツキー版は批判され，1956年に『剰余価値学説史』の新版 (以下，こちらを研究所版『学説史』と略記) が，『資本論』第4巻として出されました[14]。

末永の『剰余価値学説史』の理解は，依拠したカウツキー版とは大きく異なり

ます。最近の新 MEGA 研究でわかったマルクスの『経済学批判』草稿（1861-1863）の発想に極めて近いのです（カウツキー以来の『剰余価値学説史』の編集問題やその評価に関わる論争や最近の新 MEGA 研究については，本書編者「はじめに」を参照）。

　彼の独自な見解は，すでに 1947 年の時点で明瞭に示されています。タイトルもそのままの『剰余価値学説史』[15]という論文においてです。そのなかで彼は，『剰余価値学説史』を読む際の注意として，①剰余価値に関する諸学説を取り扱ったものであること，②剰余価値という学説の発展を特殊な形で叙述したものであること，さらに③「マルクスが書いたものではあるが，マルクスが自ら出版したものではないということ」の 3 点を強調しています。当たり前のことを言っているようですが，その含意は深いのです。特に第 3 のことは，当時としては卓見と言えましょう。ある意味では，日本における「マルクス・エンゲルス問題」の最初の提唱者と言えるかもしれません。

　この見地から末永は，『学説史』におけるマルクスの議論が，スミスやリカードウを論じる場合でも，その学者の全経済学説ではなく剰余価値論を中心に論じていること，そこで利潤，地代，利子等について言及するのも，『学説史』が，『資本論』全 3 巻の経済学史だからではなく，彼らの剰余価値論に関係しているからだとしています。

　そして彼は以下のように結論づけます。「『剰余価値学説史』はどこまでも剰余価値そのものに関する学説の歴史であって，『資本論』全 3 巻に対応する経済学史ではないと解釈すべきである」とします。この位置づけから書かれたのが『経済学史』ですが，この著作と『学説史』の関係については，次節で述べることにします。

　この考え方は，彼の経済学史の対象と方法についても，晩年まで貫かれていました。時永淑批判として書かれた「経済学史について」（正続）で彼は杉本栄一や時永淑らによる経済学史の方法に関する三類型論を批判します[16]。三類型論とは，①過去の経済学者を国別・学派別に年代順に並べ，彼らの生涯を述べ著書・論文ついて内容を概観するジード・リスト型の経済学史，②シュンペーターやマルクスのように，「著者が唯一正しい経済理論と考える理論の立場に立ち，過去の経済学史はこの唯一の真理に向かって自己展開してきたとする」型，③例えばザーリンの『国民経済学』のように，それぞれの経済学説をそれが生いたった社会の，全体としての歴史状況に照応させて理解するという型です。

　杉本は「第一の型の研究を準備段階とし，第二の型と第三の型とを正しい意味

において総合すること」を本来の経済学史としていますが，末永はそれぞれの類型の長所や欠陥を検討した上で，経済学の任務が「資本主義社会一般の経済的運動法則を，(中略)原理的に暴露する」(時永淑)ことなら，経済学史研究者の任務もまた，学説の概観するに当たってはその「経済的運動法則を原理的に暴露」という仕事に関係するものだけに限定する，ことを提案しています。「さもないと，スミス，リカードウ等々の学説の全体を，又その変遷の全容をとらえ得ないこととなる」[17]からです。ここにも，先の末永『剰余価値学説史』論の姿勢が維持されることがわかるでしょう。

4　末永茂喜『経済学史』の現代的意義

すでに見たように末永の『経済学史』は，マルクスの『剰余価値学説史』の要約というべきものです。『剰余価値学説史』を基にした経済学史には，久留間鮫造・玉野井芳郎の『経済学史』(岩波全書)[18]があり，こちらのほうが有名です。1977年に改版が出ましたが，現在は絶版です。この2冊の『経済学史』は当然ですが，『剰余価値学説史』を下敷きにしているため，一見とてもよく似ています。どちらもマルクスに先行する経済学の歴史を対象として，フィジオクラシー，古典学派(スミス，リカードウ)，そしてマルサス，ジェームズ・ミル(J. S. ミルの父)，そしてリカードウ社会主義のホジスキン等を論じて，マルクスの前で終わっています。

しかし見過ごされがちですが，両者に大きな違いがあります。それは，久留間『学史』がカウツキー版『学説史』の構成をほぼ無批判的に受け入れているのに対し，末永『経済学史』は，前節に述べたように独自の『学説史』理解に立っているからです。

ここでは久留間『学史』の親本であるカウツキー版『学説史』と末永『経済学史』の相違を，研究所版『学説史』を視野に入れながら見て見ましょう。

大きな相違のひとつは，マルクスによって最後の重商主義者といわれたジェームズ・ステュアートの扱いです。研究所版『学説史』では，冒頭第1章で単独で扱われていますが，カウツキー版では，第1章ではありますが，「重農主義者とその二三の先行者及び同時代の人々」という章のなかで，ペティやダヴナント，ロックらの後に扱われています。これは，重農主義以前の重商主義者等を歴史的に並べただけのことです。それによった久留間『学史』に至っては，ステュアートは名前さえ出てきません。

それに対し末永『学史』では，研究所版『学説史』が出版される前にもかかわ

らず，ステュアートは緒論のあとの第1章に単独で登場します。それも『経済学批判』なども援用しながら，詳論されています。それどころか前節で見た47年の末永論文でも，すでに「『剰余価値学説史』の系統的叙述はステュアートから始まる」[19]ことをはっきりと述べています。

この末永『経済学史』とカウツキー版『学説史』（や久留間『学史』）との違いはどこから来るのでしょうか。これは次のようなことを我々に想像させます。末永には，カウツキーによって編集された『剰余価値学説史』を読んでわかりにくいところがいろいろあったと思われます[20]。そこで，カウツキー版に記されていたマルクスの草稿ページの指示を頼りにして，末永が独自に，マルクスの草稿通りの『剰余価値学説史』を復元させて見たのではないでしょうか。復元させないまでも，目次等を並べかえてマルクス本来の『剰余価値学説史』を構想したのではないでしょうか[21]。それによって，『学説史』のテーマがはっきりと見えてきたのではないかと考えます。その視点から，末永『経済学史』は書き下ろされたのです。

これは，ケネーのところからも考えられます。カウツキー版『学説史』は，先の第1章「重農主義者とその二三の先行者及び同時代の人々」の後半でケネーを論じていますが，あちこちにあるケネーに関する断片をほぼ集めています。そして，ケネー『経済表』の分析をその後の付録として続けています。研究所版『学説史』では，その部分は，重農学派のすぐ後ではなく，スミスの章や生産的・不生産的労働の章のあとにきています。

末永『学史』は，第2章で重農学派，特にケネーを論じています。その後半で，ケネー『経済表』にも言及はしていますが，その位置づけは，カウツキーとは異なります。末永は，「『経済表』は，……それ自身としては，ここに私が見ようとしているケネーたちの剰余価値および資本の基本的性質に関する理論の一部を成すものではないが，ケネーや重農学派の人たちの資本制生産に関する把握，剰余価値の源泉および資本の基本的性質に関する学説を要約して表現したものである」ことを，強調しています。

末永『経済学史』は，その冒頭で「私は，この小著で，『剰余価値』という範疇が，イギリス及びフランスのいわゆる古典経済学においていかに分析されてきたか，その跡を簡単に辿ってみよう」と述べています。それは言い換えれば，末永は，『剰余価値学説史』を，英仏の古典経済学が剰余価値をいかに発見いかに分析してきたか，を論じたものとして読むということであり，末永『学史』は，末永が「『剰余価値学説史』を私ならこう読む」というリポートであるといって

も差し支えないでしょう。

　そのように理解すると,『剰余価値学説史』は,『資本論』第4巻ではなく,『資本論』第1巻の学説史篇とする，末永の考えは説得的です。少なくとも『経済学史』はそうなります。その見地からすると，末永『経済学史』は，ステュワートで，貨幣から資本への転化を，ケネー・スミスで絶対的剰余価値を，リカードウで相対的剰余価値を扱い，マルサス・J.ミルで補論をとし，ホジスキン・ジョーンズで蓄積論・原蓄論の骨子を扱っていると，見られなくもないのです。

　エンゲルスは，マルクスの葬送の言葉のなかで,「剰余価値」をマルクスの「二大発見」のひとつとしていますが，その「剰余価値」の発見の歴史的プロセスを平易にトレースすることができる，言い換えればその創造の作業場を垣間見させてくれる，末永『経済学史』は今顧みられるべきものではないでしょうか。

　終わりに

　東北大学教授の末永茂喜は，自らのことをエッセイ等でほとんど書き残されませんでした。そこには，己を語ることは卑しいという明治人の矜持も見られます。そこで，彼の評伝を書くに当たっては，上記の『研究年報経済学』の座談会に頼るしかありませんでした。しかし彼のプライベートな点については，ご子息の末永顕二氏から幾つか聞くことができました。記して謝意を表するしだいです。

(1)　櫻井役『中学教育史稿』受験研究社増進堂，1942年1月，498頁。
(2)　木村健康『東大　嵐の中の40年』春秋社，1970年，235頁。
(3)　『新教育学大辞典』第8巻「教育統計」(第一法規出版，1990年) より
(4)　旧制高校生については，竹内洋『学歴貴族の栄光と挫折』(『日本の近代』第12巻，中央公論新社，1999年) 参照。
(5)　舩山信一『ひとすじの道』三一書房，1994年，17-18頁。
(6)　高見順「初期の日記・断章」(『続　高見順日記』第8巻，勁草書房，1977年，所収)，また高見順『青春放浪』(『高見順全集』第17巻，勁草書房，1973年，所収) 335頁，参照。
(7)　復刻版『文藝戦線』日本近代文学館，1968年，また，『文藝戦線』については，高見順『昭和文学盛衰史』(同全集，第15巻，1972年) 参照。その81頁に末永茂喜の名前が出てくる。
(8)　『研究年報経済学』102・103号，末永茂喜教授定年退官記念号，所収『記念座談会，経済学の研究と方法をめぐって』1972年5月，以後何度かこの座談会からの引用・指摘等があるが，注記は省略する。
(9)　旧制二高出身で法文学部経済学科1期生の玉城肇は「同級のものの大部分は東大へ，一部のものは京大へ入学する予定で，東北大学へ入学するものは2・3名にすぎなかったが，……法文学部という新しいシステム (どんな講義を聴講してもよいし，試験を

うければどんな単位でもとれた）に魅力を覚えたので，東北大学に進むことにした」と回想している（『堀経夫博士喜寿記念　経済学の研究と教育の50年』世界保健通信社，1973年，所収，607頁）．

(10)　『堀経夫博士還暦記念論文集　古典経済学の研究』山本書店，1956年所収の「年譜」を参照．

(11)　これらは，末永茂喜『古典経済学研究』東京大学出版会，1953年，所収．

(12)　『宇野弘蔵著作集』別巻，岩波書店，1974年，所収の「年譜」を参照，557-558頁．なお，宇野弘蔵『資本論50年』上，法政大学出版局，1970年，第10章「いわゆる労農派教授グループ事件」516-541頁，も参照．

(13)　東北大でのイールズ事件については，服部文男他編『占領下大学の自治を守った青春　東北大学イールズ闘争50周年記念』2001年，参照．

(14)　この研究所版の日本語版は，翌1957年に青木書店より長谷部文雄訳で出ましたが，第1分冊だけでした．60年代に入って，大島清・岡崎次郎訳が大月書店の国民文庫版で『完訳剰余価値学説史』として出始めましたが，5分冊で中断しました．恐らくMEW版の『剰余価値学説史』の第1分冊（Bd.26-1）が刊行されたためでしょう．完訳はそのMEW版の翻訳，すなわち『マルクス・エンゲルス全集』（大月書店，1969-70年）の第26巻全3分冊で，岡崎次郎・時永淑訳として出版されます．この版の編集方針は，基本的には研究所版と同じですが，研究所版の序文にあった，カウツキー批判はなくなっています．

　なお，戦後カウツキー版『学説史』の批判，研究所版『剰余価値学説史』編集の経緯，については，宇高基輔「『剰余価値学説史』の新版の刊行について」『思想』1952年1月号，参照．

(15)　末永茂喜「剰余価値学説史　上下」『経済評論』1947年2月号，3月号，なお，この論文は上記『古典経済学研究』に所収．

(16)　杉本栄一『近代経済学史』（岩波全書，1953年）1-13頁．

(17)　末永茂喜「経済学史について」『研究年報経済学』第66・67号，1963年，及び，末永茂喜「再び経済学史について」『研究年報経済学』第70・71号，1964年，参照．

(18)　久留間鮫造・玉野井芳郎『経済学史』（岩波全書，1954年，改版1977年）

(19)　末永茂喜，前掲「経済学史について」

(20)　このカウツキー版の編集上の種々の問題の背景に，複雑な出版事情（例えば，マイスナーとマルクスとの契約問題）があったことが，知られるようになってきました．この点についても，本書「はじめに」および，大村泉『新MEGAと《資本論》の成立』（八朔社，1998年）の66-70頁，参照．

(21)　ここで同じような作業をしたステュアート研究者の田添京二の証言が思い出されます．田添は大学院特別研究生時代にその研究を始めますが，『経済学批判』や『学説史』でマルクスのステュアート論を整理する過程で，カウツキー版『学説史』の編集に違和感を持ち，マルクスの草稿の復元を図ります．それはカウツキー版（第1巻のみだが）が，マルクスの草稿のどの部分から採ったかを頭註で指示してあったため「わたしはその頭註を頼りに目次の各項の頭草稿ページを拾い出して書き込んでいった」と言うのです．その結果「ともあれマルクスの本来の草稿が，まさにステュアートから始まっていた，つまり『ここぞロードス島』というあの問題条件を，破滅的な形においてだがその一身に体現していたステュアートを，のちの「『資本論』に対応させて冒頭にすえていた」という理解を，田添はもちますが，恐らく末永はそれより先に気がついていたと考

えられます。田添京二「『剰余価値学説史』の視角」(『講座　資本論の研究』第 1 巻『資本論の形成』青木書店，1981 年) 所収，188-189 頁。

　この原稿を執筆中に田添氏の訃報に接した。この紙面を借りて，生前のご指導に感謝し，心より哀悼の意を表するしだいです。

第Ⅱ部　『資本論』の剰余価値論
―― その核心・現代的意義 ――

序　章　『資本論』執筆当時の労働者の状態
――19世紀中葉，イギリスにおける格差社会――

　本章では，マルクスが『資本論』を執筆していた当時のイギリスの労働者の状態をみることで，資本主義的生産の発展と経済格差問題が，資本主義の発祥の地において，初発からいかに密接不可分なものであったかを確認することにします。ここでは，編者序言にもあるとおり，マルクスが重視した政府公刊の3報告書のうち『公衆衛生報告書』のオリジナルに遡り，考察を進めます。

　本章が特に着眼するのは，『資本論』で引用ないしは参照指示が与えられている第3～第8次『公衆衛生報告書』のうち第6次分（1864，なお，以下で『報告書』とある場合，この第6次『公衆衛生報告書』を指します）です。これは，『資本論』第1巻第23章「資本主義的蓄積の一般的法則」の第5節「資本主義的蓄積の一般的法則の例証」で当時の労働者の生活状態を例証するための典拠として最も多用されています。

　この『報告書』が扱っている1863年には，当時，財務大臣の要職にあったグラッドストンが，議会の予算演説で，過去10年間のイギリスにおける「人を酔わせるような，富と力のこの増大も」「まったく有産階級だけに限られている」[1]と述べ，19世紀中葉イギリスにおける経済発展が，もっぱら有産階級を富ます結果となり，労働者階級との格差が急増したことを嘆いたのでした。『報告書』は，このグラッドストンの議会証言の背後にあった事実的関連を克明に記録しているのです。

1　19世紀中葉イギリス――「繁栄の時代」の労働者の食事

　現在「世界の工場」といえば，中国（あるいは＋インド）が話題になります。19世紀の「世界の工場」はイギリスでした。1851年から1873年は「繁栄の時代」と呼ばれています[2]。この時期工業分野では，世界で最初に産業革命を達成したイギリスが，史上最初の高度経済成長期を経験し，まさに「世界の工場」として世界経済に君臨しました。農業分野でも地主と農業資本家があいついで高度集約農業をとりいれ成功し，農業の繁栄時代（「農業の黄金時代」）を経ました[3]。マル

クスは『資本論』で1846-1866年をとりあげ，近代社会の時期のうちでも，とくに「最近20年間の時期ほど資本主義的蓄積の研究に好都合な時期」はなく，この時期を空にならない財布(フォルトゥナートゥスの財布)をみつけたかのようだとまで言っています[4]。

当時イギリスは既に「労働者の国」[5]といわれるほど，人口の大多数を労働者が占めていました。R. ダッドリィ・バクスターによって，1867年には「大ブリテンの2410万人の住民のうち4分の3以上——77パーセント——は『現業労働者階級』に所属していると断定」[6]されました。グラッドストンの演説では，この「繁栄の時代」の恩恵を受けたのは，この「労働者の国」の住人である労働者たちではありませんでした。彼らの生活は，具体的には，どのような状態だったのでしょうか[7]。

社会的な経済格差は，所有財産，生活環境などさまざまな指標によって確認できますが，ここでは食事に注目します。上流階級の食事では，相当な贅沢がなされていますが，ここでは当時の中流階級と労働者の食事を対比しましょう。中流階級の家庭料理を小説家ディケンズ（Charles John Huffam Dickens, 1812-1870）の妻，ケートがレディ・マリア・クラッターバックという名で1865年に出版した『ディナーに何を食べるべきか』によってみてみましょう。ここでは2, 3人分の安上がりで家庭的な料理が紹介され，当時の中流家庭の食生活を見るのに適しています。ここでは次のメニューが掲げられています。

「酢漬けのサーモン／ランプステーキ（サーロイン）の煮込み，さやいんげん，ポテト／米とリンゴ添え／焦がしたチーズ，ラディッシュと春たまねぎ／ボイルド・サーモン，シュリンプソース／牛フィレのロースト，カリフラワー詰め／ポテト添え／ベークド・ブレッド・アンド・バター・プディング／チーズ，クレソン」[8]。

これに対して下流階級の，つまり労働者の食事はどうだったのでしょうか。『報告書』に記載されているのは，上記のようなメニューではありません。1週間でどのようなものを食べていたのか，つまり食材です。それを7で割って1日平均，それをさらに3で割って1食平均を算出してみました[9]（次頁表参照）。

これらの素材を調理したところでたいした料理にはならないでしょう。イメージしやすい数値をみてみると，分離脂肪分やバター，肉やベーコン，牛乳が極端に少ないことがわかります。肉やベーコンなら，毎食肉切れ1枚というところですし，現在1回の食事でのむことができる500mlのパック牛乳を1週間かけて飲むという具合です[10]。

序　章　『資本論』執筆当時の労働者の状態

成人1人当たりの食物摂取量（すべて概算）

	週平均	1日平均	1食平均
パン類	4.5kg	640g	210g
糖（地方では糖蜜も）	230g	32g	11g
分離脂肪分やバター	140g	20g	6.8g
肉やベーコン	390g	55g	18g
牛乳	500ml	72ml	24ml

＊牛乳についてはサンプルの28%の家族は飲んでいませんでした。
＊じゃがいも：季節によりまちまちなためサンプル間では平均化されていませんが，食べていました。サンプルの最低値と最高値は次のとおりです。

	週平均	1日平均	1食平均
最低値	910g	130g	43g
最高値	2.4kg	340g	110g

茶：これもサンプル間では平均化されていませんが，飲んでいました。

	週平均	1日平均	1食平均
最低値	11ml	1.6ml	0.53ml
最高値	35ml	5ml	1.7ml

ビール：サンプルの約半分の家族は飲んでいませんでした。それゆえ平均化されていません。また値段で表記されています。

2　『報告書』と貧困の認識

　以上紹介した箇所は『報告書』の付録部分です。『報告書』の本論部分では，そこから算出される栄養面に着目します。本論部分に入る前に，『公衆衛生報告書』についていま少し詳しく説明しておきます。

　元々の名前は「パブリック・ヘルス（Public Health）」です。本章で紹介している第6次報告は，いまから約150年前のものです。第6次報告は，枢密院主任保険医官サイモン（John Simon, 1816-1904）主導のもと行われた1863年の公衆衛生に関する諸問題を取り扱った一連の活動について記述したものです[11]。そこでは「公衆ワクチン接種」から始まり，様々な政府が行った公衆衛生に関する福祉的活動や措置が報告されています。報告では政府が行っている様々な公衆衛生対策がどの程度行き届いているのか，現状がどうなっているのかということが明らかにされています。そのなかのひとつに「栄養状態」に関する項目があり，栄養必要量[12]を明らかにし，この基準値と比較して現状を論評するものです。第6次報

告は全789ページで，本文（概説，調査結果）が84ページまで，85ページからは付録となっています。その中で栄養に関することが中心に取り上げられているのは，第2章「イングランドにおける飢餓病，およびそれの監視状況」第1節「栄養状態」（11-21ページ），その中でも特に第1項「貧困労働者階級の食料」（11-17ページ）においてであり，そして付録 Nos.6, 7「栄養状態」（216-349ページ）です。ちなみに18-21ページは第2項「商船における壊血病の原因」となっています。

これら一連の『公衆衛生報告書』から，政府は貧困とはなにかを再認識しました。これからどうするべきかという問いを立てるようになったのですこの『公衆衛生報告書』およびその再認識が「サイモンをして1866年『衛生法』の制定を決意せしめるにいたった」[13]もっとも大きな要因でしょう[14]。

3　19世紀中葉イギリスの工業労働者の状態

すでに19世紀のイギリス人の食事をみています。そこでもっとも強調したかったのは下流階級（労働者）がきわめて粗末なものしか食べていなかったということです。この粗末な食事は，栄養学的にみたとき，どのような水準にあったのでしょうか。この水準を明確にするため，サイモンは，イギリスの化学者であったスミス（Edward Smith, 1819-1874）の基準を採用しました[15]。

スミスの算定によれば19世紀イギリスの労働者が「飢餓病にならないために」[16]必要な炭素・窒素量は次のようになります。平均的な男子は1日あたり炭素約280g，窒素約13gであり，平均的な女子は炭素約250g，窒素約12gでした[17]。

留意しておくべきものの一つ目は，この数値はあくまでも「飢餓病にならないために」であって，私たちが日頃良く目にする「健康に生きるため」の基準ではありません。「飢餓病を防ぐために」というのは死なずにすむライン，生きるための最低ラインです。二つ目は，これは必要量であって実際値ではないということです。それでは実際にどのくらいこの数値が達成されていたのでしょうか。必要量は週平均で表されています。そのため男子，女子ともに上記必要量を7倍し比較します[18]。

ここでこの必要量と比べるのは，「都市的事業部門」とよばれる産業のうちの5つの産業の労働者，すなわち絹織工（生糸の拠り糸工ふくむ），裁縫婦，子山羊（キッド）のなめし革手袋工，靴工，そして靴下織工（手袋織工ふくむ）です。それ

らの実際値と必要量を比べたものがこのページのグラフです[19]。まず炭素から見ましょう。基準に達しているのはわずか２つです。炭素をとってみただけでも，栄養は不足していることがわかります。炭素はおもに炭水化物から摂取できるものであり，最初に見たパン類に多く含まれています。そこでは分離脂肪分およびバターや，肉およびベーコン，そして牛乳は少ないと思われたのですが，比較的多いと思われたパン類さえ，部門によっては不足していたことがわかります。ただしこれはあくまでも「飢餓病にならないため」であって，人間らしい健康的な生活を営めていたかといえばそうではないということを忘れてはなりません。

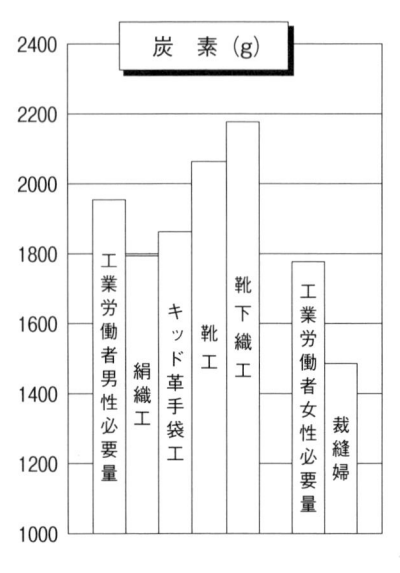

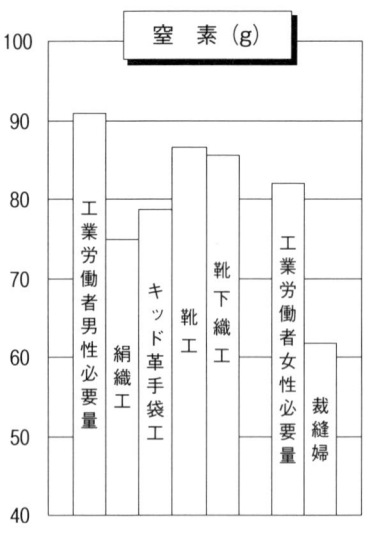

しかし炭素で語るよりも，窒素を一目見ればまったく足りていないことがわかります。どこも必要量に達していません。不足していたのです[20]。栄養不足の記述に加えて『報告書』は次のように続けます。これらの不足には，先行する欠乏がある。それは衣類および燃料の不足に始まり，不衛生——衛生状態に気を使えばさらなる空腹におそわれる——，わずかの家賃で住める家，幾季節か経てやっと取れる果物，不十分な排水施設，わずかの煙しか立たないかまど，街はごみだらけ，わずかの，そして最悪の水分供給，そして街には明かりも空気もすくない。これらは食料の不足が明らかとなってはじめて，公となった。しかしいまだに仕事をしていれば自立していると考えられている。名目上の自立は彼らを貧困者へと導く。それゆえ政府支出による取り扱いがなされなければならない……[21]，と。

4　19世紀中葉イギリスの農業労働者の状態

　次に農業労働者をみましょう。農業労働者の状態について，サイモンは「今回検査した農業労働者の食事は，都市的事業部門の労働者ほど貧しくはなかった」[22]としています。以下，同じように炭素，窒素に分けてグラフをみてみましょう[23]。

　右のグラフをみると，工業労働者の平均を越えています。だからといってそのことがすぐに，農業労働者が飢餓状態にないとはいえません。農業労働者には農業労働者なりの必要量があるはずです。しかしこの数値は算定されていません。

　『報告書』では，一方で，「彼（農業労働者——引用者）に関しては，働くために食わねばならない。とくに農業労働者は使用者のうちで食わせてもらっている場合，そして最たる例であるが，単身者でそこに住まわせてもらっている場合は，よく食べているだろう。それどころか，そのような状況におかれているなら時々，腹八分目以上に食べることさえあるだろう」[24]と，述べられています。同時に，次のようにも述べられているのです。「しかし検査した農業労働者の妻や子どもは少なくとも，そして疑いようもなく，ある程度まで，彼ら自身働いていたとしても，幾地方においては，非常に悲惨な食料事情であった」[25]，と。

　つまり，稼ぎ手となる農業労働者は，働かせるために食べさせてはいるけれども，その家族へは食物が行き渡っていない。同じことですが，農業労働者は就業

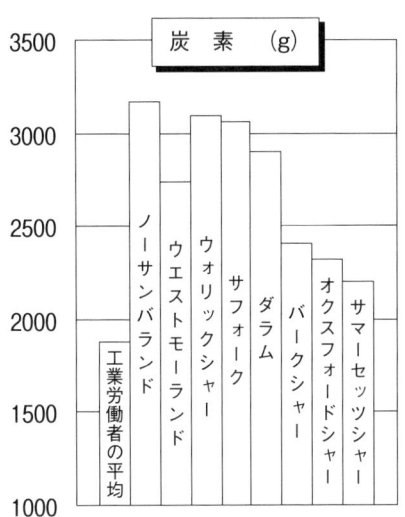

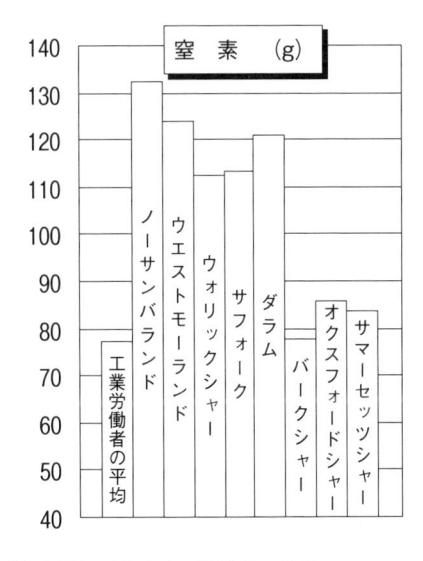

序　章　『資本論』執筆当時の労働者の状態　　141

先で自分が生産したものを食べて空腹を満たしているが，家族へまわすほどもらっているわけではないようです．農業労働者の場合，賃金支払いを受けず，現物支給に限定されていた場合もあったようです[26]．

5　19世紀中葉イギリスにおける収入格差

　以上，19世紀中葉イギリスの工業労働者，農業労働者の栄養状況をみました．最後に，当時の収入格差を一瞥しましょう．

　1864-1865年のイングランド，ウェールズ，そしてスコットランドの総人口をみると，1864年は約2389万人，1865年は約2413万人です．彼らのうち所得税の納税を義務付けられるのは（様々な控除後の）純所得60ポンド・スターリング以上の者ですが，収めていたのはわずか約31万人（1864年），約33万人（1865年）です．つまり全人口の約1.3-1.4%程度でした[27]．

　翌年の『内国収入調査委員会，報告書』によれば，次のようです．中産階級は「1865-6年においてシェデュールD（事業，専門職および投資の諸利益金）のもとでの所得税に対し年に300ポンドをこえる評価額をえているイングランド人とウェールズ人20万にほぼ該当しうる．その年に5000ポンド——当時としてはきわめて巨額の富——以上の所得をえていたのは7500人であり，1000ポンドないし5000ポンドの所得をえていたのは4万2000人であった」[28]．

　これらが，グラッドストンのいうところの「富と力」が集中した一極です．

　では，当時人口の大多数を占め，「所得税の納税」を免れていた下流階級（労働者）の収入はどの程度の水準であったのでしょうか．『報告書』には労働者の食費が記されています．食物量と同じように一成人週当たりで示されています．ただしサンプル間で平均化はされていません．すなわち最低値：2シリング2.5ペンス，最高値：2シリング9.5ペンスです[29]．今度は逆に52倍して年当たりの食費を出して見ましょう．すると最低値：約115シリング≒5.8ポンド，最高値：約145シリング≒7.3ポンド．もちろんここに家族の養育費や家賃，その他雑費が入ります．しかし上の人々の収入と比べるべくもないことは歴然です．これが省みられることがなかった「労働者人口の状態」でした．

　注(1)に記しましたが，マルクスはグラッドストンの演説を「国際労働者協会創立宣言」（1864年9月28日）でも引証し，グラッドストンが嘆息した当時のイギリスの経済格差の実態を，『報告書』を使って厳しく糾弾しています．政府関係

者の発言やこれらの『報告書』に対する強い関心はマルクスが文筆活動を開始した1840年代以来のもので，マルクスはこれらに対する該博な知識を基に国際的な労働者運動，社会改良・革命運動に大きく関与したのでした。しかし忘れてならないのは，マルクスは，こうした刻々と様相を変じる現実的な社会経済現象を追跡すると同時に，特定の時代の，特定の国や地域の，特定の歴史を超える，一言で言えば，資本主義経済一般に通じる諸法則の解明を追跡していたということです。『資本論』全3巻がそうしたマルクスの知的営為の最良の成果です。最初に述べたように，ここに紹介した19世紀中葉のイギリスにおける悲惨な労働者の生活，経済格差の実態は，『資本論』第1巻では，その結論部分で「資本主義的蓄積の一般的法則の例証」として取り上げられています。「蓄積」とは剰余価値の資本への再転化，剰余価値を資本として用いることであり，「資本主義的蓄積」とは，剰余価値によって剰余価値を生み出すこと，資本主義的拡大再生産のことです。『資本論』では，こうした拡大再生産が ― 全く野放図に行われた場合――惹起せざるを得ない必然的な事態の1例として『報告書』の記述が紹介されているのです。この第Ⅱ部以下の各章では，『資本論』第1巻の叙述に即して，剰余価値生産の，理論的並びに歴史的前提である商品生産，商品＝貨幣流通を規制する価値法則の解明からはじめ，上の「一般的法則」にいたるまで辿り，剰余価値生産の核心を平易かつ明快に解明します。ここで紹介される諸法則は，その一般性の故に，現代的な社会経済現象を考察する有力な判断基準となるでしょう。

⑴　マルクスはこのグラッドストンの演説を「国際労働者協会創立宣言」および『資本論』第1巻初版でも引用し皮肉たっぷりのコメントをつけました。その後，この引用の信憑性をめぐって論争のあったことが『資本論』第1巻第4版のエンゲルスの序文から知られます。論争はマルクスの勝利に終わり，典拠の正確さが立証されました（マルクス著，村田陽一訳「国際労働者協会創立宣言」（『マルクス＝エンゲルス全集』第16巻，大月書店，1966年）3-11ページ，および『資本論』Ia，46ページ以下，参照）。
⑵　川北稔編『イギリス史』（新版世界各国史11，1版）山川出版社，1998年4月，295ページ，参照。
⑶　村岡健次・川北稔共編著『イギリス近代史――宗教改革から現代まで――』改訂版，ミネルヴァ書房，2003年，149-150ページ，参照。
⑷　『資本論』Ib，1109ページ，引用参照。
⑸　E. J. ホブズボーム著，浜林正夫訳『産業と帝国』未来社，1984年5月，186ページ。
⑹　同上，および川北前掲書，303ページ，参照。
⑺　当時の労働者の悲惨な状態については，「友愛協会」が必要であった事実および加入者数，および「公式の受救貧民数」からも類推できます。前者については村岡，川北前掲書，160，181ページを，後者については『資本論』Ib，1117-1118ページ，参照。

(8) アネット・ホープ著，野中邦子訳『ロンドン　食の歴史物語　中世から現代までの英国料理』白水社，2006年，166-167ページ，参照。中流家庭のメニューは167-168ページより引用。本書では，小説家オスカー・ワイルド（Oscar Fingal O'Flaherty Wills Wilde, 1854-1900）がよく通った店のメニューが，上流階級の食事として紹介されています。なおここで紹介されている当時の上流階級の食事1食分の費用は2シリングです。この金額と本章の後半で述べている労働者の1週間分の食費を比べてみてください。

(9) ここでのデータは『報告書』第6次報告，付録Nos.6, 7「栄養状態」のなかの「都市的事業部門の食事の一般的比較」（231-233ページ）の232-233ページを参考にしました。そこでは5つの都市的事業部門ごとに統計を取り，そこから算出された物質量や食費が記載されています。それゆえ最低値というのは5つの部門のうちで最も値が低かったものを意味し，最高値というのはその反対です。統計内ではオンス（ounce），液量オンス（fluid ounce, oz）が使われていますが，kg, g, mlにしました。同じように統計のエッセンスのみを記載した部分が『資本論』第23章第5節b「イギリスの工業労働者階級の薄給層」に記載されています。

(10) 比較的賃金の高い労働者がなにを食べていたのかは松尾太郎『経済史と資本論』（初版，論創社，1986年6月，65ページ）参照。また長島伸一『大英帝国』（講談社，1989年2月）52ページにおいても「標準的な労働者」の食事をみることができますが，これは1900年のもので，おそらくラウントリーの社会調査などを参考にしていると思われます。食事および当時の全階級における収入において『資本論』『報告書』ならびに本章の記述とは違います。このことについては別稿にて論じます。

(11) 『報告書』7ページ，参照。

(12) 栄養における必要量とは，簡単にいえば，摂取量がこの必要量を下回った場合，欠乏症が生じるというものです。普段我々が目にするのは栄養の「所要量」ですが，これは健康を維持するための水準です。詳しくは鈴木敦士編『食品シリーズ　タンパク質の化学』（初版，朝倉書店，1998年，188ページ）を参照してください。

(13) 武居良明『イギリスの地域と社会』新装版，御茶の水書房，1990年，249ページ。

(14) ここでいう1866年衛生法は「それまでの公衆衛生関係ならびに公害除去関係法令を集大成したもの」（同上，250ページ）でした。すでに世界最初の公衆衛生法は1848年に，『チャドウィック報告書』を契機として制定されています（橋本正己訳『大英帝国における労働人口集団の衛生状態に関する報告書』日本公衆衛生協会，1990年，7ページ，参照）。『公衆衛生報告書』はこの『チャドウィック報告書』と同質のものといえるのではないでしょうか。

(15) スミスの業績は「学会の注意をひくことはなかった」（島薗順雄『栄養学ライブラリー2　栄養学の歴史』初版，朝倉書店，1989年，56ページ）のですが，当時その分野でもっとも権威があったリービヒ（Freiherr Justus von Liebig, 1803-1873）の仮説の一部を証明不可能だといい，後に評価されました。Kenneth J. Carpenter "A Short History of Nutritional Science: Part 1 (1785-1885)", The American Society for Nutritional Sciences J. Nutr. 133: 638-645. March 2003, 参照。なおこれはインターネットでも閲覧可能です。URLはhttp://jn.nutrition.org/cgi/content/full/133/3/638（2008年12月20日ダウンロード）。また邦訳は西南女学院大学のホームページにて閲覧することができます。URLはhttp://www.seinan-jo.ac.jp/university/nutrition/history/history01.htm（2008年12月20日ダウンロード）です。

(16) 『報告書』13ページ。

⒄ 同上,参照。ただし原文はグレーン(grain, 1grain ≒ 0.065g)で表されており,ここではグラムに換算しています(コラム①参照)。
⒅ 『報告書』でも,必要量は週平均に換算されているのですが,数値が純粋に7倍したものではないうえ,男女の区別がありません。以下みるところでは,工業労働者が男女に区別して論じられているため,『報告書』上のものは採用せず,筆者が算出しました。
⒆ 『報告書』13ページ,参照。
⒇ なお両性をいっしょにして,比較した場合どのようになっていたのかというと,炭素では不足していたのは裁縫婦とキッド革手袋工のみでした。そして窒素においても靴工は必要量以上だったことになっています。これは,もちろん,両性を区別しなかったため,必要量が男性だけのものよりも下回ったことにあります。
(21) 『報告書』14-15ページの要約。この記述の後半では当時の価値観を批判しています。すなわち「貧困は,ほぼ当然のことながら,怠惰と浪費の結果なのだ。これが,少なくとも,中産階級の信条であった」(リチャード・D・オールティック著,要田圭治他訳『ヴィクトリア朝の人と思想』初版,音羽書房鶴見書店,1998年,177ページ)と。
(22) 報告書』12ページ。
(23) 同上,13, 17ページ,参照。ここでは工業労働者について両性を区別しませんでした。農業労働者においても男女の区別がないからです。
(24) 同上,12ページ,参照。
(25) 同上,参照。このことについて松尾前掲書は次のように記しています。「ベーコン,塩づけ豚肉,チーズなどは,日に一度だけ少量,しかも多くの場合,一家の働き手に限られた。婦女子はパンと野菜で我慢した」(同上,61-62ページ)と。
(26) 農村労働者の賃金について,松尾は次のように述べています。「19世紀中葉における農業労働者の賃金は工業労働者の平均賃金の約2分の1であった」(同上,60ページ)。また農業労働者の食事についても同書で確認できます(同上,61ページ)。
(27) 『資本論』Ib, 1110, 1112ページ,参照。『資本論』のこの部分の記述は,『内国収入調査委員会,第10次報告書』ロンドン,1866年によっています。
(28) E. J. ホブズボーム前掲書,189ページ。ホブズボームはこの文章の前で次のように言っています。「うぬぼれの強い観察者たちであればヴィクトリア中期のイギリスは中産階級の国であると語るかもしれない。ところが実際にはまぎれもない中産階級はあまり多くなかった」(同上)と。
(29) 『報告書』233ページ,参照。

(小野良寛)

―― コラム①――

イギリスの度量・通貨単位について

　さて、『資本論』をひもといてみると、グレインだのオンスだの、ポンドだのシリングだのといった、度量や通貨の単位がたびたび登場します。当時イギリスの人々にとっては、使いなれた単位だったのでしょうが、現在の日本人が『資本論』を読むに際しては、読解のちょっとした妨げになります。

　本文でも登場したグレイン、オンスについて確認しましょう。英和辞書によればグレインは「衡量の最低単位」と説明されています。またオンスと一言で言っても、「常用」、「金衡」、「薬用」、「液量」とさまざまありますが、ここでは「常用」についてだけ触れます。そしてこの常用オンスについては「缶詰の内容物の重さなど日常生活での重量最小単位」と説明されています。これらとグラム、ポンドを比べてみましょう。

1グレイン	= 0.0648 グラム	=約 0.000143 ポンド
1オンス	=約 28 グラム	= 0.0625 ポンド
1オンス	=約 28 グラム	=約 432 グレイン

　ここでおやと思うわけです。つまりグレインとオンスについてはわかったけれども、ポンドってお金にもあるのでは、と。そうです、通貨単位にもポンドがあります。

　ポンド（・スターリング）、それからシリング、ペニーといった通貨単位のことを、経済学の用語では「価格の度量標準」といいます。では、この価格の度量標準は、おのおの相対的にどのような比率として定められているのでしょうか？　まず、当時の価格の度量標準を示せば、次のようになります。

1ポンド（・スターリング）	= 20 シリング	= 240 ペンス
1シリング	= 12 ペンス	= 1/20 ポンド
1ペニー（ペンス）	= 1/240 ポンド	= 1/12 シリング

　ここで謎解きをしましょう。上記の1ポンド（・スターリング）とは、金の重量1ポンドということです。ただしここでのポンドは「常用」ではなく、「金衡」ですので、最初の図表をそのまま金に当てはめることはできません。が、いずれにせよ、貴金属の重量がそのまま貨幣名となったのです。これは、一般的等価物としての貨幣が、その使用価値量（重量や個数）によって、他のすべての価値量を価格として表現するところに由来するものです。

　ところで、イギリスでは、貨幣金を採用する以前は、貨幣銀を採用していました。もともと貨幣ポンドとは、銀地金（未加工の銀）の重量単位だったのです。

　ところが、歴史のならいでしょうか、貴金属の貨幣は、改鋳の歴史をたどります。つまり、卑金属をまぜた「悪貨」が流通するようになるのです。もともと銀地金1ポンドは、同時に20シリング、同時に240ペンスに値していたのですが、悪鋳

を繰り返した結果，銀1ポンドは744ペンスに値いするようになります。じつに，1ポンド銀貨の交換価値が3分の1以下に下落したことになります。

　そこで，銀本位が廃止され，金が本位貨幣となりますと，従来の教訓をふまえ，金1トロイ・オンス（31.104グラム）と，金貨としてのポンドとの関係が固定されるようになります。すなわち，1/12オンスの金＝3ポンド17シリング10ペンス1/2，と固定されることになります。この年が1717年であり，かのアイザック・ニュートンが貨幣の造幣局長として活躍していました。このニュートンの決めた度量標準は，1879年の恐慌にて金本位制がいったん停止されるまで続きます。歴史の面白いエピソードですね。

参考文献
　三宅義夫『金――現代の経済におけるその役割――』（岩波新書，1968年）。

（齊藤彰一）

第1章 価　　値

1　価値とは何か

　皆さんは，日常何気なく買い物をしていると思います。例えば，昼食に何を食べようかと店をのぞいて，パンを買ってきたとします。あなたは，そのパンに対して120円を支払いました。では，そのパンはなぜ120円という値段なのでしょうか。「それは，パンに120円の価値があるからだ」と説明するかもしれません。でも，それでは説明になっていません。今の説明は「そのパンは120円の価値があると思ったから，120円支払ったのだ」というあなたの感想を語っただけであって，そもそも120円の価値が，客観的・科学的に何を表しているのかを説明していないからです。

　例えば，パン1個の重量が120gであるとき，そのパンはなぜ120gという重量なのでしょうかと問われたら，あなたはどう答えますか。「それは，パンに120gの重量があるからだ」と答えたら科学的説明にはなっていません。それを説明するためには，まず重量とは何かを語らなくてはなりません。重量とは，諸物体と地球との間に働く引力が最も根本にある実体であり，その引力の強さを表現したものが重量であると。そして，引力の強さを表現するとき，力学的な強さは直接目に見えないものなので（机の上に本が置いてあるとき，本と机の間には引力による力が作用しているのですが，それを見ている私達には，その力が見えません），ある大きさの物体の引力を基準として，それと同じ引力で釣り合うものを，同じ重量と表現しているのであると。すなわち，1ccの水の重量を1gと名付け，天秤に載せたパン1個が120ccの水と釣り合えば，パンの重量が120gであるとしているのです。ここでは，1個のパンと120ccの水の両者に共通に作用している引力を比較しているであり，重量名はその表現形式に過ぎないのです。

　これにならってパンの120円という値段をその本質にさかのぼって説明すると，120円の実体としての価値は何になるのでしょうか。

　実は，この質問は，簡単そうに見えて大変難しい問題です。経済学は，120円などの価格に表される価値の実体とは何かをめぐって，長年論争を続けてきたと

言えるでしょうし，今日でも最終的な結論は出ていないとも思えます。しかし，今日までの経済学の歴史を振り返ると，そこには今の質問についてのいくつかの解答（説明法）を見ることが出来ます。

その中の一つは「労働価値説」という考え方です[1]。これは，アダム・スミスやリカードウによって発展させられ，マルクスによって一定の完成を見た考え方です。ここでは，労働価値説を基礎に，とりわけマルクスの著作『資本論』で展開されている説明を基礎に，商品の「価値」とは何かを説明することにします。

2　価値の二つの側面：「使用価値」と経済学上の「価値」

まず，価格に表される「価値」が何であるかを説明する前に，日常の会話の中では「価値」という言葉が様々な意味で使われているので，ここで説明しようとしている「価値」すなわち経済学者が問題にしている「価値」を，それとは明らかに違う意味の「価値」と区別しておくことが必要です。というのは，「このパンには，120円の価値がある」というとき，その意味を，「120円払っても，そのパンには食べる価値があるからだ」と説明されることが，世間一般にはよくあることだからです。

しかし，上記の説明は二つの異なる価値を混同した誤った説明です。なぜでしょうか。この説明に従えば，このパンの価値は，それを「食べる」ことにあります。すなわち，パンには食べておいしいと感じたり，空腹を満たし活動のエネルギーとなったりする有用性があるということです。そして，その有用性を「価値」があると説明しているのです。ここで注意すべきことは，その人が「パンを食べて空腹を満たす」ことと，「パンに120円の価格がつく」こととは，直接には無関係な事柄だと言うことです。なぜなら，その人が同じパンに120円を支払って手に入れようと，240円を支払って手に入れようと，パンの味や，そのパンを食べて空腹を満たしたり栄養になったりすることに，物理的違いはないからです。つまり，価格がつく以前にパン自体にはそれに固有の味や栄養等の自然の性質が備わっているわけで，有用性の持つ価値とは，価格とは別の，商品そのものが持つ自然属性であるのです。こう考えると，パンの持つ有用性は，すなわち上記表現の「食べる価値」は，その価格の大きさとは直接関係のない性格の価値であるといえます。このような観点からの価値を「使用価値」といいます[2]。

一方「パンに120円の価格がつく」ことは，120円で交換（売買）されることが前提にあるからです。言い換えれば，120円の商品は同じ120円の商品と等価

―― コラム②――

政治経済学

　日本の大学では，しばしば「政治経済学」という講義があります。学生諸君は，センター試験科目の「政治・経済」と似たものだと思ったり，「政治学」と「経済学」の融合した授業内容だと思っていたりします。どちらも間違いで，その内容を履修前から正確に理解している人はめったにいません。政治経済学とは，日本では，マルクスによって創始され，その後，さまざまな人々によって発展させられてきた学問体系のことです。いわば「マルクス経済学」です。（いわゆる「ミクロ・マクロ経済学」のほうは「理論経済学」といった名称を用いることが多いようです）

　さて，なぜ「政治経済学」などという名前を採用したのでしょうか？それは，経済学という学問は，もともと輸入学問であり，それは political economy と称して入ってきたからです。アダム・スミスやリカードウといった古典派経済学者，その他，同時代の経済学者は，自分らの学問領域のことを political economy と称していました。したがって，その学問が日本に輸入されるにあたって，それが「政治経済学」と直訳されたのです。では，この訳は正しいのでしょうか？

　もともと，「エコノミー」という言葉を使ったのは，アリストテレスでした。彼には，『政治学』という著作があります。そのなかで「家政論」（オイコノミカ）という題名で，ギリシャという奴隷社会での家父長制のあり方について論じているのです。アリストテレスの問題意識は，あくまでも一個の家庭における支配についてのあり方に向けられたものでした。したがって，オイコノミカという言葉を，直接社会への分析に用いることには無理があります。

　さて，経済学史家として有名な竹本洋氏は，ジェームズ・スチュアートの『経済の原理』を翻訳し，訳者解説として，political economy の意味について考察を及ぼしています（第1・第2編，巻末）。それによれば，ジェームズ・スチュアートがその著の序言において political economy について定義を行なっていることには注目すべきだとのこと。「一家にとって経済 oeconomy にあたるものが，一国にとっては経済 political oeconomy なのである」と。この場合の political oeconomy は「国民経済」と訳すのがふさわしいとのことです。political には「社会的」「人為的」「社会・文化的」「慣習的・制度的」なる意味があるとし，また "private" の対義語としても使われている。したがって，political を「政治的」と訳すのは，不適切との結論を下されています。したがって，あえて語義の由来どおりに political economy を訳すとなれば，「社会経済学」が適切かもしれません。

　なお，経済学には「道徳的摩滅 moral obsolescence」という言葉もあります。これは会計学から派生した言葉ですが，『資本論』では，固定不変資本が陳腐化し，従来よりも多くの割合で，資本1回転あたりの摩損の費用を多めに計上する

> ことを指します。しかし，moral を「道徳的」と訳すことにためらいはないでしょうか？ moral とは，当時は「社会的」という意味で使われていました。なるほど，自分の所有している機械が，他の普及せる機械に比べて，明らかに性能が劣っているならば，自らのその機械は，物理的にはともかく「社会的に」古くなっており，費用計上を多めにして，早めにその機械を廃棄しなくてはならないはずです。したがって，経済学を日本人にわかりやすくするためにも，訳語というものは，もう一度考え直すときが来ているのではないか，という気もします。　　（齊藤彰一）

で交換されるということを「120円の価格がつく」ことが示しているのであり，さらに拡大して考えれば，例えば120円の商品1個は60円の商品2個と等価で交換されるということをも示しているのです。「120円のパン1個は，60円の鉛筆2本に値する（同じ価値がある）」と言うときの価値が，この意味です。すなわち120円という価格は，諸商品の交換比を示しているのです。この諸商品の交換比を表すという観点からの価値を，「交換価値」といいます[3]。価格の大きさは，「交換価値」の具体的な姿です。経済学者が通常問題とする「価値」は，こちらの「交換価値」のことなのです。

　「使用価値」と「交換価値」が一般に混同されやすいのは，私達が商品の有用性を求めて，価格に対する支払いをして商品を手に入れるからです。こうした行動が，商品の有用性の大きさに対して支払っているような感覚を引き起こしているのです。もちろん当然ながら，有用性のない商品は売れません。私達は，自分自身にとって有用性があるからこそ，商品を買ってくるのです。したがって，商品が有用性を持つこと，すなわち「使用価値」を持つことは，商品交換の前提条件です。その意味では，「使用価値」は全く「交換」に無関係ではありません。それどころか「使用価値」がなければ「交換」そのものが成立しないほど，重要なものです。しかし，ここで強調していることは，有用性を求めることと，価格の大きさを決めている要因は別のものであるということなのです。有用性はあくまで交換の前提条件に過ぎないのです[4]。

　「使用価値」と商品の価格の大きさが直接には無関係であることは，次の例からもわかります。空気は私達にとって大変高い「使用価値」を持つものです。なぜなら，空気が無ければ誰も生きることが出来ません。しかし，通常空気の価格は0円です。一方，ダイヤモンドは，空気が持つ「使用価値」と比べてより高い「使用価値」を持つとは考えられませんが，空気よりもはるかに高い価格で売買されます。したがって，このことからも想像されることは，商品の価格大きさが表しているものは，商品の「使用価値」とは別の何かあるものではないかという

ことです。経済学者たちはこのように考えて，「使用価値」とは区別される「交換価値」の大きさを決める要因を追求していったのです[5]。

3 「交換価値」の内実としての「価値」とその実体

　ここまでの検討では，商品の価格，すなわち交換価値は，使用価値とは直接に無関係なものであり，それとは別の何かを表現していることを見てきました。ここからはその中身（内実）を考えてみます。
　上記のように，「交換価値」とは，諸商品が交換されるときの価値の大きさ，すなわち交換比です。同じ120円の価格（交換価値）を持つ商品は等価で交換されます。上記の例では，「120円のパン1個は，60円の鉛筆2本に値する（120円のパン1個の価値は60円の鉛筆2本の価値に等しい）」ということです。簡潔に記述すれば「パン1個＝鉛筆2本（パン1個は鉛筆2本に等しい）」という関係です。これを詳しく見てみましょう。
　「パン1個＝鉛筆2本」という等値関係を見るとき，まず双方の使用価値が比較されているのではないことを再度確認しておきます。使用価値は個々の商品に備わる自然属性としての有用性ですから，商品種類が異なれば有用性も異なります。パンの「食べられる」有用性と，鉛筆の「字などを書ける」有用性は同じではありません。他の例を挙げれば，服には着て体温を保持したり身なりを美しく見せたりする有用性があり，車には移動手段としての有用性がある，などなどです。使用価値は同種のものであれば量的に比較できます。そのために，それぞれの性質に適したその分量をはかる単位があります。例えば，パンであれば1個，2個……，鉛筆であれば1本，2本……，服であれば1着，2着……，車は1台，2台……等々。こうして，同じ性質の使用価値同士は，具体的な量的比較を受けるのです。例えば，「2着の服は，1着の服の2倍の使用価値を持つ」と言えば，2着の服は1着の服の倍の人が着られるということを意味しているわけです。しかし，異なる性質の商品を並べて，使用価値を比べることはできません。「1個のパンは，1本鉛筆の2倍の使用価値がある」といわれても何を比較しているのかわかりません。これは言い換えれば，「パンと鉛筆を分量で比べなさい」といわれているようなもので，無意味で不可能な比較です。以上の考察から，質的に異なるものを量的に比較することはできない，逆に量的に比較可能なものは質的に同じものである，と結論できるでしょう。
　では，「パン1個＝鉛筆2本」という等値関係が実際に成立しているとすれば，

すなわち両者が実際に等しい価値として交換されたとすれば，何が等しいために交換が成立したのでしょうか。上記の考察から，比較可能なものは「質的に同じもの」でなければなりません。ここでの「質的に同じもの」とは何でしょうか。パンと鉛筆の両者に共通の性質です。それは，両者は共に人間の労働の生産物であるということです[6]。パンを作るにも，鉛筆を作るにも，人間の労力が必要です。それらは完成された姿で自然界に存在しているものではなく，誰もが空気を吸うように他人の手をわずらわさずに入手できるものではない，ということです。このことは，パンや鉛筆に限らず商品一般に共通することです。考えてみれば，私達が人間の労力を必要としないで，とりわけ他人の労力を必要としないで入手できるものは，商品として交換される必要はありません。そもそも商品とは，社会内部で分業（社会的分業）が行われているからこそ存在しているものです。したがって，すべての商品は社会的分業の産物であり，それらは皆，労働生産物であるといえるのです。こうしてみると，パンと鉛筆に共通の性質は労働生産物であるということ，言い換えればどちらもそれらを作るためには，ある一定の人間の労力がかかっているということがわかりました。「パン1個＝鉛筆2本」という等値関係が比較しているものは，この人間の労力がどれくらいかかっているか，すなわち生産物（商品）を作るために必要な労働量がどれくらいかであったのです。「交換価値」の中身すなわち内実とは労働量であり，「使用価値」とは別に経済学者が商品の「価値」と呼び問題としていたものの実体は，「労働」だったのです。

4　「価値」の実体としての労働の性格

　さらに，厳密に言えば，商品の「価値」の実体としての「労働」とは，具体的な姿の労働そのものではないのです。「パン1個＝鉛筆2本」というとき比較されている労働は，パン生産に必要な労働と鉛筆生産に必要な労働です。それぞれの労働は，具体的な姿としては同じものではありません。例えば，パンを作るときは小麦粉をこねたり，それを焼いたりし，一方鉛筆を作るときには，芯となる材料をねったり固めたり，木材から芯を覆う部材を切り出して芯をはさんだりします。それぞれ作ろうとする生産物の性質や形状などに合わせて，行う労働の方法を変えなければなりません。パンを作る方法で鉛筆を作ることはできませんから，それぞれを作る具体的な労働の姿が異なるは当然です。労働のこうした側面を「具体的有用労働」といいます。労働は，この「具体的有用労働」の側面から

見れば,「使用価値」を作る労働であるといえます。この側面は, 社会が具体的にどの様な使用価値を必要としているか, またそのためにどの様な生産方法が必要か, 現実の生産技術をどの様に変革して生産性を上昇させるか, などの観点からは大変重要なものです。しかし,「交換価値」の内実となる「価値」の実体としての労働は, それぞれの労働の持つ具体的姿を考慮の外に置き, それらの具体的姿の違いにもかかわらずどれも人間が一定の労力をかけているという観点で見たものなのです。なぜなら, 具体的姿の違う労働をそのままの姿では, 同質の共通物として量的に比較できないからです。「価値」の実体としての労働とは,「生産物を作るためには一定の労働が必要である」というレベルで捉えた, 質的区別のない単なる労働力の支出としての人間労働なのです。労働のこうした側面を「抽象的人間労働」といいます[7]。この「抽象的人間労働」こそ「価値」の実体です。そして, 区別のない同等の労働を量的に比較するには, 労働を支出する時間を単位にするのです。こうして, 商品を作るために必要な労働量を比較するには, 使われた労働時間をもって比較することになるのです。パンを作るのに必要な労働時間が1個あたり平均で6分であり, 鉛筆1本を作るのに必要な労働時間が1本あたり平均3分であれば,「パン1個＝鉛筆2本＝6分間の労働」となり,「パン1個＝鉛筆2本」の関係が示していた実態は, それぞれの生産に同じ6分の労働時間が必要 (6分の労働時間＝6分の労働時間, という等値関係) であるということだったのです。

　さて, ここで注意しなければならないことは, 商品の「価値」の実体である労働は, 個々の生産者がそれぞれの生産過程で付け加えた個別的な労働時間ではないということです。なぜなら, もし個別的労働時間が直接「価値」の基準となれば, 他の生産者よりムダに時間をかけて作った商品の方が高い価値を持つからです。現実にはそのようなことはありません。ここでいう「価値」は, 市場での競争を通じて現れてくる社会的価値です。通常, 同種の商品の価格 (交換価値) は競争によって一つの同じ価格に収斂する傾向があります。他の生産者よりムダに時間をかけた商品は, 競争を通じて個別に使われた労働時間通りには評価されないのです。諸商品はいわゆる「相場」の値段で取り引きされるのが通常の状態であるように, 商品の「価値」が通常表しているものは, 社会的分業を維持する上で妥当な水準の労働量です。すなわち社会的・標準的生産条件や技術, また労働の熟練や強度の社会的平均水準を反映した「その商品の生産に社会的・平均的に必要な労働時間」なのです[8]。この意味での労働が,「価値」実体としての労働であるのです。

5　社会的分業の基礎をなす労働の交換と，その現象形態である商品交換

　このことを，社会的分業の側面から，もう少し詳しく見てみましょう。私達は，もし自分一人で自身の生活に必要な諸物資を手に入れなければならないとしたら，様々な生産物を作る労働を一人でしなければならないでしょう。一部は食料を作る労働に，一部は衣類を作る労働に，また他の一部は住居を作る労働になどです。しかし，商品生産を基本とする社会は，各人が生活に必要な様々な労働のある部分を分担することで，そしてその結果作られた生産物を商品として交換することで，成り立っています。商品を生産する人々はお互いに，自分が生活するためにしなければならない労働の一部だけに（例えばパンを作る労働だけに）特化・専門化して働く代わりに，自分の必要以上にその生産物を作り，他人の生産物と交換することで必要物を充足しているのです。言い換えれば，商品交換を通じて分業をする社会は，お互いの労働の生産物を交換することを通じて，お互いの労働を交換していると見ることができます。この関係は，現代社会の複雑で高度化した生産方法を直接見たのではわかりにくいので，少し単純な例に立ち返って考えてみましょう。例えば，焼き魚を食べたいので魚と薪を必要としているとします。一人であれば，川へ魚を釣りに行きさらに山へ薪を集めに行かなければなりません。もし，1匹の魚を釣るのに必要な労働時間が経験的に1時間かかり，1束の薪を集めるのに必要な労働時間が同じく1時間であれば，二人の人がそれぞれ山と川に行くのではなく，一人は川で2時間魚を釣り，もう一人が山で2時間薪を集めて，お互い半分ずつ魚と薪を交換すれば，すなわち「1匹の魚＝1束の薪」で交換すれば，双方に必要なものは満たされます[9]。この場合，魚と薪の交換は，それぞれの1時間の労働が交換されたと見ることができます。「1匹の魚＝1束の薪」は，等しい労働量どうしの交換なのです。このとき，薪を集めに行く人が，薪1束を魚1匹とではなく魚2匹とでなければ交換しないといったらどうなるでしょうか。魚を釣りに行く人は，それなら交換などしないで，自分で魚も薪も準備すると言うでしょう。そのような交換比では，魚を釣りに行く人は3時間労働しなければ魚と薪を手に入れられず，自ら全てを準備すれば2時間で済むからです。このように仮にきわめて不等価な交換が行われるのであれば，そのような交換比での分業は維持されないでしょう。したがって，社会的分業を成立・維持させる諸商品の交換比は，投下労働量に比例した交換比がある程度基礎になって成立していると考えられるのです[10]。

6 「価値」の現象形態

　ここまでで，「価値」の実体が労働であることがわかりました。しかし，私達の日常生活では，「価値」の実体が労働であるということをほとんど意識していません。なぜでしょうか。それは，「価値」が，直接には労働時間として示されないからです。労働は商品が市場で交換される以前に終えられていて，市場では諸商品の交換比だけが現れてきます。「価値」は諸商品の交換比として示されて目に見えるものとなるのです。したがって，私たちには労働量が見えるのではなく，等価で交換される商品が見えるだけです。「1個のパン＝2本の鉛筆」の等値では，1個のパンの「価値」が，その本質の労働量とは直接に無関係な鉛筆の「使用価値」で表現されているのです。また，120円という価格は，貨幣の分量で表現された労働量なのです。これは，冒頭の重量の表現になぞらえれば，商品を作る労働量（パンの引力に相当）は，一定の労働量を示す貨幣（一定の引力を示す一定量の水に相当）と「釣り合う」ことで，その「価値」を示しているということなのです。このように，実体が直接に表現されないことが事柄の理解を困難にしているのです。こうした議論を「価値形態論」といいますが，ここでは詳細には立ち入りません。ただ，「価値」の表現形式が本質の理解を難しくしているということを知っておいて下さい。

7　社会発展の基礎としての労働および「剰余価値」

　最後に，これまでの議論で資本主義社会の富，すなわち「価値」の源泉が労働であるということがわかりました。この本を通じて，社会発展の基礎が労働であり，労働こそが人類社会の発展を支える「剰余労働」の源泉であることもわかると思います。そして次からの章で説明されるように，「剰余労働」こそ，資本主義の利潤の源泉である「剰余価値」を生み出す労働なのです。

(1) これに対して，ジェヴォンズ，ワルラス，メンガーなどにより発展させられた価値学説を「効用価値説」または「限界理論」などと呼んでいます。
(2) 『資本論』Ia, 60ページ，参照。
(3) 同上，62ページ，参照。
(4) ここでいう諸商品の有用性すなわち「使用価値」が価格とは直接に無関係であることは，「効用価値説」でも同様です。効用価値説では，消費者の行動原理と生産者の行動

原理を分離して，消費者の行動原理として効用最大化を，生産者の行動原理として利潤最大化を前提とします。各経済主体は与えられた価格のもとで行動原理に基づく最適な消費・生産計画を立てて行動します。こうして与えられた条件下で全ての人に最適状態をもたらすような，諸商品の交換比が「社会的」に決定されるとしているのです。その際，消費者の行動原理に影響する「効用」とは，消費することにより諸個人が受け取る満足度のことです。同一の使用価値の効用は一般に消費量が増加するにつれて増加率が低下していきます（限界効用逓減法則）。つまり，2 kgの小麦から各個人が受け取る効用量（効用水準）は，1 kgの小麦から受け取る効用量と同じではないということです。正確にいえば，1 kg小麦を買う場合と 2 kgの小麦を買う場合とでは，最後の 1 gの小麦を消費することで受け取る効用の大きさ（限界効用）がそれぞれ異なるのです。同一商品だけの消費を増やしたのでは限界効用が下がってしまうので，消費者は複数の商品間で限界効用を比較し，与えられた予算と市場で提示される価格を考慮して，各商品の価格あたり限界効用が全て等しくなるように消費計画を決定すれば効用が最大になるというのです。以上のように，商品の使用価値が 2 倍になっても効用は 2 倍にはならないのです。効用は使用価値から受け取る人間の主観的感覚を抽象化・同質化して量的に比較したもので，使用価値に影響されますが使用価値そのものではないのです。それは自然的属性そのものではなく，人間的問題だといえます。また効用の比較は，同一の商品については生産物の物理的分量を基準とします（個数・重量・長さあたり等）が，商品間の比較では生産物の価格比を基準とします（1円あたりの効用量）ので，交換比自体が資源量・人口規模・生産力等によって決定される社会的現象であることから，独自の社会的性格を持つ問題であるといえます。このように質的に異なる「使用価値」を直接量的に比較できないことは，「労働価値説」も「効用価値説」も同様なのです。したがって，経済学の「価値論」はどちらの場合も，価格に表される価値の「社会的」本質は何であるかを検討していると言うことができるのです。

(5) 例えば，スミス著，大内兵衛・松川七郎訳『諸国民の富』岩波書店，102ページ，参照。
(6) 『資本論』Ia，64ページ，参照。
(7) 同上，65ページ，参照。
(8) 機械を使用した大工業の発達により，工場労働者の労働は比較的単純なものとなり，かつ異なる産業間での働き手の代替を容易なものとしてきました。こうした発展を遂げた社会を前提とすれば，異なる使用価値を作るための熟練の壁は低くなり，どの産業の労働も単純に比較可能な労働として見なせる傾向が出てきます。ここでの「社会的・平均的に必要な労働時間」とはそうした性格のものです。しかし，常に社会の一部には，そのような単純労働とは見なせない複雑な労働が存在しています。また，平均的な強度よりも高い労力を支出する労働も存在します。こうした労働は，経験的に平均的な労働以上に評価されていますが，それは平均的な単純労働を基準とし，その数倍の労働として社会的に評価されているのです。こうして，基本的には全ての労働が「社会的・平均的に必要な労働時間」に還元され比較されているのです。
(9) もっとも，アダム・スミスが言うように，社会的分業が行われる一つの原因は，労働生産性が上昇するからです。ここでは，事態を単純化するため，分業してもそれぞれの人の労働時間は変わらないという前提ですが，実際には山へ行ったり川へ行ったりする移動時間の節約などにより，二人ともより短い労働時間で目的のものを入手できるはずです。
(10) ここでは，単純なモデルから議論を出発させるために，資本による剰余価値の取得を

捨象（考慮からはずしてより基本的な部分だけに着目）して，ある商品を作るために必要なすべての労働を当人だけで行うような生産主体，すなわち原材料や道具の購入を考えない生産主体を仮定して，そのような個人同士が生産物を交換することで，直接に双方の労働が交換されることを想定しています。現実の資本主義社会では，諸商品の価値にはその商品を作った最終的な労働量だけではなく，原材料や道具などの労働量（費用を補填する労働量）が付け加わり，さらに投下された資本の大きさに比例して剰余価値が再分配されることなどが加味されます。したがって，実際の資本主義的生産主体によって作られた商品の価格は，その商品を作るために必要な労働量を単純に反映したものではなく，それを基礎としつつ一定の変形（修正）をしたものとなっています。しかし，この本を通じてわかるように，労働は価値の源泉であり，諸商品の交換価値の実体であるということが，ここでの強調点なのです。というのは，社会を全体で見れば，社会を構成する人々が働きそのことで社会を維持し社会の富を増大させているからであり，また，資本主義社会全体での交換価値に示される富の増大（価値増殖）は，商品生産に提供される労働の増加なしにはあり得ないからです。さらに言えば，資本にとっての価値増殖すなわち利潤の増加は，剰余労働の増加なしにはありえないからです。

（平林一隆）

第2章　剰余価値の生成

1　課　題

　『資本論』で最初にとりあげられる商品や貨幣とは，この資本主義に先立って存在した商品や貨幣ではありません。すでに本書で取り上げた商品や貨幣はわれわれの目の前にある現実の商品や貨幣でした。身近な自動車や情報端末機器，円やドル，ユーロなどでした。商品と貨幣はこのように資本よりも基本的で簡単な概念ということになります。

　『資本論』は資本による労働者の搾取を扱っているとされます。本章のこの後でその過程が描かれることになります。そのためには，資本とはいったい何なのでしょうか。また，資本とはなにを目的とするのでしょうか。資本とはどんな運動をするのでしょうか。この目的をはたすために，マルクスは独立の一篇をあて，「貨幣の資本への転化」と題する第4章を書いています。そのうえで，いよいよ『資本論』の主題である資本をとりあげる段階として「剰余価値の生産」の篇と章を展開します。

　本章では，「貨幣の資本への転化」で論じられる資本の運動形態と資本が資本になるためのある決定的な条件について触れます。それが明らかになれば，つぎにどのようにして剰余価値が生み出されるのかについて論じることができます。

2　貨幣の資本への転化

1　資本の一般的定式

　資本とはなにと聞かれたらみなさんはどう答えますか。生産設備でしょうか。貨幣でしょうか。あるいは自動車のような商品でしょうか。じつはすべて正解なのです。資本は，変幻自在に，時には機械や原料に，時には貨幣に，またある時には商品という姿をとります。さきの質問にたいして資本のあらわれを答えたという意味では正解だったわけです。ところで，いまの例のように機械や原料，貨幣，商品を資本として理解すると，正しくありません。石斧やある工場設備があ

ればすべて資本だとなってしまいます。ある特定の形態に固定してとらえれば，人類の歴史はすべて資本の歴史ということになりかねません。また，貨幣は資本の最初のあらわれではありますが，すべての貨幣が資本であるとはかぎりません。みなさんがアルバイトで得た貨幣は，本書の購入代金になったり，飲みにケーションに使われたりするように，たんなる流通手段としての貨幣です。

それでは，たんなる流通手段なのか，資本なのかはどこがどのように違うのでしょうか。貨幣がどのような運動をするのか，その貨幣がどのような位置にあるのかによるのです。すでになじみの記号に登場してもらいましょう。商品を W（ドイツ語で商品を Ware といいます），貨幣を G（同じくドイツ語で貨幣を Geld といいます），とします。たんなる流通手段としての貨幣はつぎのようになります。

$$W-G-W$$

つまり，貨幣は商品と商品との交換を媒介します。商品の貨幣への転化（W－G つまり販売）と貨幣の商品への再転化（G－W つまり購買）になります。この意味することは最初の W と最後の W とが異なっているということです。いま自分の持っているものを他人の持っている同じものと交換することはふつうありえません。「買うために売る」ことが目的になります。この形態は資本主義の世の中である日本でいたるところで見ることのできる商品流通の形態でもあります。

いまひとつ，これとはまったく異なる運動，流通形態をとります。

$$G-W-G$$

です。この形態では，貨幣は，さきにみた形態とは異なり，出発点と終点とが同じ貨幣になっています。貨幣の商品への転化（G－W つまり購買）と商品の貨幣への転化（W－G つまり販売）です。「売るために買う」です。

さきの W－G－W は W の違いが目的でした。素材変換であり，欲望の充実や消費が目的です。ところが G－W－G は貨幣を獲得することがこの運動の目的になっています。この運動に組み込まれている貨幣が資本としての貨幣ということになります。つぎにこの運動が意味を持つ場合を考えましょう。そうです。両極の G が量的に大きさが違う場合だけです。はじめの貨幣よりも最後の貨幣が量的に多いことが必要です。G－W－G は G－W－G'（G+g）とあらわすことができます。g はこの運動をとおして増えた価値（剰余価値）をあらわします。G－W－G として流通形態を取り出しましたが，これは G－W－G' だったということになります。

この節のタイトルである資本の一般的定式は，このように G－W－G' とあらわすことができることになります。最初の G を G' にすることが動機であり，目

的ですから，この運動は制限がありません。資本の無限の運動を端的に表現する定式ということができます[1]。

2 資本の一般的定式の矛盾

さて，G−W−G'は購買と販売というふたつの段階からなりたっていました。そうすると，商品交換の原則である等価どうしの交換を前提することと矛盾することになります。等価交換がおこなわれれば，商品の流通過程（購買と販売）からけっして剰余価値は生まれません。たしかに，不等価交換（安く買って，高く売る）はどこでもおこなわれていると思われるでしょう。しかし，当事者たちにとって不等価交換が成立したとしても，社会のすべてのひとが安く買って，高く売るということはありえません。ある特定の人の不等価交換による「剰余価値」の創出は，だれか他の人の損失として計上されます。じっさい資本主義以前の社会で存在した前期的商人資本は「譲渡利潤」として手にすることができたのでした。

等価交換によっても，また不等価交換によっても，結局は流通からは剰余価値は生まれません。流通または商品交換は剰余価値を創造しません。しかし，G−W−G'とあらわされた資本の運動（流通）のなかから剰余価値を生み出しています。そこでマルクスは，ロドス島で大跳躍をしたという大ほら吹きにたいして，人びとがそれではここで跳んでみろと言ったいうイソップ寓話から，「ここがロドス島だ，ここで跳べ！」（『資本論』Ia，284ページ）というわけです。問題が整理されました。こうして資本の一般的定式G−W−G'の矛盾と条件を提示して，資本の正確な概念を考えることができるのです[2]。

3 労働力の売買

G−W−G'のG−W（購買）においても，W−G（販売）の過程でも剰余価値は生み出されませんでした。では剰余価値はどこで生み出されるのでしょうか。

G−Wによって購買した商品にその解決の鍵があるとしたらどうでしょうか。G−Wによって購買した商品をそのまま販売すれば，当然のことながら剰余価値は生まれません。その商品を消費したとすればどうなるかを考えてみましょう。価値の変化が，この商品Wの使用価値つまり商品の消費からおこると考えるのです。ふつうわれわれが商品を消費すれば商品の価値も使用価値も消失してしまいます。しかし消費することであたらしい価値を生み出す特殊な商品がこの世の中には存在します。これこそが労働力という商品なのです。

第2章 剰余価値の生成　　161

労働力は人間が労働するときの肉体的・精神的な能力すべてを意味します。労働力の消費は労働をおこなわせることによるあらたな価値の創造に結びつきます。資本が剰余価値を生みだすための条件は労働力が商品として社会に存在することです。すでに本書で触れられたように，労働生産物が商品になるのはある条件のもとです。社会的分業と生産手段の私的所有という条件がそれでした。労働力も商品ですから，商品になるためにはこの条件が必要です。さらに特殊な労働力商品は「二重の意味で自由な労働者」[3]です。第一に，身分的・人格的に自由であることです。自分の労働力を自由に処分できるということです。第二に，生産手段から自由であることです。生産手段を持っていないということです。
　われわれは生きるために衣・食・住など（これを生活手段と言います）を必要とします。もし生産手段を持っていないとなれば，みずからの労働力を売って賃銀を得て，それでもって生活手段を手に入れなければなりません。資本がこうして労働力商品と出会うことではじめて剰余価値を生み出すことができるようになります。このように，資本が資本であるためには，歴史的過程（高校で習った囲い込みエンクロージャーを思い出してください）を必要としました。言い換えると，資本（そして資本主義）は歴史的な産物であるということを意味します。
　労働力も商品ですから，労働力の価値は，労働力を生産するために社会的に必要な労働時間によって決まります。労働力はわれわれの身体にそなわる能力です。労働者を生産するということは労働者の生命・生活の維持することと同じですから，労働者の生命・生活を維持するのに社会的に必要な生活手段の価値に同じになります。生活手段は労働者自身が必要とするだけでなく，家族の部分も含まれます。これらは，国や地域によって異なります。気候などの自然的条件によっても異なります。生活手段にかかわる部分は，さらに歴史的な条件や労資関係によっても異なることになり，けっして固定されたものではありません。
　労働力は商品として一定の価値をつけて市場で売りに出され，資本はこれを買います。この時に，資本は機械や原料をも買います。労働力の消費過程は同時に商品の生産過程になります。この生産過程はまた剰余価値の生産過程でもあります。ここにいたって，われわれも商品の生産過程（＝剰余価値の生産過程）に入っていくことができます。マルクスは，こう言っています。「天賦人権の真の楽園」から「生産という秘められた場所に，"無用の者立ち入るべからず" と入口に提示してあるその場所」（同上，300ページ）にいよいよ歩みを進めることになります。

3 剰余価値の生産

1 労働過程

すでにみたように，資本の運動形態は G – W – G' であらわされました。この運動が意味をもち，その内容を可能にするものは労働力商品でした。それでは資本が労働力を購入し，どうすれば剰余価値を生み出すことができるのでしょうか。

商品は一面で使用価値であり，他面では価値でしたから，商品の生産過程は一面で使用価値の生産過程であり，他面では価値の形成過程ということになります。資本主義においては資本による剰余価値の獲得を目的として商品の生産がおこなわれます。『資本論』において商品の分析がまず使用価値として分析されました。それと同じように，資本主義における生産も使用価値の生産過程としてみることが必要です。これを労働過程といいます。使用価値をつくる労働過程は，使用価値をつくる合目的的活動です。たとえどんな社会体制や社会的形態とも無関係です。資本主義社会でなくても使用価値をつくる労働は必要だからです。人間は意識的に自然に働きかけ，自分の欲しいもの，有用なものを取り出します。人間と自然とのあいだには物質代謝がおこなわれ，これを媒介するのが労働過程です。このように，労働過程をなりたたせている第一の要素が労働そのものです。蜘蛛やミツバチは本能にしたがってとても緻密な作業をすることで知られていますが，「もっとも拙劣な建築師でももっとも優れたミツバチより最初から卓越している点は，建築師は小室を蝋で建築する以前に自分の頭のなかでそれを建築してい」（同上，304-5 ページ）ます[4]。

労働過程の第二の要素は労働対象です。土地は一般的な労働対象ですし，魚，鉱石，水，石油など自然界に存在するものと機械工場の鉄などのようにいったん人間の手が加えられたもの（原料）も労働対象です。

第三の要素は労働手段です。フランクリンは人間を「道具をつくる動物」と表現しました。人間は道具や機械を使って労働対象に働きかける手段にします。人間以外にも道具を使ってエサを獲る動物がいます。人間に立つ場所（土地），建物，運河などのような物的諸条件も労働手段に入れることができます。

人間が主体的で人的条件である労働をもって，労働手段をもちい，労働対象に働きかけることによって生産物が生み出されます。その意味で労働対象も，労働手段も生産に必要な客体的で物的条件になることから，あわせて生産手段といいます。資本主義の特徴は，人的条件と物的条件とをともに商品として購入し，資

本の指揮のもとで生産するひとつの社会システムというところにあります。

2　価値形成過程と価値増殖過程

　資本の一般的定式 G－W－G' のもとで，資本主義的生産は労働力と生産手段を結合させて，剰余価値を生み出します。まず，資本家は必要な労働力と生産手段を購入します。つぎに両者を結びつけて生産をおこないます。さらに，生産された生産物を販売し最初に持っていた貨幣よりも多くの貨幣にかえ，剰余価値を手に入れます。この過程を図示しましょう（Pm は生産手段，A は労働力，P は生産をあらわし，点線は流通の中断を示します）。

$$G-W \Big\langle \begin{array}{c} Pm \\ \\ A \end{array} \cdots P \cdots W'-G'$$

　マルクスの資本の一般的定式によれば資本主義における生産（P）は，剰余価値をより多く獲得するための手段です。この目的とあればどんなものでも生産するということになります。ここでは労働は人間の本質的な生命活動だったものが，資本の指揮下で労働することによって，成果物である労働生産物も資本のものとなります。労働力を資本に売り渡してしまえば，労働力の使用価値である労働も，生産物も自分のものにはならないのです。

　ところで，生産手段の価値は，生産物価値の構成部分をなしていて，あたらしい価値を生み出すことはありません。そこで，問題は労働そのものが生産物に追加する価値部分です。労働過程では社会的に必要な労働時間のみが消費されます。もし，労働者が必要労働時間にあたる価値を付加したばあいには，既存の諸価値のたんなる合計からは剰余価値は生まれません（価値形成過程）。労働力の価値と労働過程における労働力の価値増殖とは異なった量です。労働者が必要労働時間をこえて労働する結果，生産物の価値は，最初生産のために投下された価値よりも多くなります。このようにして，剰余価値が発生し，貨幣の資本への転化という手品が成功することになります。流通部面での等価交換という条件はまったく侵害されることなく，価値形成過程をこえて延長することによって，労働力の価値よりも，労働力の消費である労働の生み出す価値が大きくなることによって剰余価値が生み出されることになります（価値増殖過程）。労働力の価値と労働の生み出す価値との差額こそ剰余価値であり，資本主義におけるあらゆる利潤の源泉はここにあるのです。

3　不変資本と可変資本，剰余価値率

　労働の二重性の把握は「経済学の理解にとって決定的な点」（同上，71ページ）でした。資本の生産過程においても「決定的」になります。生産過程においては，労働は，生産手段の価値を新しい生産物に移転し，あらたな価値を創造します。労働は，具体的有用労働という性格において生産手段の価値を生産物に移転させ，抽象的人間労働という性格において新しい価値を創造することになります。生産手段のうち原料と補助材料の価値部分は一度に生産物に価値を移転させますが，本来的労働手段の価値部分は摩耗におうじて部分的に価値を移転させます。労働は旧価値を維持することなしには新しい価値を創造できません。8時間労働のうちある部分までが価値を移転させ，残りの部分が新しい価値を創造すると考えてしまっては誤りになってしまいます[5]。

　資本家は生産をはじめるさいまず生産手段と労働力とを購入したのでした。これらがひとたび資本の運動に投げ込まれると，生産手段に転化した資本と労働力に転化した資本とは，生産過程においてことなった役割を演じます。生産手段に転化した資本部分は新しい生産物に全部的にあるいは部分的に価値を移転させるのにたいし，労働力に転化した資本部分は最初に投下された価値よりも大きな価値を剰余価値としてつくりだします。生産過程の最初と最後とでは資本として演じる役割が異なることから，生産手段に転化した部分を不変資本（C）と労働力に転化した部分を可変資本（V）で区別することができます。労働過程の立場からは生産手段と労働力として区別された資本部分は，価値増殖過程の立場からは不変資本と可変資本として区別されることになります。

　もし不変資本の価値が全部的に生産物に移転されたとすると，生産物価値はC+V+Mとあらわすことができます（Mを剰余価値とします）。このうちC部分は生産手段から生産物に移転された価値部分，V+M部分は労働によって新しくつくりだされた価値部分となります。剰余価値が生み出されるのはもともとの労働力の価値よりも労働力の消費によって生み出された価値のほうが大きいからでした。剰余価値の生産に関係するのは不変資本ではなく可変資本でした。ということは資本によって労働者がどれだけ搾取されているかは剰余価値の可変資本にたいする比率で正確にあらわすことができます。M/Vを剰余価値率とよびます。

　剰余価値率は労働者の一日の労働時間の構成比率によってもあらわすことができます。労働者の一日の労働時間は労働力の価値に等しい部分（必要労働時間）と剰余価値をつくりだしている部分（剰余労働時間）からなります。これらふたつの労働時間の総体がVとMをなしますから，剰余価値率は（剰余労働時間）

/（必要労働時間）としてもあらわすことができることになります。

(1) ケインズは，友人の劇作家バーナード・ショウ（一時期フェビアン社会主義に近づき，『資本論』を全巻通して読了したのはイギリスで自分ひとりと豪語したことがあります）に『資本論』をすすめられ，読んだ形跡があります。ケインズはマルクスにたいして一つのことを除いて辛辣な批判を書き残しています。それはマルクスが資本の運動をG－W－G'としたのはまったく正しい，ということでした。

(2) 「貨幣の資本への転化」は貨幣から資本へと概念の展開によって展開できるということではありません。W－G－WとG－W－Gを，資本主義の現実から取り出しているのです。また，この転化は歴史的転化を問題にしているのでもありません。資本の歴史的成立は本源的蓄積論で詳しく論じられます。

(3) 「二重の意味で自由な労働者」がなぜ存在するかは，『資本論』第1巻第24章「いわゆる本源的蓄積」についてで詳述されます。ひとたび「二重の意味で自由な労働者」が創出されれば，不断に繰り返されるという過程を意味し，たんなる歴史的過程だけではありません。

(4) マルクスの労働観はスミスの「労苦と骨折り toil and trouble」と好対照です。商品を論じた箇所で「彼（スミス：引用者注）は，商品価値に表される限りでの労働が，ただ，労働力の支出としてのみ通用するということにうすうす感づいているが，この支出を，ふたたび単に安楽，自由，および幸福の犠牲としてのみとらえ，正常な生命活動とはとらえていない」（同上，80ページ）と批判したのが想起されます。このマルクスの労働観は初期マルクスにおける疎外論の展開でもあり，本質的な生命活動から遊離した，現実に進行する労働の批判的見地に連なっていきます。

(5) シーニアの「最後の1時間」説がこれにあたります。『資本論』では一節がシーニア批判にあてられています。

（赤間道夫）

第3章　剰余価値と剰余労働　J.S.ミル，ディルク

1　剰余価値とはなにか——マルクスのJ.S.ミル批判によせて

1　剰余価値の原因は剰余労働である

さて，『資本論』第1部の第14章では，マルクスのジョン・スチュアート・ミルによる，剰余価値の理解への批判が登場します。これは，初版の『資本論』にはなかった部分なのですが，マルクスは，フランス語版でミルへの批判を付け加えたのです。

そのまえに，みなさんは「剰余価値 Mehrwert」という言葉をきちんと理解しているでしょうか？

日本語で「剰余」などというと，「余剰」とあまり異なる意味はありません。つまり，「残りもの」ということになります。では，「剰余価値とは残りものの価値か？」と考えると間違いなのです。

ドイツ語の辞書を引きますと，"Mehrwert" は経済学の用語で「付加価値」という意味があります。とにかく，増大した分の価値という意味です。さらに，ドイツ語で "Mehrung" と引きますと，「増加」とか「増大」の意味になります。つまり，「剰余価値」とは，残余の価値ではなくて，増加した価値なのです。そういう意味では，「増加価値」とか「超過の価値」と訳したほうが，わかりやすかったのかもしれませんね。

とりあえず「超過の価値」という意味で使いますと，なにを超過した価値なのでしょうか？　それは，可変資本（労働力の価値）を超過した分の価値です。つまり労働者が，自分の賃金に該当する価値をあがなって，そのうえで，なお余計に労働した結果が「剰余価値」です。

ところで，言うまでもなく，「剰余価値」の原因は「剰余労働」です。つまり，必要労働部分を超えて労働した時間が，「剰余労働」なのです。

この点で，マルクスはおもしろい例を出して述べています。

「東アジアのパン伐採者が，自分のすべての欲求を満たすのに週に12労働時間を必要とするとしよう。自然の恵みが彼に直接に与えるものは，多くの暇な時間

である。……資本主義的生産が導入されるならば，この正直者は，一労働日の生産物を自分自身のものにするためには，おそらく週に6日間も労働しなくてはならないであろう。（……）自然の恵みが説明するのは，なぜ彼の必要労働時間が週のうち1日に限定されるのかということだけである。」(『資本論』第1部第14章)

　未開地方の住民が満足に生活するためには，一週間に一日だけ，12時間，労働すればよい。しかし，もし植民者がやってきて，勝手にプランテーションをつくり，住民を強制的にそこで働かせるようになったら，その住民は，1週間に6日労働しなくてはならない。もちろん，彼が余計に働いた5日間は，「剰余労働」です。そして，その剰余労働時間に作られた剰余生産物は，植民者のものになります。また，その剰余生産物に含まれている価値は，剰余価値ということになります。住民に与えられるのは，一日で作られた生産物です。

　したがって，剰余価値の原因が剰余労働である，という考えがいかに重要であるか分かるでしょう。つまり剰余価値とは，強制されて延長させられた剰余労働の賜物なのです。

　『資本論』の内容を知っている人にとっては，これは自明の事実かもしれません。しかし，古典派経済学は，なかなかこの認識にたどりつけなかったのです。

2　古典派経済学が剰余労働を見過ごした理由

　まずマルクスは，リカードウが剰余価値の源泉，つまり剰余労働に無関心だったということを指摘します。でも，これは不思議ですね。リカードウといえば，スミスから受け継いだ投下労働価値説をさらに精密に組み立てた経済学者です。そして，剰余価値にあたる価値を「利潤」と呼んでいました。だから，リカードウが「利潤（剰余価値）」の源泉を探究しようとしなかったことは，奇妙なことだと思いませんか？

　リカードウは，投下労働価値説をとにかく一貫して論じた人です。ですから，「利潤（剰余価値）」に該当する部分が「価値」であるということは知っています。価値の実体は，労働でしたね。だから，リカードウは，「利潤（剰余価値）」に該当する価値部分の実体が「労働」であるとは知っていたのです。

　しかし，リカードウは，「利潤（剰余価値）」の実体が，単なる「労働」ではなく「剰余労働」であるとまでは，結論できませんでした。というより，結論する必要がなかったのです。

　なぜでしょうか？　なぜなら，リカードウにとっては，労働日の長さは所与であり，それ以上疑う必要のないものだったからです。また，労働者の賃金額も所

与であり，それ以上疑う必要のないものでした。

　本来ならば，賃金に該当する価値部分（必要労働時間）を，強制的に超えて労働させられた時間部分が，剰余労働です。しかし，リカードウはこの強制と被強制の関係を見ませんでした。

　したがって，剰余労働の時間は，リカードウにとっては，自然が与えてくれた「残余の時間」の意味しかなかったのです。リカードウにとって重要だったのは，次のことです。利潤を計算するにあたって，所与の日労働の時間から，生活必需品を生産する時間（必要労働時間）を差し引くことです。この引き算によって，利潤の実体となる労働時間が算出されることになるのです。「（リカードウが）労働の生産性について語る場合，彼は，そこに剰余価値の定在の原因を求めるのではなく，ただ，剰余価値の大きさの原因を求めているにすぎない」。リカードウにとっての関心事は，剰余価値の原因や源泉ではなく，剰余価値の大きさの計算方法だけでした。

　さて，リカードウは「利潤（剰余価値）」の源泉を探究するには至らなかったのですが，リカードウ派の経済学者もまた，そうでした。

　たしかにリカードウの後継を自任する経済学者たちは，「労働の生産力を利潤……の発生原因として声高く宣言した」。（同，第14章）

　たしかに労働の生産力が上昇すれば，生活必需品の価値も下がり，その結果，「利潤（剰余価値）」の量も増えることでしょう。しかし，これはリカードウから一歩も前進していません。本来なら，こう言わなければなりません。生活必需品の価値は下がるので，「利潤（剰余価値）」の量もその分だけ増えるが，労働日が一定であるのは，資本による強制の結果である，と。ここまで言って，はじめてリカードウを越える進歩です。しかし，それは資本家階級にとって不都合な真実です。したがって資本家階級に嫌われたくない経済学者たちは，この問題に立ち入ることを避けたのでした。つまり，経済学者たちは，剰余労働の強制という真実の関係は知っていました。しかし，それを言えば支配者ににらまれることになります。だから，知っていても口を閉ざしていたのです。

3　ジョン・スチュアート・ミルのまちがいはどこにあるか？

　リカードウ派の経済学者たちは，「利潤（剰余価値）」の原因を「公然の秘密」として隠匿しました。しかし，その経緯を知らないで，「利潤（剰余価値）」の原因がわかったと吹聴した人がいたとしたら，とても愚かな人に見えるでしょう。マルクスは，ジョン・スチュアート・ミルをそのような経済学者として描いています。

　「利潤の原因は，労働が，労働の維持に必要であるよりも多くを生産すること

である」とミルは言います。

　しかし，この結論は，リカードウならびにリカードウ派から一歩も前進していません。リカードウにとっては，労働日は所与であり，生活必需品の価値を生産する労働時間は，所与の労働日よりも小さいのです。したがって，リカードウにしてみれば，労働者が，自分の生活必要品よりも多くの生産物を生産するというのは，あたりまえのことなのです。

　では，どう言えばよかったのでしょうか？さしずめ，こう言ったなら，マルクスも及第点を与えたかもしれません。

　「利潤の原因は，労働者が，労働の維持に必要であるよりも多くを生産『させられる』ことである」と。

4　古典派経済学の剰余価値率

　さて，リカードウやリカードウ派の経済学者たちが，「利潤（剰余価値）」の原因や源泉を問題にせず，その計算方法だけを問題にしたことは，先に述べました。つまり，一定の日労働から賃金に当たる価値を引いたものが，利潤であったわけです。したがって，もし彼らが，「剰余価値率」を意識していたとすれば，それは，おおよそマルクスのものと違ったものにならざるを得ません。

　マルクスの剰余価値率の計算式はこうでした。

$$\frac{剰余価値（m）}{可変資本（v）}=\frac{剰余価値}{労働力の価値}=\frac{剰余労働}{必要労働}$$

（同上，第15章）

　しかし，リカードウ派にとって問題だったのは，一日に生産された価値のうち，どの程度が剰余価値量（利潤量）であるか，ということでした。したがって，

$$\frac{（剰余労働）}{（労働日）}=\frac{剰余価値}{生産物価値}=\frac{剰余生産物}{総生産物}$$

ということになります。

　上記の式で「剰余労働」と「労働日」が，丸カッコでくくられているのは，古典派経済学が，剰余労働という概念を無意識においてしか把握していなかったからです。

5　剰余労働の運動をめぐるリカードウとマルサスの対比

　さて，以上のごとく，リカードウおよびリカードウ派は，労働日を固定的なも

のとみなしていました。この点で面白いエピソードがあるので紹介しましょう。1799年から1815年のあいだ、イギリスでは生活手段の価格が上昇しました。もちろん、それに合わせて名目賃金の額も上昇したのですが、それでも、生活水準の低下を阻止することはできませんでした。しかし資本家たちは、名目賃金が上昇したことに危機を感じ、「労働の強度の増大と労働時間の無際限な延長」（同、第15章）に走ったのです。

その時代の生き証人として、経済学者マルサスがありました。彼は、リカードウのライバルであり友人であり、思想的には地主の利益を代弁する保守派の人物だったのですが、パンフレットで次のように書き記しているのです。

「穀物（賃金のこと）と労働と〔の価格運動〕が、完全に一致することは、まれである。しかし、この両者がそれ以上には引き離され得ない一つの明白な限界がある。……労働諸階級の異常な努力は、個個人にはおおいに称賛すべきことであり、また確かに資本の増大には好都合である。しかし、人道的な人であるならだれでも、そのような努力がいつまでも続くことを願わないであろう」（同上、第15章）

つまりマルサスは、その物価騰貴の時代に、労働者の搾取が急激に強まったことを人道的な見地から批難しているのです。では、リカードウは当時、なにをしていたのでしょうか？ リカードウは、物価騰貴の原因が、農耕労働の生産性の下落にあると判断しました。そして、その物価騰貴のために、「利潤（剰余価値）」の下落を引き起こしたと、主観的に結論したのです。

リカードウのこの「結論」には、ひとつの間違った前提がありました。それは、ほかならぬ「固定的な労働日」という仮定です。リカードウは労働日が固定的だと仮定してしまった。だからこそ、生活必需品の値上がりが「利潤」の下落に直結したという結論に達してしまったのです。

マルサスは現実を直視して、その旨をパンフレットで警告しさえしました。しかし、リカードウは、その現実を無視した。その違いは、どこに起因するのでしょうか？

その問題についてヒントとなるリカードウの自身の叙述があります。例の、1799-1815年までの事態に直接の関係はないが、リカードウ自身が友人マルサスとの考え方の違いを述べたものとして、面白い資料が存在します。それは、リカードウがマルサスに宛てた手紙のなかに存在します。

「幾度となく討論をかさねてきた諸問題にかんするわれわれの意見の相違の大きな原因は、あなたがいつも直接的な、そして一時的な効果を考えていらっしゃるのにたいし──私はこういう直接的な、そして一時的な効果をまったく度外視して、

それらの変化から生じてくる事態の永続的な状態にもっぱら注意を向けている点にあると思います。おそらくあなたは，これらの一時的効果をあまりに高く評価なさるのにたいして，私はそれらをあまりに過小評価しようとするのでしょう。」

ここには，経済への観察に際してのリカードウとマルサスの区別がはっきり現われています。リカードウは永続的な法則を追求するのに対し，マルサスは一時的な現象を追求する。この方法論の違いについては，マルサス自身も返信にて認めています。(「リカードウからマルサスへ（1717年1月24日）」『デイヴィッド・リカードウ全集』第Ⅶ巻，142ページ，中野正監訳，雄松堂出版）。

たしかに，経済学の原理を執筆するためには一時的な現象にとらわれず，永続的な法則を考究するほうが，学問の姿勢として正しいことでしょう。その意味でリカードウの方法のほうが正しいのです。しかし，現実を直視している人は，一時的な現象を誇大に評価することがあったとしても，ときに真実を言い当てる場合もあるでしょう。

リカードウが書斎のなかで仮定したうえで得た結論と，マルサスが現実に直視して得た結論，今回はマルサスに軍配が上がったと言えそうです。（齊藤彰一）

コラム③

トヨタ生産方式の特徴とは？

「トヨタ」といえば，誰もが知る日本の大企業です。この会社の「成功」のカギは，どこにあるのでしょうか。これにはいろいろな説があります。たとえば，部品を作るための「金型」の取り換え作業が，トヨタの場合，きわめて少ない時間で済むといったもの，これによって，多品種少量・大量生産が簡単に実現できる，というメリットを強調するものがあります。あるいは，労働組合との「円滑なコミュニケーション」を重視しているものもあります。

むろん，トヨタが自賛しているように，徹底したムダの排除という原則も，忘れてはならないことです。ムダというのは「作業していくうえでなんら必要のないもの」です。たとえば，手待ち時間，意味のない運搬，などがそうだと言われます。そのムダを省く努力には，それだけを見れば，不合理とは言い切れないものもあり，トヨタ生産方式をほめたたえる書物が多く存在する理由ともなっています。

しかし，多くのトヨタを賛美する書物が述べるように，トヨタ「成功」のカギは，それだけなのでしょうか？ここでは，トヨタの労働時間の長さ，つまり絶対的剰余価値の生産という観点から説明することにしましょう。

トヨタ生産方式を学術的に分析した『トヨタ企業集団と格差社会－賃金・労働条件等にみる格差創造の構図－』という書物では，トヨタの，とりわけ長い労働

時間について分析の光が当てられています。その本によれば，トヨタの場合，同業のホンダに比べて「所定外労働時間」（残業時間および休日労働）が長い，という分析結果がなされています。

年度（年）	2001	2002	2003	2004	2005	2006
トヨタ 所定内労働時間（時間）	1936	1903	1896	1897	1885	1877
トヨタ 所定外労働時間（時間）	239	240	263	276	286	248
トヨタ 総労働時間（時間）	2175	2143	2159	2173	2171	2125
ホンダ 所定内労働時間（時間）	1952	1952	1952	1952	1944	1952
ホンダ 所定外労働時間（時間）	213	150	164.7	139.05	150.45	157.05
ホンダ 総労働時間（時間）	2165	2102	2116.7	2091.05	2094.45	2109.05

　左ページに見られるように，ホンダよりトヨタのほうが所定外労働時間が長いようです。所定内労働時間については，ホンダのほうが長いのですが，トヨタは，所定外労働時間の長さによって，合計の労働時間を上回っています。

　この原因は何でしょうか？ホンダの場合，長時間労働を行なわせる場合には，食事の時間が確保されており，実労働時間が短い，ということが挙げられます。またホンダの場合には，シフトとシフトの間に空き時間がもうけられておらず，それゆえ残業の発生しにくいシステムになっていることも挙げられます。また労働組合との三六協定も，トヨタでは協定そのものが努力目標でしかありません。これに対し，ホンダの場合には，残業規定がきちんと存在し，労働者が残業を免除される曜日が存在します。また三六協定の締結期間も，ホンダの場合，年に4期間あり，弾力的に見直すことができるものとなっています。

　つまりホンダの場合には，トヨタにと比べて緊張感ある労資関係が存在し，そのために残業時間が少なくなっていると結論することができるでしょう。

　そうなると，トヨタにおける「円滑な労使関係」というのは，同社の長時間労働を容認する関係でしかないといえます。労働組合がしっかりしているか否かで，これだけ違うのですね。なお，マルクスは『資本論』の第1部第8章「労働日」において，労働時間は，労資の力関係によって決まる，と述べています。19世紀の書物が，まさしく現代の事態を適格に表現していることに，驚きを禁じ得ません。

　表は，浅野和也氏が，全日本金属産業労働組合協議会『2003年度IMF-JC加盟各組合労働諸条件一覧』から作成したものを，筆者が一部抜粋（猿田正樹編著『トヨタ企業集団と格差社会』ミネルヴァ書房，2008年，189ページ）。

参考文献
門田安弘『新トヨタシステム』（講談社，1991年）
猿田正機　編著『トヨタ企業集団と格差社会－賃金・労働条件等にみる格差創造の構図－』（ミネルヴァ書房，2008年）

（齊藤彰一）

2　ディルクとマルクスの「剰余労働 - 自由時間」論

1　マルクスのディルクへの評価

　マルクスが『剰余価値学説史』において「経済学者たちに対する反対論」という見出しのもとで最初に取り上げるのが『国民的苦難の根源と救済策。…ジョン・ラッセル卿あての書簡』(ロンドン，1821年)[1]です。この著作は40ページほどの匿名のパンフレットで，当時，よく知られていないものだったとマルクスは記しています。しかもその内容は，決して理論的な論文ではないとも評価しています。

　それにもかかわらず，このパンフレットには「リカードウを越える」理論的進展があるとしてマルクスは極めて高く評価します。事実，マルクスは自身の経済理論の形成途上でこのパンフレットを読み，自分のノート（『資本論』草稿）にこのパンフレットの一文を幾度も引用しています。

　理論的論文とは言えず，世間では知られていなかった匿名のパフレットについて，マルクスが極めて高く評価した点とは何であったのでしょうか。まずそれをここでの主題としましょう。

　『剰余価値学説史』での当該項目でマルクスが展開する論点は多岐にわたりますが，焦点をマルクスが高く評価した点に絞り込むと，次の2点が挙げられます。

　①　剰余労働論：剰余価値（その具体的形態である利潤，利子，地代）を剰余労働に還元して把握していること

　②　自由時間論：「富とは，自由に利用できる時間であって，それ以外のなにものでもない」という自由時間の思想と理論

　この両者は密接に関連します。もっとも，このパンフレットの著者であるディルク（Charles Wentworth Dilke, 1789-1864）[2]がこれらの論点を自覚的に展開しているわけではありません。あくまでもマルクスがディルクから読み込んだ論点というべきでしょう。以下，その剰余労働論と自由時間論についてみていきます。

2　ディルクにおける剰余労働の認識

　まずディルクの剰余労働の規定をみてみましょう。

　——剰余労働とは彼自身および家族の維持と安楽のためにのみ所有されるものを超えた個人のあらゆる労働の代表物である——（邦訳248ページ。以下，邦訳とある場合，前掲注(1)の邦訳を指します。なお，以下，——（ダーシ）で囲まれた箇所は，

本邦訳から要約して引用したものです。)

　この叙述からディルクは剰余労働を，したがってまた必要労働を明確に把握していたことがわかります。労働者が自分自身とその家族を養うために必要な生活手段の価値の総計に等しいものが必要労働であり，それを超える労働部分が剰余労働となります。

　また，ディルクは労働者の剰余労働が自分のものにならず資本家に取得されること，また必要労働の切り下げによって剰余労働が増大することを次のように示します。

　——労働者がパンを食べていたときは，彼は自分自身と家族との維持のために月曜日と火曜日との労働をとっておくことが必要だったとすれば，馬鈴薯では彼は月曜日の半分の労働を必要とするだけとなる……そして残った月曜日の半分と火曜日全部を，国か資本家のために利用することができるのだ——（邦訳，276ページ）

　マルクスはこの叙述について，資本家の得る利潤が，労働者がその等価を受け取ることのない労働時間（剰余労働の取得）に直接に帰着させられている，とコメントを付しています（『マルクス資本論草稿集7』，大月書店，1982年，290ページ）。すなわちこの例では，労働者がパンの代わりにより安い馬鈴薯を主食とすれば，それをまかなうためには月曜日と火曜日の労働ではなく，それより少ない月曜日の半分の労働ですむことができ，余った月曜日の半分と火曜日全部の労働は剰余労働として国家や資本家に取得されるのだ，ということです。

　ディルクは，それまでの経済学の理論的批判を行なっているわけではなく，また自らの経済学上の進歩を自覚しているわけでもありません。しかしこのように，A. スミスやD. リカードウにあっては「どこでも絶対的な形態では表明も確定もされていない」こと，すなわち利潤や利子，地代を剰余労働として明確に把握し，それを一貫させているのです。これがマルクスをして「リカードウを超える本質的な一進歩」（同上，288ページ）と評価させたディルクの先駆的な理論面でした。

3　マルクスによる剰余労働論の展開

　では，なぜ剰余価値を剰余労働として捉えることが重要なのでしょうか？

　これが剰余価値の認識にとって決定的であることをマルクスは『資本論』で次のように述べます。「価値一般の認識にとっては，それを労働時間の単なる凝固……として把握することが決定的であるように，剰余価値の認識にとっては，それを剰余労働時間の単なる凝固として，単なる対象化された剰余労働として把握

することが決定的である」

マルクスは続けて述べます。

「この剰余労働が，直接的生産者すなわち労働者からしぼり取られる形態だけが，もろもろの経済的社会構成体を区別するのであり，例えば奴隷制の社会を賃労働の社会から区別する」(『資本論』Ia, 369ページ)

これら二つの文章は一体のものですが，ここでは上記のように前者と後者にわけて考えてみます。

剰余価値概念の基礎としての剰余労働の把握　利潤，利子，地代とは剰余価値が現実に現れる形態，つまり剰余価値が資本家や地主の手に入るときの形態です。剰余価値とはいまだこうした具体的な形態として把握されない一般的形態であり，その独自な法則を解明するのがマルクスの剰余価値論です。

資本の立場で見れば，生産に投入した前貸し資本の価値よりも，その生産の結果である生産物の価値の方が大きいことが必要で，その差額が剰余価値（利潤）となります。しかしこれでは，その剰余価値の源泉とはいかなるものか，どのように発生するのかは明らかではありません。

労働者の立場から見れば剰余価値とは何でしょうか。先ほどのディルクの剰余労働の規定を言い直せば，一労働日のなかで労働者の一日の生活に必要な生活必需品と等しい価値を生み出す労働時間が必要労働時間であり，それを超えて行なわれる労働は，彼が取得できない労働時間，すなわち剰余労働時間になります。剰余価値とは必要労働を超えて延長される労働が価値として対象化されたものに他なりません。そして資本家や地主が手に入れる利潤や利子，地代は，この剰余価値がそれぞれにとる具体的形態なのです。つまり資本家や地主が手にする「儲け」の実体とは，労働者の剰余労働に他なりません。また，利潤や利子，地代を剰余価値という一般的な概念で包括できるのは，それらの実体が剰余労働であるという共通性，一般性に基づいているからなのです。

このように，マルクスがそれまでの古典派経済学から自分の経済学を区別する重要なメルクマールとして挙げてきた，利潤や利子，地代から区別される剰余価値とは，その実体的源泉としての剰余労働の把握によってのみ，その認識が基礎づけられるものといえます。このような意味で，剰余労働を把握することは，マルクスの剰余価値論の根幹なのです。

剰余労働の取得形態と階級社会　次に後者の文章をみましょう。ここでマルクスは，剰余労働の取得と提供のあり方が諸種の社会の区別をもたらすと述べています。資本主義社会より以前の社会，例えば奴隷制社会では，奴隷の所有者が奴

隷を直接に強制して労働に駆り立てることで剰余労働を取得する社会であり，封建制社会では，土地を所有する領主が所有地の農民に夫役労働などを課して（経済外的強制）剰余労働を取得する社会でした。資本主義社会では，人格的には自由な労働者が，労働力商品の売買を媒介にして剰余労働を強制されることになります。他の社会と違って剰余労働の強制は目に見えにくいものですが，労働者は必要労働だけで労働を終えることはできず，必ず剰余労働を行うことでしか賃金（必要労働）を得ることができません。つまり，形を変えた剰余労働の強制といえるのです[3]。

このように，剰余労働の取得と提供のあり方が社会を区別するとともに，これらの階級社会では一方の階級による他方の階級への剰余労働の強制（搾取）が基本的な社会関係ということができます。剰余労働の認識は，このような階級社会の区別と共通性を浮き彫りにします。

剰余労働の性格　ここで改めて剰余労働の定義に立ち戻り，そもそも，この「必要労働を超える労働」の社会的，歴史的な意味とは何かを問うことにしましょう。マルクスによれば次のようです（『資本論草稿集4』296-297ページ，参照）。

階級社会では，社会の上部構造全体が労働者の剰余労働を存在条件としていることは明らかだとして，搾取する階級が剰余労働から得るものとして次の2点を挙げます。

(1) 生活物資……剰余労働による生産物を対価なしで取得し，生活することができる。
(2) 余暇のためであろうと直接に生産的，実用的でない活動（例えば戦争，国家機関，芸術，学問などのための活動）であろうと，彼らは自由に処分できる時間を受け取る。

端的に言えば，搾取する階級は自分が生きるために必要な労働をする代わりに他の階級から剰余労働を取得してそれに充当し，必要労働時間を自由な時間へと転換しているわけです。この自由な時間とは，生きていくためにせざるを得ない時間ではなく，さまざまな領域での人間の創造的活動，人間的発達を可能とする使い道の自由な時間です。他方で，搾取される階級では，その個人の必要を超える労働を行っているわけですから，この階級では本来得るべき自由時間を剰余労働時間へと転換させられていることになります。

このように，一方の側での自由時間から剰余労働時間への強制的転換にたいして，他方の側での必要労働時間から自由時間への転換，一方の側の労働を土台としての他方の側での諸種の発展，こうした社会関係を見ることができます。

マルクスは，これまでの社会発展とはこうした敵対を基礎とするのだと述べた上で，こうした剰余労働を労働者個人の必要の限界を超える「社会のための労働」と位置づけます。つまり，個人の必要を超えて労働が行われることで，本来，社会はそれを用いて，より生産を拡大したり，文化的な発展に充てたり，不測の事態に備えることができます。このような意味で剰余労働とは「社会と文化の全発展の物質的土台」であるとします。こうした意義を持つ剰余労働を，資本主義社会では資本が「社会の名において」取得し，生産力の発展をどの時代より強力に推し進めます（本書「生産力の発展と剰余価値」を参照）。この意味でマルクスは，資本がひとつの歴史的社会的機能を，つまりは社会発展の「担い手」としての機能を発揮するとします（『資本論草稿集4』305-306ページ，『資本論』Ⅲb，1439-1440ページ，参照）。

　それはまた，「社会のための労働」を資本家が占有して個人的に自由時間を享受することでもあります。したがって，資本家は労働者によってつくりだされた，社会のための自由な時間，すなわち文明を横領する，とマルクスは述べています（『資本論草稿集2』380ページ，参照）。

　いずれにせよ，剰余労働とは社会発展の原資であるという認識，またそれが階級社会では敵対的に取得され，対立的に自由時間を生み出し，それを基礎として社会発展が進むという認識をマルクスは持っていたと言えるでしょう。剰余労働の把握によって，社会発展のうちに潜むこうした矛盾，対立関係を認識できるのです。

　ここでディルクに戻りましょう。冒頭で紹介したようにディルクは必要労働と剰余労働を明確に把握していました。そしてそもそも剰余労働の明確な認識は，必然的に自由時間をその視野に捉えていきます。ディルクは，次のように自由時間に言及します。

　「社会がこの最高に到達した場合……人々がそれまで12時間労働していた所で現在6時間労働し，そしてこれが国民の富であり，これが国民の繁栄であるということになりましょう……富とは自由であり―休養を求める自由であり――生活を楽しむ自由であり――心を発展させるべき自由であるのです。それは自由に使用してよい時間であり，それ以上のものではありません」（邦訳，251-252ページ）

　人々は一日12時間ではなく6時間の労働を行うだけですむようになり，残りの時間が労働者の自由に利用できる時間になったとき，これこそが社会の真の富である―という認識です。ディルクは，万民が必要労働を行うだけですむ社会を想定しているわけです。こうした認識は，必要労働と剰余労働の明確な把握を示

しており，それゆえディルクに自由時間への言及をもたらしているのです。

4 自由時間論

ディルクは，資本蓄積の発達が資本に労働を与えなくなるとき（後述），労働者は一日12時間の労働ではなく6時間の労働ですむのだといいます。言い換えれば，資本に剰余労働が取得されているからこそ，労働者は生きていくのに必要な分を超えて労働させられているのだ，ということになります。こうしたディルクの労働時間短縮の論理とは，剰余労働から自由時間への転換の論理といえます。

マルクスはどうでしょうか。マルクスも基本的にこの論理を承認します。とはいえ，ディルクとマルクスとでは大きな違いがあります。それは，この剰余労働から自由時間への転換がどのようにおこなわれるのか，その条件とは何かをめぐる問題です。ここではこうした問題を簡単に見てみましょう。

資本蓄積の「自然的」「必然的」結果としての転換——ディルク　ディルクは，「社会の最も単純な状態」の結果を次のように考察します。

——その国の全労働が，全人口の維持のためにちょうど十分なものを生産する場合，この社会には剰余労働は存在せず，資本として蓄積するものは何もない。その国の全労働が，全人口を2年維持するのに必要なものを1年で生産できる場合，人々は2年目には労働をしないか，機械の生産など直接に生活手段の生産ではない労働に従事することができる。3年目には，1年目とおなじように全労働がおこなわれるが，機械による生産が進展するため，1年目よりも多くの生産物がもたらされる。こうしてまた，より多くの剰余生産物が生み出され，そしてそれが利用されて生産力が増進していくことで，「人々がしばらく生産的労働をやめなければならない」ときまで生産物は増加し続けるだろう。——（邦訳，249-250ページ）

ディルクは，このような例を用いて機械制生産による生産力の発展が，本来，労働時間を短縮することを端的に示そうとしています。

その上でディルクは，こうした生産力の発展は，資本主義社会では資本蓄積の進行（資本の増加）にともなう「資本の価値減少」（資本が取得する剰余価値が比率的に減少すること＝利潤率の低下）に特徴付けられるとします。そしてこの「資本の価値減少」が，資本蓄積の「自然的」かつ「必然的」結果なのだと捉えます。

——「資本の価値減少」は自然的結果であるばかりでなく，必然的結果でもある。……もしも資本を引き続き増加させ，そして資本の価値を維持することが可能であるならば，資本に対して支払われるべき利子（剰余価値，以下同じ——引用

者）は，まもなく，労働の全生産物を超過してしまうだろう。……――資本家に支払われた利子は他人の労働から支払われる。資本が蓄積を続けるならば，資本に支払われる労働は増加し続け，資本に支払われる利子が同一である時には，ついには社会の全労働者の全労働が資本に独占されるだろう。…しかしこのような結果は生じえない。その理由は……資本が得るのは労働者の剰余労働だけであり，労働者は生きなければならないからだ――（邦訳，271-272ページ）

　ディルクは，資本の増大にともなって「資本価値の減少」がなされないなら，労働者の必要労働まで資本に取得されることになり，そのようなことは労働者が生きなければならない限り不可能なのだと述べています。したがって，ディルクにあっては資本蓄積の進行にともなって利潤率が低下し，いずれは「誰もが資本の使用に対して自己の労働を与えなくなる」（邦訳，251ページ）状態になるとします。そこでは，もはや労働者は剰余労働を行う必要がなくなり，労働時間は短縮されることになる――これが資本蓄積の「自然的」「必然的」結果なのだとディルクは考えました。

　搾取の告発　しかし，当時のイギリス社会にディルクが見たものは，それとはあまりにもかけ離れた現実でした。当時のイギリスは世界に先駆けて産業革命を果たし，「富と繁栄」を謳歌する一方で，大変な長時間労働と極めて貧しい生活にあえいでいる多くの労働者が存在したのです。ディルクは，本来到達すべき社会状態に達していないのはなぜか，と問います。

　――われわれの資本の限りない大きさ，機械，運河，道路，そして労働を助け，生産物を増大させる継続的改良とすばらしい完成にかかわらず，われわれの労働者は，自己の労働の短縮のかわりに，昔の奴隷よりも多くの時間を厳しく労働しているのはなぜなのか？――（邦訳，253ページ）

　これが彼の匿名パンフレットの主題というべきものです。「富と繁栄」にもかかわらず現在の労働者の厳しい長時間労働と困窮状態は200年前の人々より悪化しているとディルクは指摘します（邦訳，279ページ）。そしてその原因とは，彼によれば，この国の資本は「不自然」な増加[4]を伴いながら増大したにもかかわらず，その「必然的」結果であるところの「資本の価値減少」（利潤率の低下）を支配階級が「回避」したことにあるとされます。そのもっとも主要な手段が，労働者への搾取の強化だと彼は考えました。つまり，利潤率の低下を労働者への搾取の強化によって妨げているということです。ディルクは，このような搾取の強化は，労働日の非人間的な延長だけでなく，更に労働者の実質賃金を極度に切り下げるまでに至ったとして，次のように告発します。

——資本家は結局，もっと少ない労働で生産される食料を考え出し，労働者にこう言うだろう。君たちにはパンを食べさせない。なぜなら馬鈴薯を食べて生活を維持することができるからだ，と。そしてわれわれはそこまで来たのだ。——（邦訳，272ページ）

また，ディルクは当時の資料を用いて搾取の程度を独自に推計し，資本家などの「不生産階級」には農業労働者の全人口の賃金の7倍以上が支払われているとその格差を批判します（邦訳，287ページ）。

このように，ディルクは資本家による労働者への搾取の強化が，彼にとって資本蓄積の発展の結果として「自然的」「必然的」にもたらされるべき社会状態への到達を妨げ，眼前の労働者の困窮を生み出していると考え，それを厳しく告発したのでした。

資本主義社会を乗り越えることによる転換――マルクス　ディルクにあっては剰余労働から自由時間への転換は，資本蓄積の進展の「自然的」「必然的」結果として直線的に把握されています。また，その進展を妨げるものとして資本家による搾取の強化が位置づけられます。資本による搾取の強化が利潤率の低下を回避させる点は妥当性をもつとしても，資本家が搾取をやめ，労働時間の短縮にやすやすと応じることはありえないことが彼の問題意識にのぼっていません。また資本が存在しない社会と現在の資本主義社会との区分や転換の条件などがおよそ考慮されていません。つまりディルクは，資本主義的生産の理論的分析の上で労働者の困窮を問題としていませんから，諸種の点で理論的に明確ではないのです。

マルクスでは，資本主義的生産のもとでは，資本はその本性的な目的である価値増殖のために労働時間を延長（絶対的剰余価値の生産）するのであり，労働者の抵抗を背景とする社会的な規制によらなければ労働時間を制限できない（標準労働日の獲得をめぐる闘争）と考えます。また資本主義的生産は，科学技術の生産への利用などによる労働生産力の飛躍的な発展を促し，必要労働の短縮による剰余労働の拡大をもたらす（相対的剰余価値の生産）が，それは将来における自由時間の拡大を潜在的に準備するものだ，と資本主義社会での生産力発展の歴史的意義を捉えます。つまり資本主義社会での生産力の発展に基づく必要労働の短縮は，将来社会での剰余労働の自由時間への転換によって，労働時間の短縮として結実するということです。そして将来社会での剰余労働から自由時間への転換とは，資本－賃労働関係を基礎とする資本主義社会を乗り越えることで，はじめて本格的に可能なのだとマルクスは考えます。

マルクスは『資本論』第一部第15章で「労働強度と生産力が増大して労働日

が短縮される場合」を考察し,「全労働日がそこ(必要労働——引用者)まで収縮するならば,剰余労働が消滅するであろうが,このようなことは資本の支配体制のもとでは不可能である。資本主義的生産形態が廃止されれば,労働日を必要労働に限定することが可能である」(『資本論』Ib, 901-902 ページ) と述べています。つまり,剰余労働を取得する資本家階級と提供する労働者階級との分裂と対抗を基盤とする資本主義社会から,そうした階級分裂のない社会へと社会体制が転換することによって,資本が取得する剰余労働は本格的にすべての人々の自由時間へと転換されるのだと展望しています。マルクスにあっては,資本主義的生産の理論的認識のもとに,その経済システムを根本的に作り変えて別の社会へと転換することが明瞭な課題として提示されています。

資本主義社会での賃金労働者の自由時間　しかしマルクスは,労働時間の短縮を将来社会での課題であるとして棚上げしたわけではありません。資本主義社会でも標準労働日が法的に制定されることで,労働時間を制限・短縮することが可能であることを認識していました。ただしそれは,資本の際限のない剰余労働への欲求を制限することですから,労働者の抵抗とそれを背景とする社会的規制でなければ実現できません。マルクスはそうした労働時間の制限=標準労働日の確立を極めて重視しました。このことによって資本主義社会での労働者の自由時間が生み出されると考えたのです。『資本論』草稿で次のような叙述をしています。

――工場法による労働時間の強制的制限にたいして,資本は労働強度を上げる(機械の運転速度を上げる等)ことで応じた。しかし,それはまた労働者の抵抗を招き,再度の労働日の短縮を招いた。こうして,労働者にも自由な時間が生み出される。――(『資本論草稿集9』32 ページ)

つまり,資本の直接の管理・監督から自由である時間を資本主義社会での労働者が獲得できることをマルクスは認識し,その意義を重視していました。

こうした資本の直接の管理・監督から自由である時間の意義は,労働者にとってきわめて重要であることは間違いありません。しかし他方でそれは,資本主義社会である限りの限界性をもつといえます。すなわち資本の剰余労働への欲求がある限りは,常に労働者の自由時間は,資本の剰余労働へと逆の転換が生じる可能性にさらされているといえます。残業などによる労働日の延長はもちろんのこと,もっと巧妙に労働者の自由時間を侵食して剰余労働に置き換えることも資本は要求します[5]。あるいは,自由時間とは労働者が本当に自由に使える時間なのかどうか?という意味でも問われる必要があるでしょう[6]。

これらの点を考慮するならば,資本主義社会での労働者の自由時間とは,労働

─── コラム④ ───

「三六(さぶろく)協定」

　日本の労働時間が長いことはよく知られています。その最大の要因としてあげられるのは，所定外労働（時間外・休日労働）時間が長いことです。労働基準法における時間外労働・休日労働に関する規定をみると，第32条において，労働時間は1日8時間・1週40時間までと定められています。また，第35条では，1週間に少なくとも1日の休日を与えなければならないと規定されています。これらの制限を超えて労働させる場合には，つまり残業や休日労働を命じる場合には，労使間で協定を締結し，届け出なければならない，と定めるのが第36条です。そして，この労働基準法第36条に基づいて締結された労使協定のことを，一般に「三六(さぶろく)協定」と呼びます。時間外・休日労働をさせる場合には，この三六協定の範囲内でなければなりません。

　三六協定の内容は，おおよそ次の通りです。

・事業場の過半数の労働者で組織する労働組合か，それがない場合には事業場の過半数の労働者を代表する者との間で締結し，労働基準監督署に届け出なければならない。

・協定で定めるべき内容は，①時間外または休日労働をさせる必要のある具体的事由②業務の種類③労働者の数④1日および一定の期間についての延長することができる時間または労働させることができる休日。また，協定の有効期間についても定める必要があります。

　三六協定の本来の主旨は，時間外・休日労働の延長を抑制することです。しかし実際には，この本旨に反して，「協定さえ結べばいくらでも時間外・休日労働を延長できる」という認識が根強いことが問題になっています。労働基準法では，労働時間延長の上限については明確には規定されておらず，厚生労働省がその「目安」を示してはいるものの，法的拘束力はありません。

　日本の労働基準法の不備はしばしば指摘されているところですが，三六協定は，そのなかでも最大の不備のひとつといえるでしょう。　　　　　　　（玉岡敦）

者自身の監視や抵抗がなければ，剰余労働への転換や本来の自由度を失った「自由」時間へと変質させられてしまう可能性をもつといえます。

5　ディルクの意義と限界

　マルクスは，ディルクのパンフレットは労働者の困窮の原因の告発に主眼があるのだから，理論的論文である事が要求されないとしています。とはいえ，そこではディルクの限界をいくつか指摘しています。

ディルクは地代，利子，利潤を首尾一貫して剰余労働に還元して捉えており，これをマルクスは高く評価します。しかし利子という特殊な形態の名称を，剰余価値と同義な名称としても使っています。剰余労働の一貫した把握にもかかわらず，一般的な形態である剰余価値に特殊な形態の名称を与えてしまうのです。そこをマルクスに「経済的俗語に逆戻り」していると批判されます。また資本の取得する剰余労働の減少について，マルクスは二通りあると指摘します。ひとつは剰余労働が労働日とともに減る場合，ふたつには労働日は不変で資本が取得する部分が減り，労働者が取得する部分が増える場合です。前者では労働時間の短縮として，後者では労働時間は同じものの労働者の消費水準の引き上げとして現象するでしょう。こうした違いがディルクは明確ではありませんでした（『資本論草稿集7』310-311ページ）。

　それでも，ディルクが展開した自由時間の叙述をマルクスは高く評価します。「この筆者は明らかに自分ではわかっていない。それにもかかわらず，次のようなみごとな文句はやはり生きているのである。『一国が真に富裕であるのは，12時間ではなく6時間だけ労働がなされるときである。富とは，自由に利用できる時間であって，それ以外のなにものでもない』」（同上，313ページ。ディルクの引用文はマルクスによる要約です）。

　マルクスは自由時間の意義を次のように説明します。「この時間は，直接的に生産的な労働に吸収されないで，享楽に，余暇に，あてられ，したがって自由な活動と発展とに余地を与える。時間は，諸能力などの発展のための余地である」

　さらに，将来社会の展望とあわせて自由時間の享受と労働時間との関係を考察します。「自由に利用できる時間をもつ人でもある人の労働時間は労働するだけの人間の労働時間よりもはるかにより高度な質をもつに違いない」（同上，313-314ページ）。自由時間を享受する人間は，その労働の質をも変えてしまうとマルクスは考えたのでした。

　ディルクが見た当時のイギリスは，本格的な生産力の発展を開始した時代であり，労働者は過酷な長時間労働と極度の貧困にあえいでいました。ディルクの優れた観点は，労働者の困窮にたいして社会の生産力にふさわしい物質的生活の底上げを求めつつ，ただそうした物質的生活の面だけにとどまらず，それを基礎とした人間の自由の問題に踏み込み——人間は自由に使える時間をもってこそ人間としてふさわしい——という思想をもって当時の社会を告発したことにあります。とりわけ万民の自由時間を社会の生産力の発達に関連させて打ち出したことにディルクの独自な意義を見出すことができます。

このディルクの「剰余労働－自由時間」論は，経済理論の形成途上にあったマルクスに深い印象と共感を残します。彼は『資本論』草稿にその一節を何度か書き記すとともに，自身の経済理論の確立に努めていきます。そして彼の主著である『資本論』の到達点において改めてこの問題を掘り下げ，労働時間の短縮を根本条件とする，発達した物質的生産とその基礎の上にもたらされる人間の自由との関係として論じていくのです[7]。

(1) このパンフレットの邦訳は蛯原良一『資本蓄積と失業・恐慌』（法政大学出版局，2004年）246-295ページに収録されています。このパンフレットで展開されたディルクの論理については，同書241-244ページに簡潔な解説があるほか，蛯原良一『リカードウ派社会主義の研究』（世界書院，1994年）所収の「チャールズ・ウェントワース・ディルク」が詳しく紹介しています。

(2) この匿名の著者がディルクであることは日本の経済学者・杉原四郎によって明らかにされました。関西大学『経済論集』XIII，1-2合併号，1963年，15ページ，参照。

(3) 「いかにそれが自由な契約による合意の結果として現われようとも，その本質からみれば依然としてやはり強制労働である」（『資本論』IIIb，1439ページ）。一見すると自由な意思に基づく契約であっても，その背後にある社会関係をみることが社会科学にとって重要な視点といえます。

(4) 銀行券・不換紙幣の発行，信用制度の発達などによる資本の増加をディルクはこう呼びます。

(5) 例えば，よく知られているトヨタでのQCサークル（品質・生産性向上運動）は，会社側の建前では「業務外」，つまり労働者の「自由」時間でおこなわれていると説明してきましたが，労働者の過労死を問題とする裁判で，それは業務にあたると認定された事件（2007年11月30日名古屋地裁判決）がありました。

(6) 資本は，労働者の自由時間の「過ごし方」にまったくの無関心ではありえません。例えば，労働者は労働力を回復させて生産過程に復帰することが資本の再生産過程を正常に進行させる条件となる意味において，あるいは労働組合の活動など資本にとって対抗的と受け取られる活動が行われる場合，また趣味やレジャーといった自由時間における（商品の）消費行動など，労働者の自由時間であっても，それが資本の価値増殖に関与するのであれば，資本はやはり関心（ないし干渉）を向けるでしょう。

(7) 『資本論』IIIb，1438-1441ページ。人間社会における自由の問題を，労働日の短縮を根本条件に据えて，人間と自然との物質代謝を基礎とした「必然性の王国」とその彼岸としての「自由の王国」として展開しています。

（久保誠二郎）

第4章　労働日と剰余価値の生産

1　労働日の二重の制限

　労働日（Arbeitstag, working day）とは一日の労働時間のことです。本章では，この労働日の長さについて考えます。労働者は彼の商品である労働力を資本家に販売します。このとき，労働日は決まります。この決定と，労働力商品の売買とはどのように関係するのでしょうか？

　労働日は必要労働時間と剰余労働時間の和です。必要労働時間は，労働者が彼の労働力の価値を再生産するのに必要な時間，その等価を再生産するのに必要な時間ですから，労働の強度と熟練度が与えられると，その長さは，労働者が販売する労働力商品の価値の大きさに依存します。剰余労働時間は必要労働時間を超える労働時間なので，この長さは労働力の価値とは無縁です。ここから労働日の長さは固定的なものではなく，流動的といえます。

　しかしこの変動には一定の限界が存在します。剰余労働をゼロとすれば労働日の最小限度の制限すなわち労働者が自己を維持するために一日のうちどうしても労働しなければならない部分が残ります。資本主義的生産のもとで労働日がこの制限まで短縮されることはありえないでしょう。資本主義的生産の動機あるいは目的は剰余価値の獲得にあるからです。したがって労働日の最小限度の制限を規定することはできません。

　これに反して，労働日は1つの最大限度の制限をもっています。労働日は一定の限界を超えては延長することができません。この最大限度の制限は二重に規定されています。第1に，労働力の肉体的な制限によって，第2に，労働日には社会慣習的な制限が存在します。労働者は肉体的な欲求だけではなく，知的及び社会的な諸欲求の充足のためにも時間を必要とします。前者は，労働者およびその家族が肉体的生存を確保するのに必要な生活必需品を消費するのに要する時間であり，後者は彼らの精神的生存を確保するのに必要な必需品を消費するのに要する時間であり，両者の総計が彼らの個人的な生活時間です。1日の総時間マイナス生活時間が労働時間ですが，生活時間そのものの長さは極めて弾力性に富み，

これに由来する労働日の制限も大きな幅がある，といえます。

2　権利対権利の衝突

　資本家は労働力商品を購入する際，労働力の価値を支払います。どのような商品であれ商品の使用価値は商品の価値を支払った購買者のものとなります。資本家が労働力商品の等価を支払う限り，この商品を資本家がどのように使用しようとそれは買い手である資本家の勝手です。彼が労働力の日価値を支払う限り，1日の労働力の使用は彼の自由です。資本家は剰余価値を生産するため労働力を購入したので，労働者に対して出来る限り長時間労働することを要求します。この資本家の要求は商品交換の法則に則っています。

　これに対して労働者の方はどうでしょうか。1日は24時間しかありません。労働者はこの時間内に資本家の監督下で労働すると同時に，彼の個人的な生活を行い，彼自身の，また彼の家族を再生産する必要があります。際限のない労働日の延長は労働者の個人的な生活時間を圧迫し労働力の正常な再生産を阻害します。

　労働力の正常な再生産という場合，当然30年なら30年間，労働者は働けることが前提です。労働力の日価値が1万円とすれば，この1万円は1万円×365×30=10950万円という労働力の総価値の365×30=10950分の1としてはじめて意味があります。もし労働時間が必要以上に延長され，労働者が30年ではなく，10年間で就業することが出来なくなる場合，労働者は10950万円÷(365×10)=3万円の日価値を受け取らないことには労働力の総価値を10年間で獲得できないことになります。この場合，以前と同じく1万円を支払い続けることは労働力の価値を支払ったことにはなりません。過度労働＝長時間労働が労働力の正常な再生産を阻害し，労働力の価値破壊を生み出す限り，正常な労働力商品の売買＝等価物の交換と対立することになるのです。等価交換の法則が労働者に対しても，正当な価値を支払え，さもなければ労働時間を短縮せよという要求を提起する権利を与えるのです。

　利害相反する要求は両者の力関係によって最終的な落ち着き先を見いだすことになります。したがって，『資本論』がいうように，「資本主義的生産の歴史においては，労働日の標準化は，労働日の諸制限をめぐる闘争―総資本家すなわち資本家階級と，総労働者すなわち労働者階級との間の一闘争―として現れる」[1]（『資本論』Ia，400ページ）ことになります。

3 労働日の現状と推移

1 19世紀中葉～現代

日本及び西ヨーロッパ先進資本主義諸国における最近の年間労働時間は下の表の通りで，西ヨーロッパ諸国とわが国の間には格段の差があります[2]。日本と西ヨーロッパの差は戦前来ですが，労働日の絶対的な長さに着眼したとき，西ヨーロッパ諸国でも大戦以前はこうした水準にありませんでした。

これらの諸国で，いわゆる8時間労働制が導入されるようになったのは第一次世界大戦後で，大戦前は「英・米で平均約9時間，仏・独で約10時間労働日」(『労働時間の経済学』青木書店，80ページ）でした。

さらに時代を遡ると，1860年代では，イギリスにおいても，法的規制は成人男子労働者にはなく，婦人や少年，児童労働に関する法的規制（土曜半休の60時間労働週）が彼らの労働時間も規制する関係にあったにすぎません。

2 18世紀以前：「恐怖の家」

では18世紀以前はどうだったのでしょう。『資本論』第1巻第8章「労働日」によって，この経緯をみることにしましょう。19世紀半ばにヨーロッパ諸国で少年あるいは児童労働の国家的制限として布告された労働時間は，17世紀中葉のイギリスでは血気さかんな手工業者，たくましい作男，および頑健な鍛冶屋の標準労働日でした。実際，16・7世紀の手工業者や農業労働者の3月から9月までの労働日は，朝5時から晩の7時と8時の間まで続くものとされていました。しかし食事時間は，朝食のために1時間，昼食のために1時間半，4時の間食のために半時間であり，実働は11～12時間と定められていました。ところが，これは決して実行されず，事情は労働者にとって法典の規定よりもはるかに有利でした。このため，14世紀から18世

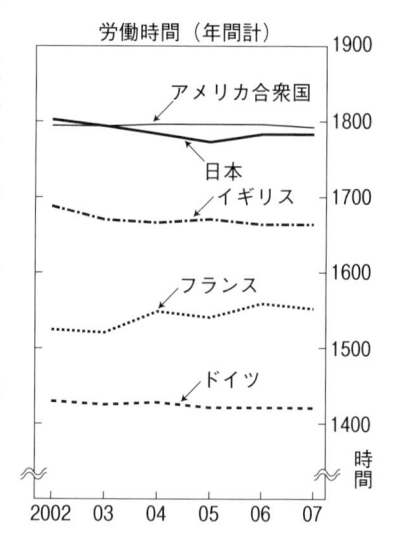

労働時間（年間計）

出所：2008/09年版『世界国勢図絵』矢野恒太郎記念会編集・発行，2008年，101ページ。

紀中葉すぎにいたるまでのイギリスの労働者規制法は，19世紀以後の工場法が労働日を強制的に短縮しようとするのに対して，それを強制的に延長しようとしたのでした。

　当時は，労働日が比較的短かったことを擁護する経済学者もいたのです。例えばポスルスウェイトは次のように述べました。

　私はこのささやかな考察を終えるにあたり労働者が5日間で，生活するのに十分なものを受け取ることができるのならば，彼はまる6日間も働こうとはしはしないという余りにも多くの人々の口に上る陳腐な言い方に注意を払わざるを得ない。このことから，彼らは，手工業とマニュファクチュア労働者とに休みなしの週6日間の労働を強制するため，租税その他なんらかの手段によって生活必需品さえも騰貴させる必要があると結論する。失礼ながら私は，この王国の労働する人々の永続的な奴隷状態を維持するために闘う大政治家とは意見を異にすると言わなければならない。彼らは「働かせるだけで全然遊ばせないとうすのろになる」，という諺を忘れている。イギリス人たちは，これまでイギリス商品に一般的な信用と名声とを与えてきた彼らの手工業者とマニュファクチュア労働者との独創性と熟練とを自慢にしているのではないか？　これはどんな事情のおかげであったのか？おそらくわが労働人民が自分なりに憂さ晴らしをするそのやり方以外のなにものでもないであろう。もし彼らが1週間にまる6日間，絶えず同じ仕事を繰り返しながら，1年中働き続けることを強制されるのならば，このことは彼らの独創性を鈍らせ，彼らを機敏かつ熟練にするのではなく，愚鈍にするのではないだろうか。そしてわが労働者たちは，そのような永遠の奴隷状態の結果，その名声を維持するどころか失ってしまうのではなかろうか？　彼らの多くはフランス人が5日間または6日間かかるのと同じ仕事を4日間でする。しかしもしイギリス人たちが永遠の苦役労働者であるべきだとすれば，彼らはフランス人以下に退化する恐れがある。

　匿名書『工業および商業に関する一論』はこれに反論します。

　週の7日目を休日とすることが神の摂理と見なされるならば，このことは，他の週日が労働に属することを含むのであり，神のこの掟を強制することが残酷だととがめるわけにはいかない。人間は一般に生まれつき安楽と怠惰を好むのであり，このことについて，われわれは，生活手段が高騰する場合以外には平均して週に4日以上は労働しないわがマニュファクチュア細民の行動から，不幸にも経験させられるのである。1ブッシェルの小麦が労働者の全ての生活手段を代表し，その値段が5シリングであって，労働者がその労働によって毎日1シリング稼ぐ

としよう。そうすれば，彼は週に5日だけ働けばよいし，1ブッシェルが4シリングなら4日だけでよい。しかしこの王国の労賃は生活諸手段の価格と比べてはるかに高いからマニュファクチュア労働者は4日間働いて週の残りを遊んで暮らす余分な金をもつことになる。おそらく総人口の8分の7がわずかしか，あるいは全く財産をもっていないわが国のような商業国家において，このような状態を放置し，群衆を増長させることはきわめて危険である。わが工業貧民たちが，いま4日間で稼いでいるのと同じ金額で甘んじて6日間労働するようになるまでは，治療は完全ではないであろう，と。この目的のために，すなわち，怠惰，放らつ，およびロマンチックな自由の夢想を根絶するために，同じくまた救貧税を軽減し，勤勉の精神を助長し，マニュファクチュアにおける労働価格を引き下げるためには，受救貧民を理想的な労役場に閉じ込める必要がある。このような労役場は恐怖の家にされなければならない。この「恐怖の家」，この「労役場の模範」では，彼らはまる12時間が後に残るように適当な食事時間をも含めて1日に14時間労働させられるべきである。

3　18世紀後半～19世紀中葉

　これに続く19世紀中葉までのイギリスはどうだったのでしょうか。この国で18世紀の最後の1/3期に誕生した大工業は労働日の牧歌的な状態に終止符を打つことになります。産業革命を契機に成人男子労働者ばかりか，婦人や少年・少女，そして児童までもが労働現場に駆り出されるようになりました。匿名書が「理想」としていた「恐怖の家」は工場制度となって現実のものになりこんどは理想が現実の前に生色を失ったのです。

　生産の大騒ぎにだまされていた労働者階級が，いくらか正気にもどるや否や，彼らの抵抗が始まります。とはいえ30年間は，彼らによってかちとられた譲歩は純粋に名目的なものでした。1833年の法以前は，児童と年少者たちは終夜であろうと，終日であろうと，またはその両方であろうと，工場主の意のままに働かされたのが事実なのです。

　綿工場，羊毛工場，亜麻工場，及び絹工場を包括した1833年の工場法以後，近代産業にとって一つの標準労働日が始まります。同法は，普通の工場労働日を朝の5時半から晩の8時半までの15時間と定め，その範囲内で年少者（すなわち13歳ないし18歳のもの）の労働時間は12時間を超えてはならず，各一日のうちに1時間半の食事時間が認められなければならないと規定していました。さらに同法は9歳未満の児童の使用禁止と，9歳から13歳までの児童労働を1日8

時間に制限し，夜間労働は9歳から18歳のもの全てについて禁止しました。

その後チャーチスト運動の高まりのなかで，イギリスの工場労働者は10時間労働制の確立を議会に迫り，1844年に追加工場法が成立します。この法は新しい部類の労働者，すなわち18歳以上の婦人たちを被保護者の分類に加え，彼女たちの労働時間は12時間に制限され，夜間労働が禁止されました。

1846〜47年はイギリス経済史で新紀元を画する年であったといわれます。穀物法や綿花その他に対する輸入関税が廃止され，自由貿易が立法の機軸となり，同時にチャーチスト運動と10時間法運動とはその頂点に達します。1847年，10時間法案が議会を通過します。同法は13歳から18歳までの少年および全ての婦人の労働日が10時間に制限されるべきことを確定しました。

先の二つの立法の場合もそうでしたが，工場主は，賃銀引き下げ（週給削減），リレー制度の悪用，詐欺や誘惑，脅迫，工場監督官の査察妨害，等々の手段によって同法の完全実施を妨げようと試みました。かれらの策謀は1850年に一定の成果をおさめ，「財務裁判所」でこの法律の無効判決を得ることになります。だが，「ただちに一つの転換が起こった。労働者たちは不屈でしかも日々新たな抵抗を行ってきたとはいえ，これまでは受動的であった。いまや彼らは，ランカシャーとヨークシャーで公然たる威嚇的集会を開いて抗議した。すなわち，いわゆる10時間法はこのように単なるぺてん，議会的まやかしだったのであり，いまだかつて存在したことはなかったのだ！と。階級的敵対は前例がないほどの緊張度に達している，と工場監督官たちは政府に切に警告した」（『資本論』Ia，505ページ）のでした。こうして妥協が成立し，1850年の追加工場法で労働日は週日平均10時間，週初の5日は毎日10時間半，土曜日は7時間半と定められ，法定の「工場労働日」も朝の6時から晩の6時までの12時間に短縮されました。

1844年の改訂までは工場法の適用範囲は前記4部門にすぎませんでしたが，1845年の「捺染工場法」によってこの範囲は広がり，1850年代の大工業の飛躍的な発展を基礎に，イギリスでは1860年以後，10時間労働制は漂白，レース，靴下，土器製造，マッチ，壁紙，製パン業等へと拡張されます。

さきに，現代の労働時間と1860年代イギリスの労働時間を比較し，1860年代のイギリスでは「労働日の法的規制は成人男子労働者にはなく，婦人や少年，児童労働に関する法的規制（土曜半休の60時間労働週）が彼らの労働時間も規制する関係にあったに過ぎない」と述べましたが，このような限定された規制であっても，それが現実のものになるには，ここに略述したような過程を要したのです。まさに，「標準労働日の創造は資本家階級と労働者階級との間の，長期にわたる，

第4章 労働日と剰余価値の生産　　191

―― コラム⑤ ――

レナード・ホーナー（Leonard Horner, 1785-1864）

　19世紀イギリスにおける工場法の歴史，標準労働日の成立過程において，欠くことのできないきわめて大きな役割を果たした，レナード・ホーナーという人物がいます。ホーナーは，四半世紀にわたり，工場法運営に携わる「工場監督官」として，法を実効あらしめるために，また標準労働日成立のために尽力しました。

　マルクスは『資本論』，とりわけ労働日に関する章において，「工場監督官報告書」からの引用を頻繁におこなっています。そして工場監督官の中でもホーナーに対しては特に高い評価を与えています。マルクスという人物は他人を褒めることをあまりしないのですが，その彼がホーナーについては，「イギリス労働者階級のために不滅の功績を立てた」と，ほぼ最大級の賛辞を呈しているのです。このホーナーとはどのような人物であり，またどのような思想をもって工場法の実施・運営にあたっていたのでしょうか。

　レナード・ホーナーは，1785年スコットランドのエジンバラに，上流中産階級に属する地元名望家の子として誕生しました。幼少時より高度な教育を受けた彼は，14歳でエジンバラ大学に入学し，道徳哲学・数学・化学を専攻します。18歳で大学を卒業すると，家業を継いで亜麻商人となり，以後24年間実業家として活動します。42歳のときロンドン大学の学長に就任しましたが，4年後にはこれを辞職。その2年後の1833年，48歳のときに，工場監督官に任命され，以後1859年に退官するまで26年間にわたってその地位にあり続けました。

　ホーナーは，単にイギリス政府の行政官として義務的に工場法を執行したのでもなければ，労働者の味方として資本家・工場主と全面的に対立したのでもありません。「レッセ・フェール」の原則を絶対視するような極端な自由主義者・個人主義者でもなければ，単なる人道主義者でもありませんでした。彼が工場法を擁護し推進したさい，その論拠として一貫して強調したのは，国民的・国家的観点からの工場法の社会的・経済的利点でした。法的規制によって工場における労働時間と労働環境を適切な水準に維持することによって，中・長期的には経済的利益は増大するのであり，それによって国家的な生産力，したがってまた国家の富も増大するのである，という主張です。利潤を最大化しようとする工場主の要求を頭から否定しようとしたのでは決してありません。むしろ，それを合理的に，社会全体の利益にかなう形で達成することをめざしたといえるのです。

　またホーナーは労働者階級の児童に対する教育の必要性を説き，その実践に大いに力を注ぎました。彼は工場労働に従事する児童の労働時間を制限するためにとりわけ努力しましたが，そのことは，それが児童の教育のために不可欠であるという信念に基づくものでした。ホーナーにとっては，児童の十分な教育のための時間を確保することが主たる目的であって，労働時間の短縮はそのための手段

にすぎなかった。そういってしまってもよいでしょう。労働者階級の児童の教育を重視したさいの彼の論拠も，それによって労働者階級の道徳的・知的水準を向上させることが生産力増大につながり，ひいては国富の増大をもたらすのである，というものでした。

　ホーナーは柔軟な，ある種の功利主義的な思想の持ち主であり，そして労働者保護のために働くにあたっては，国民・国家の利益，社会全体の利益ということを常に見据えていたのです。

（玉岡敦）

多かれ少なかれ隠されている内乱の産物」（同上，517-518 ページ）であったのです[3]。

　標準労働日の成立によって，明確になったものは何であったのでしょうか。工場監督官報告書を引用して，マルクスは次のように述べています。「『労働者自身に属する時間と彼の事業主に属する時間がついにはっきり区別されたことは，さらにいっそう大きな利益である。いまや労働者は，彼が販売する時間がいつ終了し，自分自身の時間がいつ始まるかを知っている。そして，彼はこのことを前もって正確に知っているのであるから，自分自身の時間を自分自身の目的のために予定することができる』『それら』（工場法）『は，彼らを自分自身の時間の主人公にすることによって彼らがいつかは政治力を持つにいたることを可能にする精神的エネルギーを彼らに与えた』……以前には，『事業主は貨幣以外のための時間は全くもたなかったし，労働者は労働以外のための時間は全くもたなかった』」（『資本論』Ia, 524-525 ページ，二重括弧内は工場監督官報告書からの引用）。

(1) ここで『資本論』が「階級闘争」に言及するのは，①実際の歴史に照らしたとき，標準労働日は個別資本家と個別労働者という契約当事者（＝一私人）間の力関係で決まるのではなく，最終的には国家権力が介入し，法的措置が講じられて初めて実効性のあるもになったこと，②また，労働力商品の売買が，それ自体では私人間の契約行為ではあっても，この売買があって始めて資本家および労働者の階級関係が再生産されるという認識（『資本論』第 1 巻第 21 章「単純再生産」参照）があったからでしょう。
(2) わが国の労働時間問題には，こうした一般的な統計には顕著に現れない「残業」問題があります。わが国の「残業」問題を考える場合，重視しなければならない法制度に「三六協定」があります（コラム④参照）。
(3) 念のために付言しますが，標準労働日が実際の歴史に制定される過程をみると，景気変動などの外的要因のほか，当時のイギリスではレナード・ホーナー（コラム⑤参照）に代表される工場監督官の地道な調査活動や，産業資本家と対抗関係にあった地主階級の動向もまた大きな役割を演じています。

（大村泉）

第5章　生産力の発展と剰余価値

　資本主義的生産は，機械制大工業の確立と拡大を柱として発展します。この機械制大工業の発展は，科学技術の適用などによる新しい生産方法の開発と導入——例えばコンピュータによる生産工程の管理など——によって，大規模に生産過程を変革し，不断に改良することによって，労働生産力を上昇させていきます。

　労働生産力の上昇がもたらされると，以前より少ない労働で以前と同じ量の生産物を生み出すことができるようになります。つまり労働生産力の上昇とは，生産物の生産に費やす労働量を減少させることといえます。これは生産物の価値を低下させることそのものです。

　こうした労働生産力の上昇による生産物の価値低下によって，資本は剰余価値を増大させることができます。一見するとこれは「常識」には合わないかもしれません。というのは，できるだけ高く商品を売ることが資本の「儲け」なのだという「常識」にとらわれている人にとっては，わざわざ生産物の価値を低下させて儲けることなど考えられないでしょう。しかし，資本が労働生産力を高めることで剰余価値を増大させることができるのは，生産物の価値低下を引き起こすことによってなのです。この剰余価値生産のメカニズムをみてみましょう。

1　相対的剰余価値

1　その概念

　一労働日を8時間として，便宜的に必要労働時間を4時間，剰余労働時間を4時間としましょう。ここで必要労働時間とは，労働力の価値，すなわち労働力の再生産に必要な生活手段（労働者の日々の生活に必要な消費財）の価値に等しい労働量のことです。この諸種の生活手段を生産する生産部門で，労働生産性が上昇したとしましょう。仮に2倍に上昇したとすれば，以前と同じ労働量で2倍の生産物を生み出すわけですから，生産物一単位あたりの価値は1/2へと半減することになります。つまり，それだけ生活手段が安価になるわけです。それら生活手段の価値の低下は，労働力の価値の低下を引き起こすことになります。諸種の生活手段の価値が1/2になれば，労働力の価値も1/2へと低下します。このために

一労働日における必要労働は4時間から2時間へと短縮されます。一労働日が8時間で変わらないのであれば，この短縮によって生み出された2時間分を，資本は新たに剰余労働時間に付け加えることができます。労働者は以前と変わらない生活手段を手に入れる一方で，資本家が手に入れる剰余労働は4時間から6時間へと増大することになるのです。

この剰余価値生産の流れを簡単に示せば次のようです。
労働生産力の上昇→生活手段の低廉化→労働力の価値低下→必要労働の短縮→剰余労働の増大

このように，労働生産力の上昇が労働力の価値低下を引き起こすことによって生み出される剰余価値を相対的剰余価値と呼びます。絶対的剰余価値の生産が労働日の延長にもとづくのに対して，この相対的剰余価値は労働日は変わらずに労働日内部での必要労働時間と剰余労働時間との分割の比率を変えることで生み出される剰余価値として規定されます[1]。

2 労働力の価値低下に関係する産業部門

労働者の生活手段を生産する産業部門で労働生産性が上昇すれば，もちろんそれは生活手段の価値低下を引き起こしていきます。また，そうした産業部門に原料や機械などの生産手段を供給する産業部門での労働生産性の上昇も，（それら生産手段の価値を引き下げることで）生活手段の価値低下にさまざまな度合いで関与しています。労働力の価値低下に作用するのは，このような産業部門での労働生産性の上昇であるといえます。

他方で，例えば普通の労働者には無縁なきわめて高額なぜいたく品（奢侈品）を生産する産業部門，あるいはまた戦闘機やミサイルなどの兵器を生産する軍需産業では，例外を除いて生活手段の価値形成にまったく関係しないわけですから，こうした産業部門での労働生産性の上昇は，労働力の価値低下に作用しないことになります。

3 労働生産力の発展の「成果」としての剰余価値の増大

このように相対的剰余価値の生産の基本的なメカニズムとは，社会における労働生産力の発展が，生活手段の価値低下に結びつく限りで労働力の価値低下を引き起こし，それによって剰余労働が増大することにあります。また，それによって生じる剰余価値は，一般的にすべての資本に生ずるものとなります。資本主義社会における労働生産力の発展がもたらす「成果」は，その社会のすべての資本

における剰余価値の増大として現れることになるのです。また，こうした相対的剰余価値の生産は比較的長いスパンで作用するメカニズムということができます。

ところで，個々の資本が単独でこうした相対的剰余価値生産のメカニズムを機能させることはできません。なぜなら，ここでの労働力の価値低下とはある資本が単独で引き起こせるものではないからです。つまり，その社会のさまざまな産業部門で資本が労働生産性を高めていく結果として，その社会の労働者全体に労働力価値の低下が引き起こされるのです。

では個々の資本のレベルでの労働生産性の上昇について考えてみましょう。個々の資本は単独ではこうした相対的剰余価値の生産を行えませんから，個々の資本はこのような相対的剰余価値の生産を直接の目的，動機としているわけではありません。とはいえ，現実に資本は優れた生産方法の導入に多大な精力を注ぎ，労働生産性を高めようとします。なぜ，個々の資本は労働生産性を高めようとするのでしょうか？

このような，個々の資本にとって労働生産性を引き上げる直接の目的，動機となる剰余価値の発生のメカニズムを次に見てみましょう。

4　特別剰余価値の生産と競争の強制──労働生産力の発展のメカニズム

ある商品の価値とは，社会的に平均的な生産条件のもとで，その商品の生産に費やされた労働時間であることはすでに触れました。それをここでは商品の「社会的価値」と呼びます。それに対して，ある資本のもとでその商品の生産のために実際に費やされた労働時間を「個別的価値」と呼びます。

ある資本が社会的に平均的な生産条件を備えているとすれば，そこで生産される商品の社会的価値と個別的価値は同一ですが，それよりも優れた（労働生産性の高い）生産条件を備えているか，あるいは逆にそれよりも劣る（労働生産性の低い）生産条件のもとで生産している場合には，それらの商品の個別的価値と社会的価値とのあいだには差額が生ずることになります。

例えば，ある商品Aの一単位量が社会的に平均の生産条件をもつ資本Zのもとで4時間の労働で生産されるとしましょう（社会的必要労働時間＝4時間）。この社会的平均の生産条件における労働（以下，社会的労働と記します）の1時間が4000円の価値を生み出すと仮定しましょう。すると商品Aの一単位量の社会的価値＝4時間労働＝16000円となります（労働生産性を引き上げるための機械の導入は決定的な意味をもちますが，ここでは簡単化のために機械などの生産手段の価値は除外します）。

ここで他の資本に先駆けて社会的平均より優れた生産を導入した資本Xでは，その商品Aの一単位量の生産に要する労働時間（個別的価値）が2時間であるとしましょう。他方で社会的平均よりも劣る生産条件にある資本Yでは，商品Aの一単位量の生産に要する労働時間（個別的価値）は6時間であるとします。資本Xは社会的平均の2倍の労働生産性をもっており，資本Yは社会的平均よりも低い労働生産性をもっています。

　ところで，ある商品の価格はその市場においてひとつです。商品の価値とは，あくまでもその社会的価値ですから，商品Aが市場で交換される際にはその社会的価値を基準にして交換されます。ここで資本Xと資本Yは，商品Aをその社会的価値で販売したとしましょう。すると次のようになります。

　商品Aの一単位量あたり

　資本Z　　個別的価値＝4労働時間＝社会的価値＝16000円で売る

　資本X　　個別的価値＝2労働時間（8000円）→社会的価値16000円で売る

　資本Y　　個別的価値＝6労働時間（24000円）→社会的価値16000円で売る

　社会的平均の資本Zは個別的価値＝社会的価値ですから差額は生じませんが，もちろんこの場合でも通常の剰余価値は獲得しています。資本Xは，個別的価値の2倍で売ることができました。逆に資本Yは，個別的価値の2/3でしか売ることができませんでした[2]。この結果から次のことがいえます。

　資本Xは，その個別的価値の2労働時間（社会的価値の1時間＝4000円で換算して8000円）を社会的価値の4労働時間＝16000円として販売できたということです[3]。したがって，資本Xは個別的価値8000円と社会的価値16000円との差額8000円を特別剰余価値として獲得することができます。このようにして，資本Xは他の資本よりも多くの剰余価値を得ることができるのです[4]。こうした特別剰余価値の獲得こそが，個々の資本にとって，労働生産性を向上させようとする実際的で決定的な動機となるのです。

　さて，このような特別剰余価値の獲得は先に述べた相対的剰余価値の生産とは違い，労働者の生活手段の生産に関わる産業部門のみが関係するわけではありません。どの産業部門においても獲得可能なものです。したがって，あらゆる産業部門でこうした特別剰余価値の獲得を目指して新しい生産方法の開発と導入が進められ，労働生産性を高めていくことになります。

　さて，資本Xの産業部門では，資本Xが先駆けて導入した優れた生産方法が大きな利益を生み出すことが明らかになれば，当然，他の資本も導入を目指して躍起となることになります。この結果，資本Xの優れた生産方法はその産業部門で

普及していくことになるでしょう。こうして労働生産性の高い生産方法が普及していくと，商品Aの社会的価値は資本Xの個別的価値の水準へと引き下げられて，個別的価値との差額を小さくしていくことになります。ついにその差額がなくなれば，資本Xの特別剰余価値は消滅することになります。これはまた，資本Xに新たな特別剰余価値獲得の動機を作り出し，さらに個々の資本間での競争を促すことになります。

　さて，このような特別剰余価値の獲得と消滅のメカニズムによる労働生産性の上昇が生活手段の生産をとらえたとき，すでに述べたように相対的剰余価値の生産が行われることになります。つまり特別剰余価値と相対的剰余価値とは，個々の資本による特別剰余価値の獲得を原動力として，資本全体で相対的剰余価値の生産が行われていくという関係にあるのです。

　ところで，遅れた生産方法をもつ資本Yはどうなるでしょうか？社会的平均以下の労働生産性をもつ資本Yは，平均的な剰余価値すら獲得できません。資本Yが旧来の生産方法のままであれば，商品Aの社会的価値の減少とともにますます剰余価値の低下を招いていき，資本としての存続そのものが脅かされていくでしょう。ついに剰余価値を実現できなくなれば，もはや資本としての命脈も尽きて，市場から排除される（破産・倒産する）ことになります。つまり資本主義は，社会から立ち遅れた労働生産性をもつ資本の存続を許さないのです。

　このような特別剰余価値の成立と消滅によって，また遅れた生産方法をもつ個別資本における剰余価値の減少，また排除のメカニズムによって，個々の資本は常に新たな生産方法の導入を「強制」され，労働生産性の引き上げ競争に駆り立てられることになるのです。

2　資本主義のもたらす「豊かさ」と搾取の拡大

1　機械は労働を軽減するのか？

　「これまでに行われたすべての機械的諸発明が，どの人間かの日々の労働を軽くしたかどうかは疑わしい」

　『資本論』でマルクスは，このJ. S. ミル『経済学原理』からの一文を引用し，そのようなことは資本主義的に使用される機械の目的ではないとして，機械は剰余価値生産のための手段であると述べています。さらに脚注において，機械が上流の怠け者の数を非常に増やしたことは疑問の余地がないと記しています[5]。

　機械制工場では，とうてい人間の筋力では生み出せない巨大な動力を細かに制

御しつつ，人間の手をはるかに上回るスピードと正確さで生産を行っています。機械が人間の肉体的な能力の限界をはるかに超えて生産していることは誰の目にも明らかです。そこから自然に，機械は人間の労働を軽減するはずだという捉え方が生じます。しかし機械が資本主義的に利用されるという社会条件のもとでは，これはまったくの逆説に転化してしまいます。つまり労働日を短縮したり，肉体的に厳しい労働の負担を軽くするはずの機械が，資本主義的生産のもとでは労働者をそれまで以上に苛烈な労働に駆り立てるものとなるのです。事実，歴史的に見て，労働日の延長や労働強化が激しく推し進められたのは，産業革命後の機械制大工業においてでした。

また，飛躍的に労働生産力を上昇させる機械制生産は，ひとつの錯覚—労働生産力こそが剰余価値の源泉・発生原因であるとみなす間違った認識—を生み出すことにもなります[6]。これらの点を次に考えてみましょう。

2 機械制大工業の成立

機械制大工業以前の工場制手工業（マニュファクチュア）では，生産過程の主体はあくまでも労働者と彼がもつ熟練でした。手工業である限り，その労働生産性や生産物の質は，彼のもつ熟練に決定的に依拠していたのです。その生産の進行速度が上げられたとしても，基本的には労働者の労働がその進行の速度やリズムをもたらすものでした。また労働手段（手工業の道具）は労働者が主体的に使いこなすものであって，その逆ではありえませんでした。それゆえ，生産の進行は必ずしも資本家の意図どおりには進まず，生産過程の主体たる熟練労働者の抵抗に悩まされることもしばしばありました。つまり資本の剰余価値追求は，常に労働者の熟練という手の労働（手工業的基盤）に強く制約されていたのです。

しかし機械制工場の登場は，そうした制約を大きく乗り越えていきます。機械制工場では，その生産過程が一連の機械による自律的なシステムとして労働者から独立に存在しています。機械制工場では，機械による生産のシステムを中心に生産過程が編成され，その各所に労働者が配置されるようになります。そこでの労働は，もはや熟練労働ではなく，機械による生産の進行を補助するような不熟練労働が多数となります。こうして労働者が生産過程での主体ではなくなり，むしろ機械の生産システムこそが主体となり，生産過程の進行を左右するものとなっていきます。労働者が機械という労働手段を使うというよりも，労働者が機械に使われるような状況が現れたのです。

機械が生産の主体となったことで，労働生産性を高めるための方策はもはや労

働者の熟練の向上ではなく，機械を中心としたより優れた生産方法の開発と導入による生産過程の変革が決定的な意味をもつようになったのです。

3 労働力の価値分割と女性労働者の増加

このような機械制工場の発達は資本と労働者にさまざまな影響を与えます。そのひとつが労働者の増加と労働力の価値分割です。機械労働は男女の区別を問題としないのですから，それまで家庭にいた女性を新たに労働者として雇用することができます。さらに機械労働が筋力を必要としない意味では，資本は子供ですら労働者として酷使しました。これは社会的に規制されるまで実際に行われてきたことでした。こうなると家族の主たる稼ぎ手であった成年男子労働者の労働力の価値が分割されることになります。それまでは家族の養育費も彼の労働力の価値に含まれていたわけですが，家族が働くことが一般的になれば，そうした養育費は賃金からカットされるのです。

このように機械の導入は労働者数を増加させ，また賃金分割をおこなうことによって，資本が取得する剰余価値の度合いとその対象とを拡大していったのです。

4 労働日の延長と労働強化

機械制工場の確立は，資本に労働日の延長や労働強化（後述）を追求する動機と手段を与えます。機械の導入には費用がかかるわけですから，資本家はそれをはやく償却したいと考えます。まごまごしていると，より優れた機械の開発が進められ，もはやその機械は最先端のものではなくなる（社会的摩滅）恐れが大きくなるからです。それが他の資本に先駆けた導入であり，特別剰余価値を獲得しているのであれば，この優位なうちに機械をフル稼働させたいという欲求も資本家に生じます。

また機械は，その導入によって労働者を置き換えるため，雇用労働者数を減少させます[7]。これは資本にとっての「内在的矛盾」といえます。というのも，剰余価値を増大させるために，その剰余価値＝剰余労働の源泉である雇用労働者数を減少させているからです。新しい生産方法が特別剰余価値をもたらしている間はこの矛盾は現れないでしょうが，その生産方法が広まり特別剰余価値が消滅するとこの矛盾が現れてくるでしょう。資本は，機械導入によって縮小した剰余価値の源泉（労働者の労働）を埋め合わせるために，労働日の延長や労働強化に躍起となるのです。

このように，資本による機械の導入は労働日の延長への強い欲求を生み出しま

す。しかしまた機械はそれを満たす手段でもあるのです。機械制工場では，もはやマニュファクチュアでの熟練労働者の抵抗はなく，機械は人間のように休む必要もありません。資本家は工場をそれこそ24時間操業させようとし，機械制工場はそれを可能とします。資本家は機械が止まっている時間を「損失」とみなし，機械のフル稼働のために労働日の延長を推し進めていくことになるのです。この労働日の延長は，機械の一日の稼働時間を長くするだけのことですから，追加の機械の購入や工場を拡張する必要がなく，資本家にとっては「てっとり早い」剰余価値の増大方法なのです。

　この労働日の際限のない延長が労働者の反抗を招き，労働日の法的制限を招いたことはすでに前章で見ました。しかしその労働日の制限のもとで，この機械制工場では労働日の延長に代わる方法を容易に見出していきます。機械の速度を上げる，監視する機械の数を増やす，といった労働の強化です。これは同じ時間内により多量の労働を支出させることで労働日の延長を代替させる方法です。しかも，機械の速度をあげるといったことは容易に可能ですから，機械制工場のもとでは労働強化も激しく進むことになるのです。これは労働支出の増大ですから，労働日の延長と同じく過度に引き上げられれば，労働者に回復不能なダメージを与えることになります。

　機械とは，本来，労働生産力を飛躍的に向上させることで労働日の短縮をもたらす労働手段として，また肉体的に厳しい労働の軽減を図る労働手段としての可能性をもっています。しかしそれが資本主義的生産に用いられると，労働日の短縮どころか労働日の延長と労働強化を猛烈に引き起こしてきたのです。機械制工場の登場によって，一方で資本は生産過程の支配を確立して搾取を強めることが可能となり，他方で労働者は資本への従属を深めていくことになります。まさに機械による生産（機械制大工業）は，資本による価値増殖の強力な手段，またきわめて適合的な手段として資本主義的生産の主柱となるのです。

5　労働生産力が剰余価値の発生原因か？

　この章では，労働生産力を高めていくことで剰余価値を増大させていく相対的剰余価値生産のメカニズムについて見てきました。これはともすると労働生産力こそが剰余価値の源泉であるかのような錯覚を与えるかもしれません。しかし，そもそも剰余価値とは剰余労働に他ならないのです。確かに，剰余労働は必要労働を超える労働ですから，それを可能とするためには一定の労働生産力が必要です。例えば生産力があまりにも低く，自分に必要なための労働で全生活時間を費

やす社会なら剰余労働は存在しえません。必要労働が全生活時間の全部ではなく一部になるためには一定の労働生産力が必要です。しかしこのことは，必要労働の長短に関係するだけであって，労働者が必要労働を超えて労働せざるを得ない事情には関係しません。つまり，必要労働を超える労働が強制され，資本に取得されるという社会関係があってはじめて，剰余労働すなわち剰余価値が生ずるのです。したがって，労働生産力それ自体は剰余価値の可能性を生み出すとしても，その現実性を与えるものでは決してないのです。

6　資本主義のもたらす「豊かさ」と搾取の拡大

　現代の私たちの社会は，「モノがあふれる」と形容されるような一面をもった，非常に生産力の高い社会です。また歴史的に見れば，資本主義社会は高い生産力で生み出される豊富な生産物によって，諸種の問題を抱えながらも労働者の消費水準（生活水準）を向上させてきた一面があります[8]。

　このような労働者の消費水準・実質賃金と相対的剰余価値の生産との関連について，ここで若干考察しておきましょう。相対的剰余価値の生産は，労働生産力の上昇によって生産物が価値低下を引き起こすことで生ずるものでした。これまでの前提では，労働力価値の減価分が剰余価値として資本のものとなりますから，労働者の実質賃金は不変（労働者がその賃金で買える生活手段の総量は変わらない）であり，その消費水準は変わりませんでした。

　それにたいして労働生産力の発展→生活手段の低廉化→実質賃金の上昇→消費水準の上昇の可能性について考えてみます。

　労働生産力が上昇して生活手段が低廉化した際，労働力の価値は低下しても，実際の賃金（労働力の価格）が価値まで低下しない場合がありえます。これまでの例でいえば，一労働日が8時間，必要労働4時間，労働力の価値を16000円として，労働生産力が2倍になり，生活手段が1/2に価値低下したとき，労働力の価値は8000円に減少します。賃金が価値と同じく8000円に低下しても，労働者の実質賃金は変わらず消費水準に変動はありませんが，実際の賃金がそこまで下がらずに10000円となれば，価値（8000円）との差額分2000円を労働者はそれまでの生活手段に上乗せして購入できることになります。他方で資本は既存の剰余価値16000円に増加分として6000円を加え，合計22000円を受け取ることになります。

　このように，労働生産力の増大が生活手段を低廉化させたとき，賃金（労働力の価格）が低下しながらも，労働者の獲得する生活手段の総量・範囲が増大し，

消費水準を向上させることがありえます（実質賃金の上昇）。

　とはいえ、資本主義的生産のもとでは、そもそも賃金を規定する労働力の価値はその社会において所与とみなせる一定の生活手段の総量・範囲にまず規定されます。さらに労働生産力の増大といっても、労働者が生み出した生産物は自分のものとならずにすべて資本のものとなるのですから、労働者は生産力増大の「成果」ないし「わけまえ」を自動的に受け取るものではないことも明らかです。したがって労働生産力の増大は、一義的に労働者の生活手段の総量・範囲を増大するものではありません。

　ですから、このような事例が考えられるのは、労働力の旧価値から新価値への引き下げにたいする労働者側の抵抗が強い場合です。その低下の度合い、言い換えれば労働生産力の発展の成果をどのくらい労働者が獲得できるのかは、資本と労働者の力関係にかかっているといえます。

　また、拡大した生活手段の総量・範囲が労働者の生活上で慣習的に固定され、消費水準の構成部分となれば、それがその社会での労働力の再生産に必要な生活手段として計上されることになります。

　さて、この事例においても、剰余価値率（剰余価値／労働力価値）を比べれば、以前の場合の16000/16000（100％）から22000/10000（220％）へと変わるのですから、剰余価値率は上昇しています。このことはつまり、労働者の実質賃金が上昇したとしても、労働者の生み出す価値のうち、労働者自身が獲得する部分はより小さくなり、獲得できない部分がより増大していく傾向を変えるものではないことを表しています。労働生産力の発展は、労働力価値の低下をまずもたらし、実質賃金の上昇は、その小さくなった労働力価値を起点とし、そこからの引き上げによって生じます。他方で資本は、既存の剰余価値に加えて、労働力価値の減価分を新たな剰余価値として捉えます。労働者はますます小さくなる労働力価値で低廉化する生産物を手に入れるのにたいして、資本（家）はますます大きな剰余価値を獲得して低廉化する生産物を手中にするのです。労働生産力の上昇の効果は、資本（家）の方が労働者をはるかに上回るものであることは明らかでしょう。このようにして、両者の「格差」は甚だしく拡大していくことになります。

　個々の資本での特別剰余価値との関連ではどうでしょうか。特別剰余価値は、他の資本より労働生産性を高めることで得られる剰余価値ですから、機械の開発や改良はもちろんのこと、労働編成の改良や生産工程でのムダを省くことでも労働生産性は向上します。こうした労働生産性の向上のために、ある資本がいわば労使一体となって取り組むとします。そこで労働者の意欲を高めるために、労働

生産性の向上を図るインセンティブとして賃金の引き上げを用いるとしましょう。その資本が首尾よく特別剰余価値を獲得すれば，労働者はその一部を賃金に上乗せして受け取ることになるでしょう。しかしこれもまた，先ほどの相対的剰余価値生産と同様の結果をもたらすのです。

　例えば労働生産性が2倍になり，半減した個別的価値を社会的価値で売ることができたとします。この場合の個別的労働の1時間は，社会的労働の2時間に相当します。一労働日は8時間で労働力の価値が4時間とすれば，この労働力の個別的価値は2時間へと半減することになります。賃金の上乗せとは，その資本にとっては，あくまでも半減した労働力の価値にたいする追加分として現象します。その資本においては，既存の4時間の剰余価値は社会的価値では8時間となり，すでに倍加したものを確保しています。さらに労働力価値の減価分である個別的労働の2時間を新たな剰余価値として捉えた上で，賃金の上乗せ分をそこから切り分けることになるのです。したがって，この場合でもやはり労働生産性の上昇は，労働者が生み出す価値のうち，労働者が得るものはより少なく，資本にはより多い状態を生み出すのです。

　さて，この資本での労使一体となった生産性向上は，その生産方法の広がりによっていずれ特別剰余価値の消滅の危機に瀕します。それによって賃金の上乗せ分もなくなるでしょう。しかし，社会的な労働生産力の上昇に貢献することで，本来の相対的剰余価値生産に寄与することになります。その結果はすでに見たように，一方で実質賃金の上昇の可能性をつくりだしつつ，他方ではそれでも労働者と資本とのあいだで獲得するものの「格差」の拡大として帰結していくのです。

　このように，本来の相対的剰余価値の生産にしても，特別剰余価値の生産にしても，労働力の価値が社会から与えられたひとつの消費・生活水準である以上は，労働生産力の発展は絶えず労働力の価値低下を引き起こします。実質賃金の上昇は，この縮小する労働力価値からの引き上げであり，労働力価値の減少分の取り戻しによる上昇となります。ですから，実質賃金の上昇をめぐる資本と労働者との対抗は，労働者は労働力の旧価値から新価値への減少分を取り戻すことから始まるのにたいして，資本は既存の剰余価値を保持した上で，労働力価値の減少分を新たな剰余価値と捉えることから始まるのです。つまり労働生産力の発展は，その低下する労働力価値とともに実質賃金の上昇をも，資本の価値増殖にとってひとつの縮小していく範囲内に押さえ込んでいくのです。この傾向とは，剰余価値のいっそうの拡大可能性に他なりません。

さて，資本主義がどの時代よりも飛躍的に労働生産力を上昇させることができたのは，労働生産力の上昇を剰余価値の増大として資本が獲得できるメカニズムを資本主義がもっているからです。資本主義の歴史は労働生産力の上昇の歴史です。この労働生産力の発展による消費水準の上昇可能性のもつ意義は，労働者にとって重要であることはいうまでもありません。

　しかしまた，このメカニズムの歴史的進行は，労働生産力の発展にもとづく実質賃金の上昇による消費水準の向上を包含しつつも，資本の取得する剰余価値を増加させていくのです。剰余価値の増大とは搾取の拡大に他なりません。労働者が生み出したのにもかかわらず，労働者が自分のものとして自由に使うことのできない部分はやはり拡大していき，労働者が得るものとの「格差」を広げていくのです。

　そしてまた資本主義は，資本の価値増殖の強力な手段として機械の充用を本格化（機械制大工業の発展）させ，長時間労働や労働強化といった働き方における問題を広く社会に生みだします。

　このように資本主義的生産力の発展は，その生産力が資本の価値増殖の目的に従属していることで，物質的な豊かさの一面を伴いながらも搾取の度合いを強め，さまざまな矛盾と対抗を生み出しながら進行していくのです。

(1) ここでは価値どおりの交換を前提としています。実際には，労働力の価値以下への賃金の切り下げによる剰余価値の増大もしばしば起こります。

(2) 労働日を8時間，労働力の価値を16000円（必要労働4時間）として，一労働者の一労働日あたりに社会的平均の資本 Z が商品 A を2単位生産して合計32000円で売り，16000円を剰余価値として実現しているとしましょう。他方で資本 Y では，一労働日で約1.3単位しか生産できず，合計約20800円で売ることになります。賃金を16000円とすれば剰余価値は約4800円にしかなりません。したがって資本 Y は，労働日の延長や労働強化をはかるなり，賃金を引き下げることによって剰余価値の減少を避けようとするでしょう。

(3) 別の言い方をすれば，新しい生産方法を導入した資本 X における1時間の労働は，社会的労働の2時間の労働として通用する（「強められた労働」として作用する）ことになります。なお，こうした特別剰余価値の生産は一労働日における必要労働の減少を一般的に伴うものです。

(4) 実際には資本 X は社会的価値で売る必要はありません。資本 X は一労働日において社会的平均の2倍の4単位生産することができます。すると資本 X は，一労働日の生産物をすべて売るためには，社会的平均の資本よりも2倍の生産物を市場で売る必要があるのです。それを達成するためには，商品 A の価格を他の資本よりも引き下げ，より有利に販売することが資本 X にとって有力な選択肢となります。とはいえ，その引き下げた価格が個別的価値より高い限りは，資本 X は特別剰余価値を得ることができ

ます。例えば商品 A の一単位を 10000 円で売ったとしても個別的価値の 8000 円を上回るのですから，その差額 2000 円が特別剰余価値として資本 X の手に入るのです。

また，ここでは個別資本の間での競争について全面的に考察するものではありません。資本全体について生ずる相対的剰余価値の生産（一般的剰余価値率の上昇）と，個々の資本が労働生産性を上昇させることで生ずる特別剰余価値との関連に限定した考察です。

(5) 『資本論』Ib, 640 ページ。
(6) 「彼の学派（リカードウ学派――引用者）は，労働の生産力を利潤（剰余価値と読め）の発生原因として声高く宣言した」（『資本論』Ib, 880 ページ）とマルクスは指摘しています。
(7) こうした機械導入による雇用労働者数の減少は過剰人口を生み出します。この論点は蓄積論で本格的に展開されます。
(8) 資本主義の巨大な生産力がもたらす「豊かさ」を考えるとき，日本の「格差社会」や世界的な格差の問題である「南北問題」，また地球環境問題にも目を向ける必要があるでしょう。

（久保誠二郎）

第6章 労　　賃

1　「労賃」という言葉がふつうに使われているのはおかしい

　さて，私たちの大部分は，労働者です。資本家の経営する会社や団体に労働力を売り，その労働力の価値にひとしい価値をもらっています。つまり賃金をもらっています。

　しかし，現実社会では，そうした経済学の真理が，そのまま目に見えるとは限りません。というより，「労働」が販売されているように見えます。アルバイトをやっている学生諸君は多いでしょう。その場合，たいてい，時給払いです。そうなると，なんだか「労働」を，1時間ごとに切り売りしているような印象が生まれます。月給にしても同じように考えられているのがふつうです。

　労賃とは，「労働賃金」の略です。これは，賃金で労働が買われる，という意味を含んでいます。つまり，労働者と資本家との間で売買されるものは，労働だというわけです。この考えは正しいのでしょうか？　違います。「労働」に支払われるのではなく「労働力（商品）」にたいして支払われるのですね。

2　古典派経済学の迷走

　古典派経済学は，この「労賃」について熱心に考えました。まず古典派は，商品の価値が，長期的にみれば，一定の大きさに収束するということを見抜きました。もちろん，ガソリンのように，急に高くなったり急に安くなったりすることもあります。しかし，それは，需要と供給のつりあいがうまくゆかないから，価格変動するのです。その需要・供給変動をひとまず脇にどけてしまえば，本当の価格があらわれるはずです。スミスはこれを「自然価格」と呼び，また重農学派は「必要価格」と呼びました。呼び名はちがいますが，意味は同じです。

　同じようにして，古典派は，労賃の水準についても考えました。そして，それはやっぱり，ふつうの商品と同じように，一定の価値・価格をもっていると推定されました。

でも古典派はここで，つまずいてしまったのです。「労働」が売られているからには，「労働の価格」とか「労働の価値」といったものも実在するはずでしょう。しかし，労働の価値うんぬん，って一体，なんだろう，と考え込んでしまったのです。
　「労働の価値」という表現は，考えてみればおかしな表現です。労働のなかに価値があるとすれば，それはどうやって決まるのでしょう？　その労働をつくった労働の価値によって決まるのでしょうか？　8時間の労働の価値は，8時間の労働量によって決まるのでしょうか？　そして，その8時間の「労働の価値」は，やっぱり8時間の労働の量によって決まるのでしょうか？
　たとえば，むかし，こんな倫理問題が日本人を悩ませました。子供が親に質問します。「どうして人を殺してはいけないの？」「ひとを殺してはいけないからさ」「じゃあ，どうして，人を殺してはいけないと決まっているの？」「それは，人を殺してはいけないと決まっているからさ」「じゃあ，どうして人を殺してはいけないの？」「とにかく殺しちゃいけないんだよ」。
　この倫理的問題の成否はともかく，こういう会話を「同義反復」といいます。賢い子供なら，「うちの親は結局なにもわかってないんだな」と失望するでしょう。でも経済学者が，こういう「同義反復」を繰り返しては，学問になりません。
　じっさい，リカードウは「労働の価値とは，労働者の生計費の価値である」と苦しまぎれに述べました。しかし，これは問題を回避しただけです。「労働の価値はなにか」と聞かれているのに「労働者の生計費」と答えたのでは，主語と述語が食い違っています。じっさい，こういう答え方をして，リカードウは，ベイリという経済学者から，からかわれています。
　「労働の価値または価格」という表現は，矛盾に満ちています。もし，労働が商品ならば，交換されるまえに存在していなければならないでしょう。しかし，労働が発生しはじめるのは，購買者つまり資本家に「購買」されてからのことです。これは，商品としての資格を欠いているといわざるをえません。
　商品交換は，等価交換が原則です。もし労働者が8時間の労働を資本家に「与えた」とし，その8時間労働が8000円の価値になったとします。等価交換の原則を守るとすれば，資本家は労働者に8000円の日給を与えなければなりません。そうなると，資本家には剰余価値は残りません。したがって，資本家の事業は，慈善事業でないかぎり，無意味です。こんなことがふつうになったら，資本制生産をやろうとする資本家はいなくなってしまうでしょう。
　では，労働者の生産した価値が8000円なのだから，そのうちの5000円を労賃

として渡せばよい，という考えもあるでしょう。資本家のもとには，一日あたり3000円という剰余価値がのこるでしょう。

　しかし，これは等価交換ではありません。いずれ労働者は，その矛盾をついて，反抗しはじめるでしょう。資本制生産のモラルが，ほかならぬ資本家によってないがしろにされているのです。だから，こういう不等価交換は，資本制社会の存立を危うくしてしまいます。

　したがって，よく考えると「労働の価値または価格」という表現は，経済学的には矛盾だらけですし，また資本制社会の危機に直結する可能性も秘めています。

　でも，私たちは，この「労働の価値または価格」という表現を，あたりまえのように受け入れています。これはなぜでしょうか？

3　労賃形態の「必然性」「存在理由」

　労賃という形態は，歴史的には14世紀から存在していたとマルクスは述べています（『資本論』第1部，第19章）。『資本論』が書かれたのは19世紀です。したがって，マルクスが「労賃形態の『必然性』『存在理由』」を説明するといった場合，それは，労賃の形態が，いかにして現代において「再生産」され続けているのか，という理由を明らかにするものです。

　マルクスがここで問題にしているのは，こういうことです。つまり「なぜ労賃という不合理な形態がいまになっても存続しつづけているのか」ということです。むずかしくいえば，「労賃という形態が，わたしたちの頭のなかで再生産され続けている理由はなにか」という問題を取り扱っているのです。

　たとえば，「労働の価格」という表現は「リンネルの価格」という表現と，一見するところ，違っているようには見えない。だから，ひとは「労働の価格」という表現を疑うことがない。そこで，「労働の価格」という表現は，存続室受ける，といった具合です。マルクスはこの問題にかんして，主として4つの理由をあげています。

(1) 交換とは，もともと質的に違ったもの同士を，交換することである。そうであれば，その交換が「労働」と「貨幣」であってもかまわない，とふつうなら考えるだろう。

(2) 「リンネルの価値」という表現は，リンネルの使用価値に価値がくっついたものである。これは奇妙な表現ではない。同じように，「労働の価値」という言葉も，使用価値に価値がくっついているという点だけを見れば，

「リンネルの価値」以上におかしな表現であるとはいえない。
(3) 「労働」が行われた後に賃金が支払われるシステムとなっている。しかし，通常の商品の場合でも，貨幣が後から支払われるというのはよくあることである。だから，労働者の意識からすれば，「労働」がまず資本家に譲渡されて，その後に，支払い手段としての貨幣が支払われると映ってしまう。そういう意味で，「労働」が商品であるという見かけの事実に疑問を抱くことはない*。
(4) さらに資本家にとってみれば，労働力という，なかなか判断しづらいものよりも，実際に行われた結果の労働こそが重要である。したがって，彼らにとっては，「労働」こそが，商品であるように見える。

＊筆者は，過去の論文「『労働力の価値または価格の労賃への転化』について」（『経済と経済学』（東京都立大学経済学会，第80号，1995年）において，賃金の「後払い」こそが，労働力の価値または価格を労賃へ転化させる唯一かつ積極的な根拠であると主張したことがある。これは誤りであった。どの根拠も，「労働賃金」という幻想を積極的に生み出すものではなく，昔から存在したその幻想を，再生産するための条件だという方が正しい。ここに誤りを認める次第である。

したがって，科学的な経済学者が，いかに口をすっぱくして「労働の価値」，「労働の価格」あるいは「労賃」という言葉が不合理だと主張しても，聞いた人はとまどうばかりでしょう。というのは，現実の労資関係では，あたかも「労働」が売買されているような印象を労働者に与え続けているからです。そこで，いかに不合理でも「労働の価格」あるいは労賃という表現が再生産され，まかりとおることになるのです

4 時間賃金と出来高賃金

1 時間賃金

時間賃金とは，いわば「時給」のことです。1時間あたりの賃金です。「労働力の価値または価格」が労働賃金に変装したので，それを利用して，時間ごとに賃金を与えるというしくみが，可能となったのです。

時間賃金つまり時給は，つぎのように計算されます。

$$1時間労働の「価格」 = \frac{一日あたりの労働力価値}{与えられた時間数の労働日（一日の労働時間）}$$

資本家は，時間賃金の制度を利用して，もうけをたくらむことができます。
(1) 時給を低くして，長時間の労働を余儀なくする。これは，現代の派遣労働者に対してよく使われています。長時間・低賃金の労働は，資本家にばくだいな剰余価値をもたらします。

　労働日が長くなることが習慣になると，1労働時間の「価格」が下がることも，当然のことのように習慣化されます。その結果，資本家は，労働者にいままでより多くの働きを期待することができるのです。
(2) 不況のせいで，受注が減った場合には，労働者を過少労働させて，賃金総額を浮かせることができます。しかし，資本家はそれでも剰余価値を得ることができます。たとえば，労働者が一日3時間しか労働しなくても，剰余価値率が100パーセントならば，うち1時間半は，剰余労働として，資本家の得るところになるでしょう。

2　出来高賃金

　出来高賃金とは，労働者の生産量に比例して賃金を払うしくみです。これは時間賃金が変身したものです。時間賃金の場合には，1時間ごとに労働力の価値または価格を，分割して支払っていました。もし剰余価値率が100パーセントであれば，60分のうち30分は支払われる労働ですが，残りの30分は支払われない労働，つまり不払労働になります。出来高賃金の場合も同じです。例えば，一個の生産物を作るのに80分かかっていたとすれば，剰余価値率が100パーセントであれば，40分は支払われる労働になります。しかし残りの40分は支払われない労働になります。生産物一個あたりの出来高賃金がかりに400円だとすれば，剰余価値としては，400円が搾取されていることになります。

　一見すると，労働者が努力すれば，収入が上がるように見えます。しかし，経験的には，出来高の総量は最初からわかっているものです。だから，一人の労働者ががんばって収入をあげても，賃金の総額に影響をおよぼすことは，ほとんどありえないのです。

　この出来高賃金のしくみは，労働者に，一定の熟練と労働の質を強制することになります。つまり労働者は，通常の日賃金をもらうためには，労働の強度（速度）を一定に保つしかないのです。時間賃金の場合なら，少々手を抜いていても賃金は変わりません。しかし，出来高賃金の場合には，生産物がきちんと完成されなければ，賃金は支払われません。

　だから，資本家がわざと出来高の賃率を下げれば，労働者は労働の強度（速

度）を高めなくてはいけません。なぜなら，強度を強めなくては，一日あたりの賃金は低くなってしまうからです。したがって，この出来高賃金は，資本家にとってはとても都合のよい制度です。なぜなら，出来高賃率を下げるだけで，労働者は，完璧な仕事を早くこなすことを求められるからです。したがって，この出来高賃金の支払い方法は，労働の内包的拡大，つまり労働の強度を高めるための方法となります。

5　テイラー主義とフォード主義

1　テイラー主義

　俗に「テイラー主義」と呼ばれている「科学的管理法」は，労働強度を高めるために考案された，出来高賃金の計算方法にかんする方法です。この科学的管理法では，まず労働者に一定の労働をさせて，その労働に含まれる「動作」を研究します。そして，その動作がどのくらいの時間を必要とするかを，ストップ・ウオッチで計算するのです。この場合，もし労働者が，ストップ・ウオッチどおりの時間内に作業工程を終えたならば，標準的な課業（出来高と言っていいでしょう）がこなされたということになります。そして，労働者には標準的な出来高賃金が与えられることになるでしょう。この科学的管理法は，労働者がより多くの賃金を求めて，より速く，より多くの出来高を生産する誘因を与えます。したがって，資本家にとっても，より多くの出来高を労働者が自発的に生産してくれるのですから，剰余価値量はもっと多くなることになります。

　このテイラーの科学的管理法の発明当初は，資本家が恣意的に労働の強度を高めたりしないということで，労資は協調できるという点が誇張されて宣伝され，経営学の分野ではもてはやされました。

　しかし，「恣意的に労働の強度を高めたりしない」人道的な資本家であっても，このシステムを採用するかぎり，管理したり見張ることなしに労働者が自発的に剰余価値をより多く生産してくれるわけですから，資本家階級にとっては，都合のよい制度だったでしょう。

2　フォード主義

　フォード主義とは，自動車会社フォードの工場内に持ち込まれた科学的管理法といえます。まず労働者はあらかじめ分業にしたがって決められた作業のみを行います。決められた作業とは，科学的管理法と同じく，動作研究・時間研究を行

った末に決められた作業です。ひとりの労働者は，原則としてひとつの種類の労働しか行いません。自動車の部品が，工場内に入ってくると，労働者たちが道具をもって駆け寄り，決められた動作を決められた時間内で行い，組み立てられた部品は次の工程に入ってゆきます。そして，さらに高度な組み立て作業が行われるわけです。

　この自動車大量生産方式は，アメリカを一躍，自動車王国にのしあげた力をもっていました。また，従業員には，比較的高い賃金が保障されていました。しかし，労働強度を高めることに重点を置いていました。そのため，労働者には，同じ単純作業をとどこおりなく，素早く行うことだけが求められ，若くして廃疾者となる者も少なくありませんでした。

（齊藤彰一）

第7章　資本蓄積と分配問題の原理的解明

1　課　題

　『資本論』の剰余価値論（第1巻第3-5篇）では、〈資本がどのように剰余価値をつくり出すか〉という剰余価値の創出が問題でした。これに対して蓄積論（第1巻第7篇）の課題は、〈生み出された剰余価値がどのように資本に再転化され、だれの懐（ふところ）にどのように取得されるか〉という剰余価値の行方を見きわめる議論です。剰余価値は、近代社会における唯一の自由に処分可能な経済的富の元本もしくは財源です。したがって、この剰余価値の帰属・帰趨の分析評価をめぐっては、経済格差論、貧困化論、賃金論や収入分配論、所有論など、現代においてもっともきびしく利害対立の渦巻く関連領域で多岐にわたる議論が活発に繰り広げられています。労働価値説を土台にすえ剰余価値論から必然的に導き出されてくるマルクス蓄積論の諸命題は、これら諸テーマを究明し議論の前進をはかるうえで、きわめて重要な基礎理論と指針とを提供してくれるでしょう。

　この題目は『資本論』第1巻では第7篇「資本の蓄積過程」において編別化され、その基礎理論は第21章「単純再生産」および第22章「剰余価値の資本への転化」において主題化されます。本稿ではとくに、剰余価値が、個人的に消費されて食いつぶされる場合（単純再生産）であれ、生産拡大に振り向けられる場合（蓄積）であれ、剰余価値の所有・取得の行方をつきとめる問題として、資本主義の富の取得の法則をめぐる問題を中心に考察を進めます。

　いうまでもなく財産関係は経済的物質的利害対立がむき出しにぶつかりあう場です。だれにとっても切実で大きな関心の的でしょう。現代社会の経済的富を生み出しているのはいったいだれか、そしてその生み出された成果を摘み取ってわがものに収めるのはだれか、そうした財産の取得がどのような法則的な仕組みやからくりで繰り広げられるのか、言葉を換えれば、富裕化とともに貧困化をもたらす蓄積メカニズムの秘密にメスを入れること、それがここでの主題です。

　資本の蓄積とは生産活動の規模が大きくなることを意味しますから、その言葉の響きにはネガティブな印象はうすく、むしろ経済的に栄えて豊かになるという

前向きのイメージとつよく結びついています。ところが，実際に観察される蓄積の現象はどうかといえば，近年とくに目立ってきている経済的富の大きな偏り，経済的格差や貧困化問題です。経済的富を生み出しているはずの労働者や勤労者が，その豊かさの恩恵を必ずしも享受できたりしていないというキビシイ現実です。蓄積の進行がむしろ，働く人びとを経済的な富から疎遠にし置き去りにしてしまうという関係に，これから分析のメスを入れます。先取りして言うと，資本の蓄積つまり経済的富裕化の法則は，同時に，反対側の極での貧困化の法則の展開だということが明らかになります。

　考察を合理的にはこぶために一定の想定を整備しておきます。一つには，市場での流通の正常円滑な進行と商品の価値どおりの売買が行われるという想定です。議論をすっきりと単純化して純粋に推し進めるためです。もう一つ，留保措置があります。「利潤」とか「利子」とか「地代」という身近な収入形態もここでは度外視されます。これらは，剰余価値が分岐し社会のさまざまな階級や階層の人々に入手されていく際の新たにまとう派生形態ですが，当面の課題のためには，この点にも目をつぶって立ち入ることはしません。利潤・利子・地代という複雑な派生的形態でなく，剰余価値というおおもとの本源的形態でひとくくりにして取り上げるという取扱いです。

　この方法の必要性とメリットはなにかというと，蓄積過程の機構と作用とをその基本形態で骨太に把握するためです。蓄積の仕組みの骨格を，社会的広がりと歴史的時間の流れの中で，ダイナミックかつ大局的にわし掴みできることです。というのは，利潤，利子，地代といった派生的形態の捨象とともに，産業家や金融資本家や土地所有者ら派生収入に対応してそれらを取得する種々の階級・階層の区分も捨象され，剰余価値という本源的な形態にだけ対応して資本家階級そのものが総体として束ねられ，それが他方の，経済的富の唯一の創出者である労働者階級に対置，対峙させられるからです。資本家階級 vs. 労働者階級，こうして剰余価値の行方の探究が，ずばり近代社会の主要な二大基本階級のあいだの関係として，設定されるわけです。

　以下，資本蓄積の二つの基本パターンに仕分けしながら，経済的富すなわち近代的私有財産の帰属・帰趨の問題を追ってみましょう。

第7章　資本蓄積と分配問題の原理的解明

2　単純再生産

1　単純再生産の進行と剰余価値による資本の置き換え

　まずはじめに，単純な規模での社会的再生産の進行を取り上げます。この想定の意味するところは，剰余価値を全部個人的消費に費やしてしまって生産拡大には振り向けず，従来通りの規模で生産が反復されるという想定です。単純な規模での再生産は現実にはそうありうる事態ではありませんが，とはいえ，蓄積が行われ現に経済発展が見られるという場合には，その基礎部分には必ずや単純再生産が維持されていて含まれているはずです。蓄積の契機をさしあたり度外視して，この土台の過程にひかりを当てるゆえんです。

　つぎに，「社会全体の観点」に立ち，生産の「更新のたえざる流れのなかでみる観点」に立つという点に，要注意です。剰余価値生産の解明であれば，代表的典型的な一企業，一工場の一巡の営業サイクルをサンプルとして考察すればよかったのに対して，ここ資本蓄積論では異なります。社会全体としてたとえばイギリスや日本の一国国民経済の全体を分析のテーブルの上にのせる必要があります。もう一つは，再生産過程として，歴史的な大きな時間の経過や流れの中で考える，そういう見方が要請されます。

　上のような方法に立つことによって，一時的な孤立した過程として取り上げられる場合にまといつく外観的な性格というものが剥ぎ取られます。この事情がおもしろい。ちょうどアニメや映画と類似の原理です。ひとコマ毎では静止画像ですが，それを何枚も描き連ねて連続映写すればたちまち一変して，リアルな動きが動画として映像に浮かび上がります。これによって見かけの外観は取り除かれて，現象の内面に作用している真相，資本主義経済の奔流にはたらく普遍的一般的な法則が，浮き彫りになり把握されることになります。

　以上の蓄積論に独自な観点をひと言でまとめると，「社会的な」「再生産の」過程を鳥瞰する接近方法だということです。分析のメスによって，以下の重要な3要点が明らかとなります。

2　可変資本は労働者がたえず生み出す労働元本の歴史的形態

　労働者を雇い入れるために投下される可変資本は，「労働者が彼の自己維持と再生産とのために必要とし，どのような社会的生産体制のもとでもつねにみずから生産し再生産しなければならない生活手段の元本，あるいは労働元本の特殊な

歴史的現象形態」（『資本論』Ib, 969 ページ）にほかならないということです。その内的連関は、資本の循環を二回三回と連続させてみると、すぐ目に止まるようになります。売上高のうち次の再生産のために可変資本に充当され賃金として払い出される貨幣部分の価値の源をたどると、前期の労働によって生み出された生産物の製造費用（c+v）のうちの可変資本部分（v）と対応し、これが労働力雇用に再投下されるという関連が手に取るように見えてきます。それは、いつの時代どの社会でも、まずもって直接生産者自身の維持再生産のために必要な労働元本、労働財源であり、それが資本主義の雇用関係の下では「可変資本」という資本の貨幣形態として、または賃金の形で現れているにすぎないのだと判明します。

こうして可変資本の正体が、その人類史を貫く普遍的本性と関連づけて、みごとに暴露されました。こうした捉え方は、ほかの社会での労働元本のあり方と比較するといっそう明白です。たとえば中世封建時代の夫役労働のあり方と比較してみると、1週間のうち日曜安息日を除いて6日間働くとします。中世の領民・農民たちは、たとえば「五公五民」という分配率があったように、半分の3日間を領主のもとで夫役労働を提供し、残り半分の3日間を自分と家族のために働いて生活手段元本、労働元本を確保することに従事するとすれば、両者は時間的にも場所的にも分離されて明瞭に現れます。このように比較してみると、資本主義社会における賃労働関係のもとでの労働元本の特質が浮き彫りになります。

3　総資本の剰余価値による置き換え

新たに浮き彫りになる第二の真相は、不変資本cもふくめた前貸資本c+vの全体が、当初の外観とはまったく違って正反対の新しい性格に一変するという事情です。前貸資本価値は、起業時にはたとえ自らの労働で築き上げた自己資産という看板を掲げて登場したとしても、再生産の反復の一定年数の経過ののちには、ことごとく蓄積され資本化された剰余価値に成り変わること、剰余価値によって置き換えられた価値であるという本性を、露呈します。

マルクスはこの関係を次のように定式化します。「一般的に言えば、前貸しされた資本価値を年々消費される剰余価値で割れば、最初の前貸資本が資本家によって消費し尽くされ、それゆえ消えうせてしまうまでに経過する年数、あるいは再生産周期の数が出てくる」（同上, 972 ページ）。たとえば、1000 ポンド・スターリングの元手で資本が起業したとします。そこから毎年 200 ずつの剰余価値が生み出され、単純再生産の想定のもとで毎年同額の 200 ずつ消費されていくと、数年（1000 ポンド割る 200 で5年）たつとその消費額が前貸資本価値 1000 ポンド

に匹敵する大きさになり，当初の自己財産1000ポンドをすべて食いつぶすことになる。そこにある資本価値はもはや自己労働による資産ではなく，剰余価値によって補填され置き換えられたものでしかない。こうして「生産過程の単なる継続，あるいは単純再生産は，長かろうと短かろうと，ある期間ののちには，どの資本をも蓄積された資本または資本化された剰余価値に必然的に転化させる」（同上，973ページ）。

　このロジックを再確認しましょう。ある人が一定額の財産を所有している，しかもその資産形成の仕方はわからないとします（むしろ，「収奪の獲物」としたほうがわかりやすいかもしれない）。その場合，前提である商品生産法則を踏まえると，略奪や詐取横領やあるいはまた贈与の形で入手されたということはその前提から除外されており，そうした資産の形成や獲得は排除されているゆえに，けっきょくその財産は自ら労働して獲得した所産とみなされるほかありません。またこの同じ前提のもとでは，消費が許されるのは自分の財産を食いつぶすことと考えるほかありません。したがってどの資本も，それがどんなふうに入手されどんな素性のものであったとしても，ある期間消費したのちには，「蓄積された資本または資本化された剰余価値」に必然的に置き換わってしまうのです。マルクスはこの結果について，「彼のもとの資本の価値はもう一原子も存続していない」（同上，973ページ）と述べ，微塵も存在していないと強調しています。

　以上，単純再生産のもとでの第1と第2の分析結果を総括すると，いく年かの単純再生産の経過のあとでは，遅かれ早かれ近代社会の経済的な富の出自はすべて労働者の不払労働，剰余労働から成っているのだということです。この認識は，労働価値説に立脚する剰余価値論から導出される蓄積論の，不可避で必然的な帰結であり，マルクスのもっとも重要な独創的知見の一つといえるものです。

4　資本賃労働関係の再生産と構造化

　最後に第三の帰結は，資本主義的生産にとっての前提である生産手段と労働力との分離という関係は，単純再生産に媒介されて，「資本主義的生産特有の成果としてたえず新たに生産され，永久化される」（同上，974ページ）という事情です。労働者たちが自分たちの労働実現のために必要な生産手段を剥奪されているということは，資本主義的生産の前提要件でした。このため労働者は，労働力を唯一の商品としてたえず労働市場において時間決めで切り売りを続けるほかなく，対価である賃金によって労働力の維持再生産をはかる一方で，労働力の使用価値の発揮である労働の成果はすべて資本家雇い主のもとに吸い上げられます。

労働者の労働成果がすべて資本家の取得になるということは，とりもなおさず，生産手段との分離の関係が繰り返しつくり出されて，前提だった雇用関係そのものが再生産されて永久化されるということを意味します。すなわち，出発点で前提要件だったものが過程の進行の結果として不断にもたらされ，生産反復のための条件をしっかり用意しているというわけです。資本賃労働関係の〈構造化〉と呼ばれるプロセスです。社会の仕組みに関して，ここには自然法則にも類似した，まるで機械仕掛けのような規則的で周期的で反復性をもった構造的特徴を備えることになります。「資本主義的生産過程は，その連関のなかで考察すれば，すなわち再生産過程としては，商品だけを，剰余価値だけを生産するのではなく，資本関係そのものを，一方には資本家を，他方には賃労働者を生産し，再生産する」(同上，987 ページ)。これは単純再生産の下での蓄積の総括です。

　この第三の資本賃労働関係の再生産についてコメントしておきましょう。「個々の資本家と個々の労働者ではなく，資本家階級と労働者階級を考察」(同上，976 ページ) するならば，労働者の個人的消費も，それが享楽であれ主観的受け止めがどうであれ，客観的社会的には，「資本の再生産の一契機」となり，労働者階級は「労働過程の外部でも，死んだ労働用具と同じように資本の付属物である」(同上，979 ページ) と位置づけられます。

　こうした社会的再生産の観点から俯瞰して，資本賃労働関係というものを総括すると，有名なマルクスの名せりふを玩味することができます。「ローマの奴隷は鎖によって，賃金労働者は目に見えない糸によって，その所有者につながれている」(同上，979 ページ)。ここで「目に見えない糸」とは，恒久化され構造化された資本賃労働関係のことです。近代賃労働者の別称である"賃金奴隷"は，このセリフに由来したものです。近代賃金労働者は，鎖の代わりに，スマートな契約という合意で関係づけられており，そのうえ転職して雇い主を自由に変える職業選択の自由をもっているので，「繋がれている」とは感じにくいものです。とはいえ，どのみち「資本の付属物」としてどこかの資本に雇用される賃労働者であり続けるほかないのです。

3　蓄積・拡大再生産と資本主義的取得法則

　次に，剰余価値の資本への転化，すなわち蓄積の契機を考慮した拡大再生産の場合を想定します。この枠組みのもとで経済的富の帰属・帰趨を分析します。資本の蓄積とは，剰余価値が一部分であれ大部分であれ新しい資本に転化されると

いうことです。生産が拡大される仕方には企業の吸収合併やM&Aや増資などさまざまな方法がありますが，ここでは事業拡大の基礎にして基本である剰余価値を追加的資本に振り向けるという蓄積を取り上げます。このように限定されると，問題はむしろいたって簡単なのです。ここでは，はじめから混じりっけなしの剰余価値から引き出された資本が登場するからです。富の出自や性格について，一点の曇りもないような明瞭さで剰余価値の行方，取得の偏りの法則が明かにされます。

1　商品生産の所有法則の資本主義的取得法則への転換

蓄積を契機とした生産拡大の反復の流れの中では，商品生産の所有法則は資本主義的取得法則へと転換します。一方では，法的形式としての等価交換のルール，またはこれに照応した「自己労働に基づく所有」の原理がたえず維持・再生産され続けると同時に，他方では，その等価交換と所有の原理の外観・形式のもとで，内実としては，それとは正反対の性格をもつところの，資本がますます大きな規模で剰余価値を独占的に取得するという資本主義的取得法則がもたらされます。こうして，形式的外観と実質的内容とが真っ向ぶつかりあい齟齬しあう，近代資本主義の独特の所有構造が，すなわち形式的所有権関係と実質的な取得構造という富をめぐる二重の対立的な構造が，白日のもとに露呈します。以下，その仕組みを見てみましょう。

「剰余価値を資本として用いること，あるいは剰余価値を資本に再転化することは，資本の蓄積と呼ばれる」（同上，989ページ）。資本の蓄積と拡大再生産の展開は概念図のように一目瞭然です。

【資本の蓄積と拡大再生産の概念図】

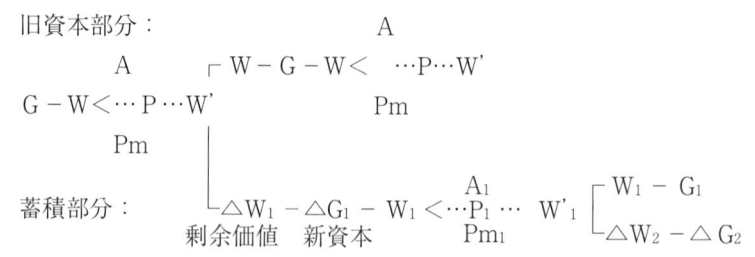

```
旧資本部分：              A
           A        ┌W－G－W＜  …P…W'
    G－W＜…P…W'                Pm
         Pm                            A₁         ┌W₁－G₁
蓄積部分：       └△W₁－△G₁－W₁＜…P₁… W'₁ └△W₂－△G₂
                 剰余価値　新資本     Pm₁
```

注：G：貨幣資本，P：生産資本，W'：商品資本，添数字1, 2は新資本の第一世代，第二世代を表す。

上掲図は，典型的な資本蓄積の運動を図式化したものです。資本主義的生産過程から生み出された新しい生産物W'の中に，すでに剰余価値が含まれており（W+△W），売り捌かれてより大きな貨幣額として実現します（G+△G）。そこで，この剰余価値部分が個人的消費に使い尽くされてしまわないで蓄積に回されるならば，追加的資本として新しく価値増殖過程を開始します。ここが質的に新しい要点です。

　親資本から子どもの資本が生み出され，それが独立して一人歩きし始める。子ども資本はまた同じようにして孫資本を生み出し，孫資本はひ孫資本を，ひ孫資本はやしゃご資本を生み出し，等々。もちろん親資本の方も依然健在で価値増殖過程を続行し，子どもを生み出し続けます。末広がりに，雪だるま式に，資本が，したがってまた資本によって生み出される剰余価値もまた，累進的に増大するのがわかります。

　ここで注目すべきポイントは，子ども世代以降の資本価値の出自または性格です。これらはすべて百パーセント剰余価値から汲み出されて新資本として出発しているのです。すなわち，「過去の不払・剰余労働の所有」を源にしています。過去の不払労働を所有することすなわち資本を持つことが，いまでは現在と将来の新しく雇い入れられる追加的労働者が提供してくれる生きた不払労働をますます大きな規模で取得するための条件になっている，ということです。

　では，ひるがえって親資本の出自についてはどうか。詐取したり略奪したというような獲物だったかもしれないし，先祖からの相続遺産（贈物）だったかもしれない。もっとありそうなことは自分の労働によって獲得した自己資産だったかもしれない。とはいえ，商品生産の法則と照応するのは，自己労働に基づいて獲得された財産という想定であり，唯一これしかありえません。いずれにせよこれは，すでに前項において考察されたように，その前貸総資本の資産もまた，遅かれ早かれ一定期間の再生産の反復の後には剰余価値に置き替えられてしまう運命です。このようにして結局，前貸総資本は新旧すべて残らず，剰余価値によって置き替えられるのは，資本化された剰余価値になるのは，不可避，必至です。

2　自己労働に基づく所有から所有と労働との分離へ

　そこで結論をまとめることができます。この蓄積の進行は，商品交換の法則に完全に一致して行われます。ところが，蓄積・拡大再生産の進行とともに，商品交換の法則とこれに照応する自己労働に基づく所有の関係は，単に形式上の外観にすぎなくなり，内実は，資本家が，他人（労働者）の不払・剰余労働の取得に

よって，ますます大きな規模で他人の不払労働の取得を累進していく過程であるということです。こうして財産の所有・形成をめぐって，等価交換の法則という形式のもとで，そうした外見とは正反対の内容が，不払労働に基づく不払労働のよりいっそうの取得増大という関係が，法則的に繰り広げられているということが判明します。

資本の貨殖運動の転倒的性格について，マルクスがフランスのふるい諺からかりて特徴づけました。"死者，生者を捉える"〔＝死んだ過去の労働が，生きた現在・将来の労働を捉える〕は，この資本主義的な富の取得の方式においてこそ，もっとも鮮やかに刻印されてあてはまるといってよいでしょう。

出発点において形式であったあの等価交換つまり「自己労働に基づく所有」の原理から，それとはほど遠い正反対の「不払労働に基づく一層大きな他人の不払労働の取得」へと，中身が一変してしまいます。こうした形式と内実との矛盾した関係は，ちょうど，価値法則または等価交換とそれに立脚する剰余価値生産とのあいだの関連，いわば"合法則的"搾取の成立事情と，同じ論理を持っています。資本は労働力価値との交換では等価交換・所有権を遵守しながら，労働力使用価値の支出の面では大きな超過の不払い・剰余労働を確保し，それを実質的に取得しわがものにする。言い換えれば，価値法則（等労働量交換）に則りながら，搾取（不等労働量交換）の"合法則的"成立の関係と照応し，取得法則はその延長上の論理必然の帰結にほかなりません。あたかも"他人の褌（ふんどし）で相撲をとって勝利の戦果を独り占めする"——資本主義的蓄積には，このような転倒した財産取得のメカニズムが働いているのです。

3　若干の注意喚起点

等価交換の形式で隠蔽される資本主義的取得法則　資本主義的取得法則はつねに商品生産法則の等価交換を形式とし，それで装って現れます。言い換えれば，資本家による資本主義的富＝剰余価値の一方的取得または領有関係というその実質的内容が，「自由，平等，所有，およびベンサム」（同上 Ia, 300 ページ）のスローガンに象徴される等価交換の市場原理によって，隠蔽されます。

マルクスは資本の蓄積による資本家の社会的富の支配拡大の傾向にちなんで，その蓄財の巧妙な隠蔽性について注解を付し，マルチン・ルターの演説（「牧師諸氏に，高利に反対するように説く」）のなかの高利貸し批判に用いたおもしろい比喩を引用紹介しています。

「カクス（ギリシャ神話の怪物——引用者）とは，信心深そうに装う高利貸し

で，あらゆるものを盗み，奪い，食い尽くす悪漢のこと（……）である。そのうえ，自分がやったのではないようなふりをし，だれにもみつからないつもりでいる。というのは，後ろ向きに彼の洞窟へ引き入れられた牡牛は，外へ引き出されたかのように見え，そのように足跡もつけられているからである。こうして高利貸しは，（……）世の人に牡牛を与えるかのように見せかけて世の人をあざむこうとするのであるが，その実，彼は，牡牛を自分だけでせしめて食べてしまう」（同上 Ib, 1014 ページ）と。つまり，盗み入れてきた牡牛ならば，本来なら洞窟に向かう足跡がついているはずだけれど，後ろ向きで牡牛を洞窟に引き入れるから一方通行に外へ出る足跡しかついていない。まるで洞窟から出ていくだけ，富財産を世間に放出しているだけ，そういう姿に見せて世間を欺いている，というわけです。

　それは結局，近代社会における資本財産の成り立ちの仕方とまったく同じです。外見は等価交換であり，ひとしく汗水流した労働の成果の所有権として承認されている。商品と貨幣とが等価で交換される以上，この近代社会の私有財産というのは労働の結晶であると，こういう観念が広く行きわたっています。ところがその目に見えない舞台裏では，不払労働に基づくよりいっそう大きな不払労働の取得の関係が法則的に貫徹している，——これが資本による富獲得の本当の姿だったのです。それが等価交換というあの商品交換の法則ですっかり覆われて見えなくさせられてしまっています。

　資本主義的私有財産と資産一般との区別の重要性　　資本主義経済で固有の内容をもった不払労働の塊である私有財産と，汗水の結晶のようなコツコツため込んだ貯え，すなわち自分労働に基づいて獲得したいわゆる個人資産とを，同列に見てしまうことは，大きな理論的誤りだという点です。

　この社会では大勢の働く庶民たちがマイホームや自家用車など，それなりに貯えや個人資産を多かれ少なかれ持っています。しかしこれらの財貨は，賃金の支出対象となる生活手段であり，必要労働に相当する労働元本であって，けっして貨殖手段ではなく資本主義的な私有財産（生産手段や土地）ではありません。そこで私有財産と個人資産一般とを混同することはゆるされません。生産手段の共有化を掲げる社会主義公有制が財産没収の制度だと喧伝することは，その両資産を誤って同一視することであり，筋違いの主張であるということに注意喚起が必要です。財産没収の抵抗感や恐怖感を煽るイデオロギー的非難というほかありません。

　啄木の歌に読まれた資本主義的取得法則　　孤独と貧乏のうちに 27 歳で逝った

石川啄木の貧困哀歌"はたらけど/はたらけど猶（なお）わが生活（くらし）楽にならざり/ぢっと手を見る"（『一握の砂』）という歌があります。啄木は『資本論』のこの取得法則をどこまで理解していたかはかりかねますが、「ぢっと手を見る」のフレーズにうかがえるように、世の中には深い宿命めいた（つまり必然的な）メカニズムが働いていて、労働者の運命に重くのしかかってきているといった相貌を、文学者の直観でうまく見据えているような趣があります。

　労働者はこの資本主義の所有法則ないしは取得法則のもとで、富から遠ざけられ置き去りにされ、疎外されています。ところが、反対の資本家の方は、資本主義の蓄積と取得の法則によって、いったん軌道に乗ると雪だるまが転がるように加速度的に富を蓄積し肥え太っていきます。このように一方の極での富の蓄積と他方の極での貧困の蓄積とが、車軸の両輪のように不可分に結び付いています。

　この軋轢・矛盾は現代社会のあれこれの現象において兆しやほころびを見せています。しかし、だからといってそれによってその因果関係が筋みちだてて暴露されるかというと、そうではありません。形式としては、いつも契約に基づく等価交換がずっと維持されていて、日々の買物の場面でも、雇用関係でもつまり提供労働にたいする労賃支払いの場面でも、対等平等な等価物どうしの交換が行われているという現実と印象が圧倒的です。ところがもう一つの現実では、ひどい経済的差別や格差の深淵が隣り合わせに広がっている。ふつうの人びとの意識にとって、この正反対の両極を関係づけることは容易なしわざではありません。そこでこそ、資本主義の取得法則を解明する経済学の出番です。　　　　（宮川彰）

第8章　資本主義的蓄積の一般的法則と現代社会

1　課　　題

　マルクスは，『資本論』第1巻第23章の冒頭で，「本章では，資本の増大が労働者階級の運命に及ぼす影響を取り扱う」(『資本論』Ib，1049ページ）と述べています。その章の表題が，「資本主義的蓄積の一般的法則」となっていますので，資本主義的蓄積の一般的法則は，まさに資本の増大が労働者階級の運命に及ぼす影響に関わる法則だということになります。

　本章でも，資本主義的蓄積の一般的法則を考察対象としますが，それが現代資本主義社会においていかに貫いているのかを念頭に置きながら，資本蓄積が労働者階級の運命にどのような影響を及ぼしているのかを検討します。ただ，昨今では，階級意識が希薄になっているため，「労働者階級」という表現，あるいは捉え方は，少しピントのズレた古ぼけた映像を見るような印象を受けるかもしれません。しかし，資本・賃労働関係の拡大再生産として捉えられる資本主義的蓄積を検討する場合には，問題を鮮明に浮き彫りにさせる概念として重要な意味を持ちうるので，ここでは，「労働者階級」を意識して，資本蓄積によってその運命がどのように左右されるのかを検討します。

2　資本主義的蓄積と資本の有機的構成

　資本の有機的構成とは何か。そして，それがなぜ資本主義的蓄積の考察において問題となるのか。まずは，この点の検討から始めることにしましょう。

　資本蓄積は，生み出された剰余価値のうち，少なくともその一部分が資本に追加投資され，拡大された規模で資本の生産が遂行されることですが，その際に問題となるのは，追加投資される剰余価値部分が，どのように資本として運用されるかということです。資本には，生産手段の購入に当てられる不変資本と労働力商品の購入に当てられる可変資本とがありますので，剰余価値を追加的な資本として運用する場合には，その追加的に運用される剰余価値部分が，不変資本と可

変資本にどのように振り分けられるかが問題となります。

　資本の運用に際しての資本の振り分け方は、資本によって生産される商品の内容によって異なりますし、同種商品を作る場合でも、その生産方法によって異なります。たとえば、上着を作る場合を考えてみましょう。上着の生産に必要とされる機械や道具、原材料などの生産手段の種類や量と、労働力を提供する労働者の数は、どのような上着をどのように作るかによって異なります。また、同じような上着を作るにしても、機械を用いて生産する場合と主に手作業で生産する場合とでは、生産手段の種類も量も違いますし、生産手段の量と労働力の量との割合もずいぶん違ってきます。そこには、技術的な生産方法の違い、すなわち機械を使うか主に手作業で生産するのか、あるいはまた機械を使うにしても、より生産性の高い機械を使うか生産性の低い（より労働力のかかる）機械を使うかの違いが見られます。このような技術的な内容によって規定される資本の構成を、資本の技術的構成と呼びます。

　資本の構成は、技術的な側面によって規定されますが、実際には、資本は、たとえば1億円の資本というように、ある特定額（価値額）で投入されますので、1億円の資本のうち、どれだけの金額（価値額）を機械や原材料に、またどれだけの金額（価値額）を労働力の購入に投入するのかが問題となります。1億円の資本のうち、仮に6000万円を生産手段の購入に、4000万円を労働力の購入に当てると想定すると、資本の構成は、6000万円と4000万円との割合で示されます。このような資本の構成を、資本の価値構成と呼び、資本の技術的構成によって規定され、その変化を反映する限りでの資本の価値構成を資本の有機的構成と呼びます。そして、不変資本を c、可変資本を v とすると、資本の有機的構成は、c/v で表されます。

　資本蓄積にとって、資本の有機的構成が重要な意味を持つのは、剰余価値 m の追加投資の割合が、資本の有機的構成によって示されるからにほかなりません。たとえば、不変資本 60c、可変資本 40v という資本構成の資本が、40m の剰余価値を生み出し、次の生産に際して、40m の剰余価値のうち 10m 分が追加投資される場合を考えてみましょう。問題は、10m の剰余価値がどのような割合で追加投資されるかということです。その場合の追加投資の仕方は、大きく分けて2通りです。すなわち、10m が以前と同じ割合で 6c と 4v とに振り分けて投下される場合と、割合を変えて投下される場合です。前者は、資本の有機的構成が変わらない場合の資本蓄積で、後者は、資本の有機的構成が変わる場合の資本蓄積です。この2通りの振り分け方の違いは、それらが労働者階級の運命に及ぼす影

響の違いにもつながっています。

まずは，資本の有機的構成が変わらない場合の資本蓄積が，労働者階級の運命にどのように関わるのかを考えてみましょう。

先の例で示した10mの剰余価値の追加投資について，資本の有機的構成が変わらないということは，6c分の生産手段を使用するために4v分の労働力が投入されるということですので，この場合の資本蓄積は，4v分の絶対的な労働需要の増大を伴っていることになります。この4v分の可変資本の増大は，追加的な労働者によって担われるか，既存の労働者の賃金上昇を伴う労働時間の延長によって行われるかのどちらかですが，いずれにしても，資本蓄積は，労働需要の増大に結びついています。この労働者側にとって比較的優位な状況においても，賃金労働者の資本への従属関係は変わることはなく，「すでに賃金労働者が自分で鍛え上げた金の鎖の太さと重みとが，その張りのゆるみを許すということでしかない」(同上，1060ページ)のです。

つぎに，資本の有機的構成が変わる場合の資本蓄積を考えてみましょう。

資本の有機的構成が変わるということは，その構成が低下，あるいは上昇するということです。より多くの剰余価値を追求するという資本の本性を考えると，資本の有機的構成が上昇する場合に限定して考えてもよいでしょう。

資本の有機的構成（c/v）が上昇する場合，それは，たとえば10mの剰余価値が，7cの不変資本と3vの可変資本に振り分けられたり，8cの不変資本と2vの可変資本に振り分けられたりします。先の例で示せば，資本の有機的構成は，(60c + 7c)/(40v + 3v) や (60c + 8c)/(40v + 2v) に上昇します。この場合の資本の有機的構成の高度化は，相対的に労働力を節約させるような生産方法，あるいは機械の導入を伴う資本蓄積によってもたらされます。また，機械設備等の減価償却基金の積立てを踏まえて，その更新時に生産性のより高い新たな機械設備に切り替えられる場合には，資本の有機的構成は，(60c + 10c)/40v となったり，(60c + 11c)/(40v − 1v) となったりすることもあります。このような場合には，これまでの古い機械に携わっていた労働者の数が減らされることにもなるので，可変資本は，相対的に減少するだけではなく，絶対的にも減少しうることになります。この点については，資本主義的蓄積と相対的過剰人口に言及する次項において詳しく検討します。

3　資本主義的蓄積と相対的過剰人口

　相対的過剰人口というのは，聞き慣れない言葉かもしれません。ただ，この概念は，資本主義的蓄積の一般的法則に関わる，あるいはまた労働者階級の運命に関わる非常に重要な意味を持っています。なぜ相対的過剰人口が重要な意味を持つのかを説明する前に，まず相対的過剰人口に該当する対象者をあげておきましょう。それは，非正規労働者，主婦（主夫），失業者，ニート[1]，生活保護受給者，ホームレス等々です。しっかり働いている非正規労働者や主婦を，なぜ失業者やニート，生活保護受給者，ホームレスと一緒にするのかと，疑問に思うかもしれませんし，一緒くたに捉えられることにショックを受けるかもしれません。しかし，相対的過剰人口というのは，それほどに衝撃的な内容を持つものといえます[2]。

　過剰人口は，文字通り過剰で余分な人口ということですが，ここで問題とする相対的過剰人口は，人間社会において過剰で余分な人口ということではけっしてありません。すでに述べたように，資本の有機的構成の高度化を伴う資本蓄積が，可変資本を相対的に減少させる傾向を持ち，そのことが相対的過剰人口の形成に関わります。ですから，ここでの過剰人口は，資本の運動に関わる過剰人口だといえます。そこで，次に問題となるのは，相対的過剰人口という場合の「相対」の対象，すなわち何に対して「過剰」なのかということです。資本の運動を推進させる動因は，資本の増殖欲求，あるいは資本による利潤追求ですので，「相対」に関わるのは，資本の増殖欲求ということになります。そしてまた，あるものを「過剰」とする基準は，量的なものによって示されますので，それは，単なる資本の増殖欲求ではなく，資本の中位の，あるいは平均的な増殖欲求ということになります。したがって，相対的過剰人口は，資本の中位の，あるいは平均的な増殖欲求にとって「相対的に」過剰な人口として捉えられます。言い換えると，それは，資本にとって平均的な利潤をあげるためには余分な労働者人口ということです。

　資本は，より多くの剰余価値（利潤）を追求するために生産力を高めたり，生産規模を拡大させたりしますが，諸資本相互の競争があるため，より新しい生産性の高い生産方法，あるいは生産性の高い機械を導入した資本にとっては，平均以上の特別な剰余価値の取得が可能になる半面，旧式の生産方法，あるいは旧式の機械を使う資本にとっては，機能している資本そのものの減価が生じることも

あります。この場合，生産性の高い機械の導入に伴って，余分な労働者が排出されるとともに，機能資本の減価が生ずる資本のもとでは，その減価によって生ずる損失を埋め合わせるために労働者にたいする搾取強化が図られたり，コスト削減のための安価な労働力の導入，あるいは合理化が図られたりします。

　資本にとっては，平均的な利潤をあげることが死活問題となるため，生産性を上げて労働コストを削減することによって，より多くの利潤が追求される傾向がありますし，正規労働者を雇うことでは平均的な利潤が確保できない場合には，正規労働者をより安価な労働力としての非正規労働者に替えて平均的な利潤の確保を図るということにもなります。この場合に，非正規労働者は，資本の下で労働を行っているにもかかわらず，資本の平均的な増殖欲求にとっては「過剰な」労働者人口に属することになります。

　このように，資本の有機的構成の高度化を伴う資本の蓄積過程[3]，あるいは景気循環過程において排除され，失業状態に置かれる労働者だけではなく，潜在的に正規労働者に加わる可能性のある主婦や，アルバイター，パート労働者，派遣労働者などの非正規労働者も，同じく正規労働者の予備軍として位置づけられ，相対的過剰人口を構成することになります。また，可能性として正規労働者の予備軍となりうるニートやホームレスも，資本の蓄積に伴う相対的過剰人口の形成に関わっており，相対的過剰人口に含められ，相対的過剰人口として，正規労働者への影響力を持つことになります。

　非正規労働者，主婦（主夫），ニート，失業者，生活保護受給者，ホームレスという，一見すると関連のなさそうな人々が，資本蓄積の動きに結びつけられ，資本の平均的増殖欲求にとって余な労働者人口として捉えられるとしても，なぜそれらの人々を相対的過剰人口として捉える必要があるのかという疑問が生ずるかもしれません。そこで，この問題を，資本主義社会における相対的過剰人口の存在意義の問題として，次項で検討します。

4　資本主義社会における相対的過剰人口の存在意義

　労働力は，資本の運動にとって不可欠な要素であり，それなくしては，価値生産はじめ剰余価値生産はできません。ですから，資本蓄積に示される資本の運動にとって，労働力供給は，その運動を遂行するうえでの必要要件であるとともに，大きな制約要因でもあります。しかし，資本は，運動を展開するうえでのその制約要因の問題を，自らの運動によって解決します。そして，制約要因の問題を解

決するだけではなく，逆に資本の運動に適合させるような労働力供給源泉をつくりあげるのです。そのような労働供給源泉が，相対的過剰人口，あるいは労働者予備軍にほかなりません。

相対的過剰人口は，資本の有機的構成の高度化を伴う資本蓄積過程において，資本の運動に応じて，自由に吸引あるいは排出しうる労働者予備軍としての役割を果たし，資本が急速に膨張する際にも対応可能な労働力の供給源泉となります。すなわち，この過剰人口は，「資本の変転する増殖欲求のために，いつでも搾取できる人間材料を，現実の人口増加の制限に関わりなしに」（同上，1083ページ）つくりだします。

また，相対的過剰人口は，資本の搾取欲求に適合する労働者の雇用システムと賃金制度の形成にも関わっています。この点に関連して，日本的雇用慣行とその崩壊について少し触れることにしましょう[4]。

日本的雇用慣行というのは，「終身雇用」といわれる長期雇用，年功序列賃金，企業内組合などの雇用および賃金制度ですが，そのような制度が活用されたのは，第二次世界大戦後の日本における高度経済成長期であり，年功序列賃金と長期雇用保障によって，安価な労働力が安定的に確保され，最大限の利潤追求と資本蓄積（＝経済成長）の促進が可能になりました。その日本的雇用慣行と言われた雇用環境は，日本経済が右肩上がりで成長している際には，資本にとってまさに最適な雇用システム，あるいは賃金制度でした。しかし，高度経済成長期に採用された安価で優秀な若年労働者が，時を経て高価で負担の掛かる中高年労働者に成長すると，それは，資本蓄積の足かせになるということで，資本蓄積に適合的な雇用システム（成果主義的賃金制度や非正規労働者の活用）への転換が求められるようになりました。このような日本的雇用慣行とその崩壊の背景に存在する相対的過剰人口は，高度経済成長初期における「金の卵」として重宝された中学卒業生の集団就職にみられる潜在的な過剰人口形態の存在，日本的雇用慣行の崩壊期における非正規労働者の増大を想起することによって示されます。

相対的過剰人口の役割に関しては，さらに景気循環におけるその役割も注目に値します。相対的過剰人口は，景気循環において，好景気の時期には，正規労働者による労働条件向上への要求に対する重石となり，不況の際には，正規労働者を圧迫して，悪い労働条件での労働を強いる要因ともなります。

このように，相対的過剰人口は，資本主義的蓄積によって形成されるとともに，資本主義的蓄積の「てこ」としての役割を担うことになります。

5　相対的過剰人口の一存在形態としての非正規労働者

　相対的過剰人口には，失業者や主婦，ニート，生活保護受給者，ホームレスが含まれることをすでに示しました。ここでは，就業していても，不規則な状態で就業し，その生活も労働者階級の中での平均的水準を下回るような非正規労働者について，その状況と相対的過剰人口としての役割を検討します。

　非正規労働者は，パートタイム労働者や派遣労働者，契約社員などといった長期雇用の保障がない，期間を限定した労働契約によって雇用される労働者です。非正規といえども，資本のもとで就業している労働者ですから，過剰な労働者人口と見なすのには抵抗があるかもしれません。しかし，相対的過剰人口としての非正規労働者が，最も深刻な問題を抱え，相対的過剰人口たる役割を最も担っていることを考えると，非正規労働者を相対的過剰人口の一員として明確に位置づけ，その問題性が明示されなければなりません。

　非正規労働者を全般的に見て，正規労働者と比べてみると，非正規労働者の多くが賃金や社会保険などの労働条件で不利な状況に置かれ[5]，不安定な就労状況に置かれていることがわかります。このような非正規労働者は，まさに資本の平均的増殖欲求にとっては余分な，あるいは正規の労働者としては余剰とみなされる相対的過剰人口に属し，資本蓄積における重要な役割を担うことになります。すなわち，第一に，正規の労働者以下の雇用コストで正規の労働者と同じ成果（＝価値増殖）を導き出す[6]，第二に，正規労働者の賃金をはじめとする労働条件を低く押さえる，という役割です。

　同じ相対的過剰人口でも，失業者の場合は，労働の排出・吸引の調整弁の役割と現役労働者の労働条件改善要求の動きに対する重石としての役割が与えられていますが，非正規労働者の場合は，さらに正規労働者との職場内での競争要因が加わるため，相対的過剰人口としての非正規労働者の存在によって，ますます資本優位に資本蓄積が進められることになります。

　このような相対的過剰人口としての非正規労働者の活用は，グローバル資本主義化が進み，地球規模での諸資本の競争が展開される状況において，さらに重要な意味を持つことになります。グローバル資本主義化に伴う労働市場における規制緩和が非正規労働者の活用範囲を拡大させ，世界的規模で活動する大資本であっても，より多くの利潤を追求するための一つの手段として，非正規労働者を活用するようになっています。また，雇用コストの削減は，中小資本にとってはま

さに生き残りをかけた死活問題となり，非正規労働者の活用が増大することになります。このような傾向は，正規労働者と非正規労働者との数と割合の推移（表8-1），非正規労働者比率の推移（表8-2）によって示されています。

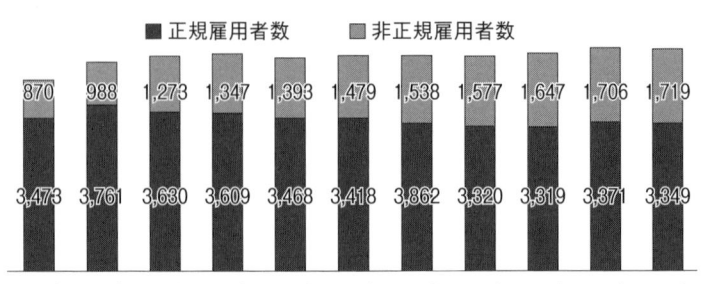

表 8-1　労働者数・非正規労働者数の推移（万人）

■ 正規雇用者数　□ 非正規雇用者数

年	正規雇用者数	非正規雇用者数
1990年	3,473	870
1995年	3,761	988
2000年	3,630	1,273
2001年	3,609	1,347
2002年	3,468	1,393
2003年	3,418	1,479
2004年	3,862	1,538
2005年	3,320	1,577
2006年	3,319	1,647
2007年	3,371	1,706
2008年	3,349	1,719

（備考）総務省統計局「労働力調査」長期時系列データ「雇用形態別雇用者数」
※非農林業雇用者（役員を除く）。2001年以前は，2月調査。2002年以降は，1-3月平均。

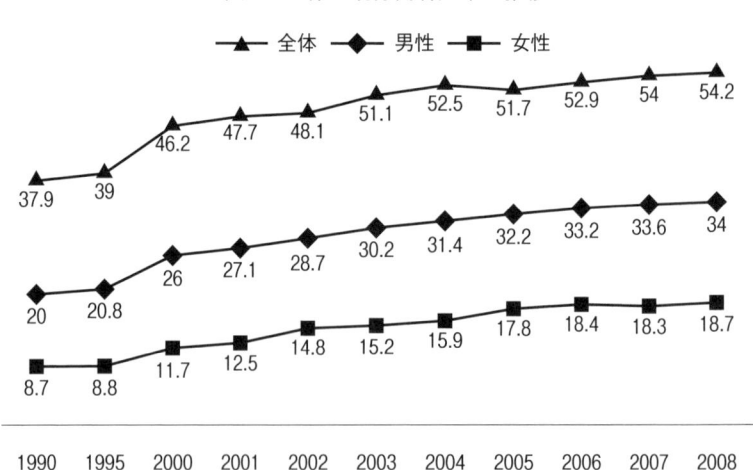

表 8-2　非正規労働者比率の推移

―▲― 全体　―◆― 男性　―■― 女性

年	全体	男性	女性
1990	37.9	20	8.7
1995	39	20.8	8.8
2000	46.2	26	11.7
2001	47.7	27.1	12.5
2002	48.1	28.7	14.8
2003	51.1	30.2	15.2
2004	52.5	31.4	15.9
2005	51.7	32.2	17.8
2006	52.9	33.2	18.4
2007	54	33.6	18.3
2008	54.2	34	18.7

（備考）総務省統計局「労働力調査」長期時系列データ「年齢階級，雇用形態別雇用者数」※非農林業雇用者（役員を除く）。2001年以前は，2月調査。2002年以降は，1-3月平均。

表1-1に見られるように，正規労働者は減少傾向にあり，非正規労働者は増大傾向にあります。また，労働者全体に占める非正規労働者の割合も，表1-2で示されているように，男性・女性とも増加傾向にあります。このような非正規労働者の増大は，まさに資本主義的蓄積によって相対的過剰人口が累進的に生み出されることを示しています。それは，資本のもとへの労働者の吸引・排出の規模が拡大することを意味し，雇用調整弁となる労働者の増大を示すことにもなります。それゆえ，景気の悪化とともに，雇用調整弁としての非正規労働者の本領が発揮されることは，まさに相対的過剰人口としての非正規労働者の宿命だといえます[7]。

6　結びにかえて

　非正規労働者が相対的過剰人口としての役割を担うということは，労働市場における労働需給の調整弁としての役割を担うということでもありますが，このことは，米国におけるサブプライムローン問題を背景にして生じた世界金融危機（2008年）とそれに伴う景気の悪化によって，まさに深刻な問題として表面化しました。

　これまで，資本蓄積の労働者階級に及ぼす影響の考察に際して，労働者階級としての枠組みにこだわってきたのは，正規労働者が，非正規労働者，主婦，ニート，失業者，生活保護受給者，ホームレスという相対的過剰人口を構成する労働者予備軍と運命共同体の関係にあることを強く意識してのことでした。正規労働者，非正規労働者，主婦，ニート，失業者，生活保護受給者，ホームレスが，労働者階級としての運命共同体を形成しているからこそ，相対的過剰人口の問題は，労働者階級として解決しなければならないということになります。マルクスの指摘によれば，「労働組合などによって就業者と失業者との計画的協力を組織して，かの資本主義的生産の自然法則が彼らの階級に与える破壊的な結果を克服または緩和しようとする…就労者と失業者との連結は，すべて，かの法則の〈純粋な〉働きをかき乱す」（同上，1100ページ）のです。この指摘をさらに敷衍して捉えると，労働者階級の状態の悪化を防ぐためには，労働組合等の組織を通して，正規労働者だけではなく，相対的過剰人口を構成する非正規労働者，主婦，ニート，失業者，生活保護受給者，ホームレス等々の計画的協力と連携が必要とされるということになります。

　資本主義的蓄積の一般的法則は，一言でいえば，資本主義的蓄積に伴って労働

者階級の状態が悪化するということであり，マルクスは，そのことと関連して，資本の蓄積とともに，「労働者階級の側における，貧困，労働苦，奴隷状態，無知，野蛮化，および道徳的堕落の蓄積」（同上，1104ページ）が生ずることを指摘しています。現代社会は，格差社会ともいわれ，ワーキングプア[8]やネットカフェ難民[9]に象徴される現代社会における貧困問題や派遣労働者に代表される「労働苦」や雇用環境の不安定性，生活の不安定性，無差別殺人事件などによる社会秩序の不安定性の問題などが存在します。それらの問題を，個々別々の問題としてではなく，つながりのある問題として捉えることができるとすれば，そのつながりは，資本主義的蓄積の一般的法則に求められるように思われます。したがって，その問題の解決も，相対的過剰人口の問題と同様に，組織化された労働者階級の肩にかかっているといえるのではないでしょうか。

(1) ニートは，「Not currently engaged in Employment, Education or Training」から導き出された用語で，働かず，教育や訓練を受けていない，受けようとしない若年無業者になります。厚生労働省の平成20年度版「労働経済白書」では，2002年に約64万人の若年無業者が確認されており，それ以降もほぼ同じ数で推移しています。

(2) 現代社会における相対的過剰人口の存在形態については，拙稿「現代社会における相対的過剰人口の存在形態およびその意義」『中央大学経済研究所年報』第34号，2004年3月を参照してください。

(3) 資本の蓄積は，諸資本の競争を伴いながら，資本の吸収・合併，すなわち資本の集中という形で進められることもあり，その際に見られる資本の有機的構成の高度化，あるいは合理化は，相対的過剰人口の創出につながります。そして，グローバル資本主義化の進展に伴う諸企業の統廃合の数および規模の増大は，多くの労働者の資本のもとへの排出と吸引の規模を拡大させるものとなっています。

(4) 日本的雇用慣行とその崩壊については，拙稿「資本蓄積と90年代雇用情勢およびその変化」一井昭・鳥居伸好編著『現代日本資本主義』中央大学出版部，2007年1月を参照してください。

(5) 非正規労働者のうちのパートタイム労働者の賃金および雇用保険・厚生保険の加入に関して，平成19年11月発表の厚生労働省「平成18年パートタイム労働者総合実態調査結果の概況」報告によると，パート労働者を雇用している事業所の雇用理由のうち，「人件費が割安なため（労務コストの効率化）」という理由が71.0%を占めています。逆に，パート労働者の「不満・不安」のうち，「賃金が安い」が61.8%になっています。また，パート労働者の雇用保険の加入状況は，50.5%，厚生年金等の公的年金の加入状況は，33.2%となっており，不安定な状況にあることが示されています。

(6) 職務がほとんど同じ正規労働者と非正規労働者の賃金格差については，パート労働者との比較調査結果が，前出の平成19年発表の厚生労働省報告の中で次のように示されています。正規労働者とパート労働者の両方を雇用している事業所のうち，職務がほとんど同じパート労働者がいる事業所が51.9%，そのうち，1時間当たりの賃金額に差がある事業所の割合が81.7%となっており，同じ仕事をしても，非正規労働者の方が賃金

額を切り下げられているケースが多くなっています。

(7) 正規労働者のうち派遣労働者は，派遣先との雇用契約ではなく，派遣会社との雇用契約となりますので，派遣先での人員整理に際しては，契約関係がないことによる容易な排除の対象となり，それだけ強力に相対的過剰人口としての役割を担うことになります。派遣業については，1947年に制定された「職業安定法」において，雇用関係に中間斡旋者が介在して，強制労働や人身売買，中間搾取を行わないよう厳しく規制され，労働者派遣業が原則禁止されていましたが，経済界の要請により，1986年に「労働者派遣法」が施行されて，労働者派遣事業が部分的に合法化され，2004年には，派遣法改定に伴って製造業への派遣を含むほぼ全面的な派遣業の自由化が実現されました。このような労働者派遣の規制緩和によって，派遣労働者は，1998年の約90万人から，2006年には約321万人に増大しています（平成19年12月発表の厚生労働省「労働者派遣事業の平成18年度事業報告の集計結果」を参照）が，いったん景気が減退すると，派遣労働者をはじめとする非正規労働者の「派遣切り」「非正規労働者切り」の問題が発生することになります。

(8) ワーキングプアとは，正規労働者と同様にフルタイムで働いても，収入が生活保護の水準かそれよりも低いため，生活苦を強いられている労働者で，国税庁の2006年「民間給与実態統計調査」によると，年収200万円以下の労働者は，2006年現在で1000万人を突破したということです。

(9) 厚生労働省2007年8月報告「日雇い派遣労働者の実態に関する調査及び住居喪失不安定就労者の実態に関する調査の概要」において，ネットカフェ難民は，全国で推定約5,400人という調査結果が示されています。

（鳥居伸好）

〈わが国における搾取・貧困告発の先駆者1〉

河上肇の生涯と『貧乏物語』

生　涯

　河上肇は，一般に，戦前期日本におけるマルクス主義者を代表する人物とみなされます。確かに河上は，日本を代表するマルクス主義経済学者でした。しかし，彼ははじめからマルクス主義者であったわけではありませんし，またそこへ到るまでに彼がたどった道は決して平坦なものではなく，紆余曲折に満ちたものでした。

　河上肇は，1879年10月20日，現在の山口県岩国市に生まれました。早くからその文筆の才をもって鳴らし，詩人・文人として将来を嘱望されていました。大学も文科を志望していましたが，1898年に日本初の政党内閣が成立，これに刺激を受けた河上は，高等学校の卒業試験を目前にして志望を法科に転じ，東京帝国大学法科大学政治科に進学しました。彼が後年『自叙伝』の中で語るところによれば，文学を志しながらも，心の底にはいつも「経世家的な気分」「経世家的な欲望」をもちつづけており，それが初めての政党内閣成立という事件を契機として，にわかに表面にあらわれてきたのでした。

　1902年に大学を卒業した河上は，まず新聞記者になろうとしましたがうまくいかず，また銀行に就職しようとしてこれも失敗，結局農科大学に講師の職を得ました。その後いくつかの大学で講師を兼任するようになります。この時期河上は，経済原論をはじめ農政学や交通論など，さまざまな科目の講義を担当していました。

　1905年，河上は『読売新聞』に『社会主義評論』と題する論説を連載しました。当時はまだよく知られていなかった社会主義というものについて論じ，権威ある帝国大学教授たちを痛烈に批判したこのエッセイは大きな反響をよび，注目されました。しかしこの年の末，彼は突如連載を打ち切り，教職をすべて辞し，蔵書のほとんどを売り払い，宗教活動に飛び込みます。伊藤証信という人物の主宰する，「無我の愛」を唱える「無我苑」という団体でした。しかし2ヶ月ほどでこの「無我苑」を飛び出します。その後新聞記者，雑誌主筆を経て1908年，京都帝国大学に招かれて講師となりました。ここから河上の本格的な研究生活が始まります。1913年，ヨーロッパ留学に出発しましたが，ベルリン滞在中に第1次世界大戦の勃発に遭遇，そのため2年間の予定を1年半ほどで切り上げて帰国し，

その後まもなく教授に昇進しました。留学中に河上はヨーロッパ見聞記などを日本の新聞・雑誌に寄稿しましたが、それらは帰国後まとめられ『祖国を顧みて』として出版されました。そこには彼の思想の愛国的・国民主義的な側面をみることができます。帰国翌年の1916年、日本が大戦景気に沸くなか、河上の代表的著作のひとつ『貧乏物語』を「大阪朝日新聞」に連載しました。このころから河上は、京大で経済原論と経済学史の講義を隔年で担当するようになります。

　この時期までの河上は、いわゆるブルジョア経済学の立場をとっていました。それも、国家主義的な色彩の強いものでした。社会主義そのものには大いに関心をもっていましたが、批判的でした。彼の経済学はまだ社会主義ではなく、彼にとってマルクスはまだ一社会主義者にすぎませんでした。

　河上のマルクス主義への傾斜、ブルジョア経済学者からマルクス主義経済学者への変身が始まるのは、1917年頃のことです。1919年には雑誌『社会問題研究』を創刊し、その姿勢をさらに明確にしました。この『社会問題研究』は、そのほとんどの号で河上が一人で全紙面を執筆するという個人雑誌であり、1930年までに計106号が刊行されました。この雑誌の上で河上は、自身の研究成果を発表し、またマルクス主義の紹介・宣伝に努めました。

　河上の思想はこの時期に一大転回を遂げますが、世上もまた大きく動いていました。第1次世界大戦が長期化するなか、1917年にロシアで社会主義革命が起こります。翌1918年には大戦は終結しましたが、シベリア出兵が開始され、また国内では米騒動が起きました。いわゆる大正デモクラシーが高揚をみせ、1925年には男子普通選挙が実現しますが、同時に治安維持法が制定され、政府による思想弾圧が本格化します。激動の時代でした。

　日本におけるマルクス研究がまだ浅かった当時にあって、河上はその先駆者・開拓者として、試行錯誤を重ねながら、研究を進めていきました。この当時、河上とともに日本におけるマルクス研究の先駆を切った、櫛田民蔵という人物がいます。櫛田は河上よりも6歳下、河上の愛弟子であり親友でありました。また社会主義者としては河上よりも一歩を先んじていました。1923年、河上はそれまでの京大での講義をまとめた『資本主義経済学の史的発展』という大著を出版しましたが、櫛田はこれに対して厳しい批判を加えました。マルクス主義の根本的な部分、唯物史観というものを河上は正しく理解していないのではないか、というのです。河上はこの批判をもっともとして容れ、マルクス主義の勉強をもう一度その哲学的基礎からやり直すことを決意します。櫛田は、河上を師として大いに敬愛しつつ、しかしたびたび鋭い学問的批判を加え、そうして河上とともにわ

が国のマルクス主義研究を牽引していったのでした。

　河上がマルクス主義への傾倒の度を深めていくにつれて，彼の京大での講義内容も変化していきます。はじめは純然たるブルジョア経済学であったのが，最後にはほぼ完全にマルクス『資本論』の略解になっていました。当時にあって帝国大学の教壇からマルクス経済学を講じるというのは，ほとんど前代未聞のことです。1925年に治安維持法が成立し，思想弾圧が厳しさを加えるなか，河上は政府・警察当局からは危険思想をもつ大学教授の巨魁としてねらわれるようになります。1928年，政府・文部省の圧力をうけて，河上は京大から追われました。この年，河上の代表作の一つとされる『経済学大綱』が出版されました。これは，京大での最後の講義の稿本を上篇とし，『資本主義経済学の史的発展』に櫛田民蔵の批判をうけて加筆訂正したものを下篇とする，900余ページからなる大著です。

　その後河上は書斎を出て実践活動に身を投じます。新労働農民党の結成に参加し，居を東京に移してその運動に挺身しましたが，まもなく党の政治的性格をめぐる対立のためにこれと訣別しました。1932年には非合法下の日本共産党に入党し，隠れ家を転々とする生活を送ります。またこの年，彼の最後の経済学書『資本論入門』が刊行されました。これは，河上自身のそれまでの研究の集大成であると同時に，当時の日本におけるマルクス主義研究の到達点を示すものでもありました。しかし地下生活100余日，翌33年には治安維持法違反で検挙されました。このとき彼は，共産主義からのいわゆる「転向」「非転向」の選択を突きつけられます。検察当局は，彼に対しあの手この手で「転向」を迫りました。河上は社会的に大きな影響力をもっていましたから，彼を「転向」させることには大きな意味があったのです。これに対して河上は，マルクス主義の実際運動とは一切手を切り，元の書斎に隠居すると宣言します。しかし彼は，マルクス主義が真理であるという主張だけは決して曲げようとはしませんでした。この結論は，河上にとってはぎりぎりの譲歩ではありましたが，学者としての良心は守り抜いたのです。結局，権力側はこの声明には満足せず，懲役5年の実刑を科しました。他方，当時の日本共産党は，河上を除名しました。服役途中，皇太子生誕特赦で刑期の4分の1を減じられ，4年余の獄中生活の末，1937年に出所しました。

　河上が出獄したすぐ後に，日中戦争が勃発します。そして太平洋戦争に突入した1941年末，河上は京都に戻り，吉田山のふもとに隠棲しました。このとき58歳。心身ともにかなり参っていたようです。マルクス学者を「引退」した彼は，みずから「閉戸閑人」と号し，詩と歌とともにその余生を過ごします。日本や中

国の詩歌を研究し，また自分でも作りました。それまでのマルクスや『資本論』や経済学は，和漢古今の詩と歌とにとって代わられたのです。『自叙伝』も書き始めました。この『自叙伝』は，伝記文学の傑作として文学的にも高く評価されています。

　河上はこのようにして戦争の時代をひっそりと生き，そして終戦を迎えました。治安維持法は廃止され，そして日本共産党は再建され，河上は再び共産党員として認められました。この頃には，老齢による身体の衰弱や栄養失調などのため病気がちになっていましたが，年が明けた1946年1月30日，河上は67歳でその波瀾万丈の生涯を閉じました。

　河上の思想をあとづけてみると，一見したところ，動揺と迷走を繰り返しているようにも思えます。しかし，彼の思想を終始不断に貫徹しているものがあります。すなわち，真理の追究・真実の追求です。自ら真理真実と信ずるところに脇目もふらず勇往邁進した軌跡が，彼の紆余曲折に満ちた思想と行動の過程であったのです。ひとは河上を「求道の人」と呼びます。彼の生涯は，まさに求道の旅でした。

『貧乏物語』

　「道」を求めて迷いつつ登り，誤りながら進んだその思想的過程において河上は，非常に多くの著作を残しました。その数は，著書120余冊，論文750余編にのぼります。これほど多くの著作を発表した日本の経済学者は，ほかにはそうはいないでしょう。このような膨大な著作のうち，世間に大きな衝撃や影響を与えたものもまた，数多くありました。そのひとつが，『貧乏物語』です。1916年9月から12月にかけて53回にわたって「大阪朝日新聞」に連載されたこのエッセイは，たちまち非常な反響を呼び，絶賛を博しました。このために大阪朝日新聞の購読者数が急増したといわれるほどです。翌1917年には単行本化されましたが，これもベストセラーとなり，ジャーナリストとしての河上肇の名を広く世に知らしめました。現在では日本経済学の古典となっているこの書は，はじめて「貧乏」の問題を経済学の問題として提起した作品であり，また日本人による最初の経済学的著作であると評価されることもあります。

　『貧乏物語』は，上篇「如何に多数の人が貧乏して居る乎」，中篇「何故に多数の人が貧乏して居る乎」，下篇「如何にして貧乏を根治し得べき乎」の3篇にわかれています。

　「驚くべきは現時の文明国に於ける多数人の貧乏である。」という一文をもっ

て本論は説き起こされます。そしてまず河上は，そもそも「貧乏人」とは何であるか，その定義を3通りに分類します。すなわち，第一に，「金持ち」に対しての，比較的・相対的な意味での「貧乏人」。第二に，他者の救済や慈善に依存しているという意味での「貧乏人」。第三に，最低限度の生活を維持するために必要な物資をも得られない人々を指す「貧乏人」。うちここで問題にするのは第三の種類の「貧乏人」，絶対的な「貧乏」であると述べます。

　その上で中篇において，多数の貧乏人が発生するのは，金持ちがその金銭的余裕にまかせて奢侈贅沢品を需要し，それに応じて社会の生産力の大部分が奢侈贅沢品に振り向けられ，その結果生活必需品の生産が欠乏するためである，と説きます。そしてこのような関係は，資本主義の経済組織の下では必然的に生じてくるものであるということを明らかにします。

　そして下篇，「貧乏」根絶のための方策としてこのときの河上が提示したのは，第一に，富者の倫理道徳を向上させることによって，奢侈贅沢をやめさせること，第二に，社会政策の実施によって貧富の格差を是正すること，第三に，経済組織そのものを改造すること，すなわち社会主義の実現でした。これらのうち，河上は第二，第三の策を却下します。資本主義下の悪弊は人々の利己心の是認に由来するのであって，それを改めることなしに制度・組織だけを改めても駄目である，というのです。そして，より根本的な，第一の方策こそが，すなわち人々の倫理道徳を向上させ利己主義を利他主義に改めることが，貧乏を根絶する手段である，と説きました。

　こうして，彼の結論は，儒教風の色彩を帯びた，人道主義的・精神主義的な説教にすぎないものに終わりました。今日のわれわれからみれば，取るに足らないものと思われるかもしれません。しかし，当時の人々には，また思想界には，強烈な衝撃を与えたのです。『貧乏物語』が発表されたのは第1次世界大戦の最中で，これに刺激されて日本資本主義は急速な成長を遂げつつあり，「成金」が出現するなど大戦景気に沸いていた時代でした。また，経済学に関していえば，日本が明治大正期を通じて取り組んできた西欧経済学の輸入を一応完了し，そして独自の発展を開始しようとした時期でした。このような時代にあって，「貧乏」を経済学として論じ，またその「貧乏」は「富裕」と裏表の関係にあるということを示し，そして「貧乏」は資本主義経済社会においては必然的に生じるものであることを明らかにした，さらにそれらが著者一流の名文でもって平易明解に綴られた，事実上日本人最初の経済学書と称されるこの『貧乏物語』は，きわめて大きな意義と影響力をもっていたのです。

　　　　　　　　　　　　　　　　　　　　　　　　　　　　（玉岡敦）

〈わが国における搾取・貧困告発の先駆者2〉

小林多喜二とその作品

　最近若い人に小林多喜二の『蟹工船』が読まれているようです。『マンガ蟹工船』という本も出ているし，本屋さんの文庫のコーナーでは新潮文庫版の『蟹工船』が平積になっています。この1年だけでも数十万部出たといわれているので，読んだか否かは不明ですが，注目されていることは確かなようです。

　小林多喜二といえば，いわゆるプロレタリア文学の代表的作家ですが，その作品よりも当時の悪名高い治安維持法で逮捕され，特高による拷問で亡くなった（殺された）という事実のほうが，よく知られているのではないでしょうか。

　彼は，1904年に秋田県の北秋田郡下川沿村川口（現大館市）に生まれましたが，4歳のとき家族で北海道小樽市に移ってきます。父親は8反歩くらいの自小作農でしたが，体を壊し小樽でパン工場を経営していた兄を頼って，北海道に渡ったのでした。多喜二は，地元の小学校を卒業した後，小樽商業学校（現小樽商業高校）そして小樽高等商業学校（現小樽商科大学）で学びます。伯父のパン工場を手伝いながらの通学だったようです。貧しい家の子が高等商業（旧制高校と同格）まで行くのは異例のことといっていいでしょう。彼の姉のチマも庁立小樽高女に進んでいます。伯父の援助もありましたが，母のセキは，子供の頃貧しくて小学校にもいけず，哀しい思いをしていたので，子どもたちには上の学校に上げたいという思いが，ことさら強かったといえましょう。

　彼は，商業学校時代に友人たちと回覧雑誌を始めています。又『文章世界』などの雑誌に詩や短歌・小品を投稿しています。水彩画も好きで，幾つかの洋画展に出品し入賞しています。文学にも美術にも関心を示しているところに，彼の豊かな感受性を見ることができます。ただ水彩画のほうは，画材等でお金がかかるからでしょうか，伯父にやめさせられます。

　1921年に小樽高商に入ってからは，文学に専念していきます。在学中，高浜年尾（高浜虚子の息子）らと校友会誌の編集に加わり，自らも詩や小品・短編小説，そしてバルビュス（19世紀のフランスの作家）の翻訳を発表しています。小樽高商で1年下に伊藤整がいました。伊藤はのちに『若き詩人の肖像』（1956年）のなかで，多喜二との微妙なすれ違い（コンプレックスとも取れる，彼への過剰な意

識）を表明しています。

　1924年多喜二は高商を卒業して，北海道拓殖銀行（小樽支店）に勤めます。このころ友人たちと同人雑誌『クラルテ』を創刊しますが，この『クラルテ』の誌名は，当時多喜二が影響を受けていた，先のバルビュスの同名小説から採られています。日本の作家では志賀直哉にもっとも影響を受けています。卒業前の24年1月の志賀直哉宛の手紙が残されていて，それは時候の挨拶ですが，そこには「すっかりご無沙汰してしまいました」とあることから，その前にすでに彼と手紙のやり取りがあったと思われます。

　多喜二は高商時代から大熊信行教授の経済原論の講義を聴いて，またクロポトキンの『パンの略奪』などを読んで，社会主義やアナーキズムに接近していきます。この時代，外にはロシア革命があり，内には小作争議や労働争議が起きていた時代には，多感なインテリ学生によくあることで，それだけでは「小林多喜二」は生まれません。

　このような時代背景はあるものの，彼が自覚的なプロレタリア作家になっていくには二つの大きな出会いがあったと思われます。ひとつは，小料理屋で働く美しい娘田口タキとの出会いです。彼女は言わば借金のかたにその店に売られてきた，不幸な境遇の娘でしたが，そこから這い出ようともがいていました。多喜二は彼女を愛するがゆえに500円もの大金をはたいて彼女を自由の身にしようとし，母の薦めもあって自宅に住まわせたりもしています。それを重荷に感じたタキの家出は，多喜二に観念的ではない，現実の社会の大きな矛盾の存在を，教えたと思われます。

　またそんな頃，彼は葉山嘉樹の作品に出会います。特に彼の『淫売婦』を読んだときの感動は大きなものであったようです。「『淫売婦』の一巻はどんな意味に於いても，自分にはグァン！と来た。……志賀直哉のばかりが絶対的な表現ではない。……葉山喜樹氏の芸術態度は自分の芸術態度に何者を与えるか!?」と日記（1926.9.14）に書いています。

　こうして自覚的なプロレタリア作家としての多喜二の第1作は書かれます。それは『1928年3月15日』です。これは小樽での「3・15事件」を細密に描き，しかもそれをそのまま小説のタイトルとしたことで，小樽の銀行員小林多喜二を全国的に有名にするとともに，特高が彼に対する憎しみを募らせることになりました。

　その次の第2作が『蟹工船』です。これは多喜二自身が藤原惟人への書簡（1929.3.31）で言っているように「主人公」がいません。船内の多くの労働者の過

酷な状況を，カメラアイのように追っかけています。このことから映画的手法で書かれているとしてエイゼンシュタインの『戦艦ポチョムキン』の影響を示唆する考えや，ルポタージュとして読めるとする見解もあるようです。多喜二の第2作に対する意気込み，つまり前作より「一歩前進している」（前掲蔵原宛て書簡）とする方法的な試みが，結果として現代の若者に読まれる側面も，見逃せないのかも知れません。

参考文献
河上肇『河上肇全集』全28巻＋別巻8，岩波書店，1982-86年
河上肇『社会問題研究』復刻版，全12巻・別巻1，社会思想社，1974-76年
塩田庄兵衛『河上肇』新日本新書，1990年
塩田庄兵衛『河上肇『貧乏物語』の世界』法律文化社，1983年
折原四郎『旅人河上肇』岩波書店
大内兵衛『河上肇』筑摩書房，1966年
『小林多喜二全集』全7巻，新日本出版社，1983年（特に第7巻，日記・覚書・書簡の巻）
手塚英孝『小林多喜二』上下，新日本新書，1973年
三浦綾子『母』角川文庫，1996年
小笠原克『小林多喜二とその周圏』翰林書房，1998年
右遠俊郎『小林多喜二私論』森の泉桂，2008年
『国文学解釈と鑑賞』別冊『「文学」としての小林多喜二』至文堂，2006年8月
ノーマ・フィールド『小林多喜二』岩波新書，2009年
荻野富士夫『多喜二時代から見えてくるもの』新日本出版社，2009年
浜村正夫『小林多喜二とその時代』東銀座出版社，2004年

（大和田寛）

〈学習案内1〉

インターネットで学ぶマルクス

はじめに

　もともとインターネットは，アメリカ国防総省が開発したコンピュータ・ネットワークである ARPA（Advanced Research Projects Agency）の運用から始まりました。1969年10月のことです。現在でも使われている分散型のパケット交換によるネットワークを特徴としています。90年代後半にはブラウザ（閲覧ソフト）が普及し，通信網の整備や通信速度の飛躍的向上によって，いまにみるインターネットを介した情報の共有が普通のことになりました。インターネットの広がりと影響力は，個人レベルの興味や学術研究にも応え，商業利用にもあらたな展開をみせてきたことについてはあらためて触れるまでもないでしょう。

　筆者は10年ほど前に「インターネットの『資本論』——デジタル『資本論』実現の可能性を探る——」（『経済』第25号，1997年10月）[1]を書きました。そこで筆者はインターネット上のデジタルテキスト，とくに『資本論』のそれを中心に紹介しました。あわせて，日本語版と完全版日本語『資本論』CD-ROM版の実現を呼びかけたのでした。この時点でもすでにインターネットには『資本論』をはじめとするマルクス・エンゲルスの著作が英語を中心にすでに多く存在していました。「インターネット元年」と言われた1995年以後，インターネットには自由に閲覧・コピーできるデジタルコンテンツが急速に増え，多言語での公開もいっそう進みました。

　10年経って，インターネットにはさらに多くのデジタル化されたマルクス・エンゲルスの著作が付け加えられました。インターネットが浸透すると英語化が地球を覆ってしまうという懸念も指摘され，インターネットに否定的な見解も生まれました。なにごとにも光と影の部分があるように，かつてもいまもインターネットに関わる陰の部分が存在します。また，「インターネット・ルネサンス」や「インターネット市民革命」という言葉も飛び交うほど，インターネット論も盛んでした。学術研究の分野では，文献データベースの利用や検索による各種情報の入手などインターネットを活用することは分野も問わず普通の研究活動になっています。発明・発見のようにプライオリティが問題になる分野ではデジタル

版での公表が先行しているほどです。

　本章では，マルクス・エンゲルス関係のインターネット上の資料（リソース）を中心に紹介します。なお，日本語については，翻訳権・著作権の問題があり，既存の翻訳書のままでデジタル公開されたものはありません[(2)]。

1　マルクス・エンゲルス関係

　インターネット上のマルクス・エンゲルス関係資料は，まずここにアクセスすればいいでしょう。

　Marx & Engels Internet Archive（http://www.marxists.org/archive/marxindex.htm）

　M. I. A（Marxist Internet Archive: http://www.marxists.org/index.htm）のひとつです。M. I. A には「マルクス主義」を冠する人物のアーカイブがあり，50近くの言語で読むことができます。ただし，これだけの多言語に対応する資料は言語によって大きく異なり，欧米語が中心になります。Selected Marxists, Library, History, Subjects, Encyclopedia の項目下，膨大な資料が蓄積されています。誰でも利用できるパブリック・ドメインのもと，非営利団体によるクリエイティブ・コモンズ（Creative Commons）の一環として，ボランティアによる入力作業によって維持されています。

　さて，マルクス・エンゲルスの代表的な著作はこの Marx & Engels Internet Arichive で読むことができます。英語を基準に各言語の対応を［表1］に示しました。約40の著作うち，英語以外ではドイツ語，スペイン語，フランス語，スウェーデン語でほとんどを，デンマーク語，イタリア語，オランダ語，ポルトガル語，トルコ語，中国語で主要なものを，それぞれ読むことができます。いくつかの条件で，著作，書簡，草稿などの検索することもできます。ここに日本語がないのは，うえで触れたように，翻訳書をそのまま掲載することができない著作権・翻訳権上の問題があるからです。

　英語版のもとになっているのは英語版『マルクス・エンゲルス全集』[(3)]です。ただし，機械処理していることや多くのボランティアによって作成されていることから，印刷本とまったく同一というわけではありません。インターネットでも読むことができると考えておいたほうがいいでしょう。英語版『マルクス・エンゲルス全集』は，人文社会系のテキスト・データを提供している InteLex（http://www.nlx.com/default.htm）から CD-ROM などで購入できます。大学などの機関で契約してホームページ上で利用できるようにしているところもあります。

表

刊行年	英語	アラビア語	ベンガル語	カタルニア語	チェコ語	デンマーク語	ドイツ語	ギリシャ語	スペイン語	バスク語	ペルシャ語	フィンランド語
1843	Intro. Crit. Hegel Phil. Right						○				○	
1844	Econ.-Phil. Manuscripts					○	○		○		○	
1844	On Jewish Question	○		○			○				○	
1844	The Holy Family						○					
1845	Communist colonies						○					
1845	Theses on Feuerbach	○		○	○	○	○		○		○	○
1845	Condition W/Class in Eng.						○		○			
1845	The German Ideology		○	○			○		○			
1847	Rules of Communist L.											
1847	Poverty of Philosophy	○	○				○				○	
1847	Princ./Communism	○	○			○	○		○			
1848	Communist Manifesto	○	○	○	○	○	○	○	○	○	○	○
1849	Wage-Labor and Capital	○	○				○		○			
1850	Class Struggles in France						○	○	○			
1850	Address of Communist League	○	○				○	○	○			
1852	18th Brumaire of Louis Bonaparte		○				○	○	○			
1859	Intro. to Contr'n./Crit. of Pol. Ec.						○		○		○	
1859	Contr'n to Critique of Political Ec.						○		○		○	
1859	Preface to Crit. of Pol. Econ.					○	○		○		○	
1864	Inaugural Address						○	○	○			
1864	General Rules (IWMA)						○	○	○			
1865	Value, Price and Profit						○	○	○			
1867	Capital vol. I	○	○				○		○			
1871	Civil War in France			○			○	○	○			
1871	Political Action & working class						○		○		○	○
1873	On Authority	○				○	○		○			
1873	The Housing Question		○				○		○			
1873	Refugee Literature						○		○			
1875	Critique of the Gotha Program	○	○			○	○		○		○	○
1875	Dialectics of Nature. Introduction						○		○			
1876	Labour in Transition Ape to Man	○				○	○		○		○	
1877	Karl Marx						○	○	○		○	
1878	Anti-Dühring						○	○	○		○	
1880	Socialism: Utopian and Scientific		○	○		○	○	○	○			○
1883	Speech at Marx's burial	○					○		○			
1884	Origin of The Family etc.		○			○	○		○		○	
1885	History of Communist League						○		○			
1885	Capital vol. 2						○		○			
1888	Ludwig Feuerbach etc		○			○	○		○		○	○
1894	Peasant Q. in France & Germany					○	○		○			
1894	History of Early Christianity						○					
1894	Capital vol. 3						○		○			
-	Letters					○	○		○			

フランス語	インドネシア語	イタリア語	韓国語	ハンガリー語	マケドニア語	オランダ語	ノルウェー語	ポーランド語	ポルトガル語	ルーマニア語	ロシア語	セルビア語	スロバキア語	スロベニア語	スウェーデン語	タイ語	トルコ語	ベトナム語	中国語
○	○	○	○					○	○						○				○
○		○					○	○	○		○	○			○		○		
○		○							○	○	○				○				
○																			
○															○		○		
○	○	○	○	○	○	○	○	○		○	○		○		○				○
○											○				○				
○		○		○											○				○
○	○					○									○				
○						○									○			○	
○		○				○	○				○				○				
○															○				
○															○		○	○	
○						○							○		○				○
○							○								○				
○																			
○															○		○		
○	○							○	○						○				
○						○		○				○			○				
○							○								○				
○	○	○	○				○								○				○
○		○													○				○
○															○				
			○																
			○					○	○					○	○				
○	○										○				○				
○											○				○				
○					○	○			○	○	○				○				○
	○								○						○				
○		○						○	○						○	○			
			○														○		
○	○	○				○			○						○		○	○	○
○	○	○	○				○	○							○				
									○										
○		○				○	○							○	○				
○		○					○								○				
						○	○								○				
○	○					○		○							○				
○								○											
○							○								○				
○									○						○				

インターネットで学ぶマルクス 247

印刷本をそのままデジタル化したという点では，画期的な取組です。

表を参照してすでに触れたように，マルクス・エンゲルス関係ではドイツ語やスウェーデン語の充実が目立ちます。以前であれば，多言語のテキストがインターネット上に散在している状況がありました。現在では，Marx & Engels Internet Arichive のような中心的なホームページで参照できます。内部においてあるのか，外部へのリンク（デンマーク語，ドイツ語，ノルウェー語，トルコ語など）なのかもすぐわかるようになっています。

2　インターネットの『資本論』

マルクスの主著である『資本論』についても Marx & Engels Internet Arichive で概観できます。第1巻については，アラビア語，カタルニア語，デンマーク語，ドイツ語，スペイン語，フランス語，インドネシア語，イタリア語，オランダ語，ノルウェー語，ポーランド語，ポルトガル語，ルーマニア語，ロシア語，セルビア語，スウェーデン語，トルコ語，中国語があります。第2巻については，ドイツ語，スペイン語，オランダ語，ノルウェー語，スウェーデン語，トルコ語，中国語が，第3巻については，ドイツ語，スペイン語，フランス語，ノルウェー語，スウェーデン語，トルコ語，中国語がそれぞれあります。全3巻を通しては，ドイツ語，スペイン語，ノルウェー語，スウェーデン語，トルコ語，中国語の6カ国語がインターネットで見ることができるということになります。

ドイツ語版は，筆者のホームページ（http://www.cpm.ll.ehime-u.ac.jp/AkamacHomePage/Akamac_E-text/Kapital/Kapital.html）にあります。ドイツ語語版全集を底本に章ごとに原ページを付したテキストです。これは1995年から始めたもので，第1巻のほとんどを印刷本と同一の体裁で閲覧・利用できるのが特徴です。いまではこちらで掌握できないほどインターネット上にコピーが存在し，共有されています。

3　デジタル化されたマルクス・エンゲルス関係文献

日本語訳『資本論』については残念ながら既存の翻訳書がそのままインターネットで提供されていません[4]。『マルクス・エンゲルス全集』日本語版（大月書店）はかつての「マルクス離れ」と在庫管理などの問題から絶版になりました。幸いなことにいまでは古書店でしか入手できないこの全集はピクトグラムという技術を駆使して一種の画像処理のもと『CD-ROM版　マルクス・エンゲルス全集』（大月書店）[5]として復活したことは特筆されていいでしょう。

また，モスクワとアムステルダムにあるマルクス・エンゲルスのオリジナルのフォトコピーも『マルクス自筆原稿　ファクシミリ版　経済学批判要綱』（大月書店）[6]として刊行されています。文献史的研究にとって必須の一次資料がようやく陽の目を見ることになりました。マルクス研究が名実ともに公開された学問的対象になったことを意味するものと考えることができます。両方とも個人で購入するには高価ですが，多くの大学図書館などに所蔵されていますので，ぜひ参照してみてください。

　『資本論』の詳細な注解が英語版であります（http://www.econ.utah.edu/%7Eehrbar/akmc.pdf）[7]。『資本論』の最初の章だけでゆうに100ページを超えるもので，ドイツ語原文，草稿と英語版との差異などをふくめ，『資本論』第1巻全25章に対応したものです。もともと学部学生のための学習資料として作成されたもので，欧米マルクス学派にもこのような基礎研究に取り組んでいる研究者がいるのです。『資本論』以外にもいくつかの著作への注解も作成されており，英語版とはいえ，マルクスを研究する（しようとする）人にとっては大いに参考になります。

4　経済学の古典の資料

　『資本論』はその副題に「経済学批判のために」を持っています。マルクスは先行経済学者を批判的に継承するために，精力的に読書をすすめ，その膨大なノートを残しました。本書でも触れられているように，『資本論』をさらに深く理解するためには経済学説の内容を知ることが欠かせません。

　各経済学説の説明や経済学者については，The History of Economic Thought Website（http://cepa.newschool.edu/~het/）で概観できます。これについては山形浩生による日本語翻訳版（http://cruel.org/econthought/）がありますので，ご存じの方も多いでしょう。

　経済学者の著作などについては，カナダ・マクマスター大学の Archives for the History of Economic Thought（http://socserv2.socsci.mcmaster. ca:80/~econ/ugcm/3ll3/）が有名です。ミラーがイギリス・ブリストル大学（http://www.efm.bris.ac.uk/het/index.htm）とオーストラリア・メルボルン大学（http://melbecon.unimelb.edu.au/het/）にあります。フランス語のカバーを持ったものとしてはパリ第一大学 'Bibliotheque virtuelle'（http://phare.univ-paris1.fr/）のものがあります。ほかにも，文献テキストについてはいくつかのプロジェクトや商業サイトがあり，人文社会科学以外の関連文献を提供しています（ここでは省略します）。

これらにあるデジタル版は，典拠文献の明示やデジタル版としての精度において研究論文での引用などでは事実上使えないという難点を持っています。代表的著作に限定されてもいます。書籍などと併用すれば貴重な情報源となるはずです。

5　各種参考資料

東北大学はマルクス・エンゲルス関係の貴重図書を所蔵しています。マルクスが手元においていた『哲学の貧困』，マルクスの献呈本『資本論』などです。この貴重図書の一部をデジタル化した取組があります。本書の執筆者が関係した「デジタル・マルクス／エンゲルス」です。(http://www2.library.tohoku.ac.jp/marx/)[8]。

現在日本を含む研究者によって国際的なプロジェクトとして進められている新しいマルクス・エンゲルス全集（Marx Engels Gesamtausgabe: 略称「新MEGA」[9]）は着実に進捗しています。いずれなんらかのかたちでデジタル版での公開が期待されます。刊行や編集状況について，オランダ・国際社会史研究所（http://www.iisg.nl/~imes/intromega.php）とドイツ・ブランデンブルク科学アカデミー（http://www.bbaw.de/bbaw/Forschung/Forschungsprojekte/mega/de/Startseite）が詳しく報じています。

おわりに

マルクス・エンゲルス関係のインターネット上での情報について，すでにこれだけ多くの情報があると思いましたか。それともまだこれしかないのかと思いましたか。どちらも正解です。ここ10年でデジタル化やインターネットでの提供は驚くほど増えたとはいえ，インターネットからの情報だけでは十分ではないからです。

われわれのインターネットへの関わりにも同じことがいえます。インターネットをまったく利用しなくともマルクス・エンゲルスの学びや研究はできるでしょうが，適宜利用することでそれらの広がりと深さを実感することができるはずです。インターネット上の情報，とりわけマルクス・エンゲルス関係のそれはこれからますます充実することは間違いありません。マルクス・エンゲルスの基礎文献も充実が期待できます。マルクス研究の裾野は確実に広がっているのです。

(1)　筆者の他稿も参照ください。「インターネットのマルクス・エンゲルス――Marx and Engels Online Library の紹介――」（マルクス・エンゲルス研究者の会『マルクス・エ

ンゲルス・マルクス主義研究』第25号，1995年9月，八朔社，「インターネットのマルクス・エンゲルス (2)」同上誌，第26号，1995年12月)，「インターネットにおける経済思想史・社会思想史関係 E-text リスト」(『愛媛経済論集』第15巻第1号，1996年3月)，「インターネットとマルクス・エンゲルス研究」(基礎経済科学研究所『経済科学通信』第82号，1996年1月)，「インターネットの経済学史関係 E-text の現在と経済学史研究」(『経済と社会』第11号，1997年10月，時潮社) など。

(2) インターネットで公開されているマルクス・エンゲルス関係のリソースは，ほとんどが欧米言語によるものです。筆者はさきに Digital Volunteer Project を構想し，デジタル版『資本論』の実現を目標にしました。すでに蓄積されている印刷データを完全デジタル化し，廉価なメディアとして普及するためでした。その後急速にインターネットが普及し，中途で止まったまま現在にいたっています。

(3) 正しくは『マルクス・エンゲルス著作集』(全50巻) Marx/Engels Collected Works (MECW) と言います。旧ソ連の Progress Publishers がロンドンの Lawrence & Wishart とニューヨークの International Publishers の協力を得て，1975年から始め2005年に完了した出版プロジェクトです。

(4) オリジナル訳と称したものはすでに存在します。

(5) 全53巻・4万ページが6枚の CD-ROM に画像データとして収録されています。いったん OCR で読み込みテキスト化します。事項や人名索引は1枚のディスクになっています。1996年刊行版は絶版になり，バージョン2.0が最新版です (2002年3月)。

(6) 全9冊がデジタル化され，マルクスの自筆ノートがそのまま再現されています。

(7) アメリカ・ユタ大学のハンス・アーバー (Hans Ehrbar) による Annotations to Karl Marx's "Capital" です。ちなみに，マルクスは1861-63年に23冊のノートを書きました。全体は「61-63年草稿」として知られています。剰余価値に関する学説を批判的に検討した部分はこのノートの全容公開の前に，『剰余価値学説史』として公刊されてきました。インターネット上にはこの一部が公開され，共有に資されています。もともとはアーバーと筆者によってデジタル化されたものです。筆者のホームページ (http://www.cpm.ll.ehime-u.ac.jp/AkamacHomePage/Akamac_E-text/Theorien/Theorien.html) をご覧ください。

(8) 久保誠二郎・窪俊一・大村泉「東北大学附属図書館所蔵 マルクス／エンゲルス貴重著書閲覧システム」(東北大学附属図書館報『木這子』第28巻第2号，2003年，http://www.library.tohoku.ac.jp/kiboko/28-2/kbk28-2.pdf)

(9) 「新」とは，1930年代に計画され，スターリンの粛正で挫折したプロジェクトを継承したという意味です。全4部門112巻，124冊の刊行予定で，このうち半数の62冊が刊行済みです。日本人研究者は第Ⅱ部門第11巻，12巻，13巻 (いずれも刊行済) と第Ⅳ部門第17巻，18巻，19巻に参画しています。

(赤間道夫)

〈学習案内2〉

マルクス/エンゲルス文献

　カール・マルクス（Karl Marx）は，1818年5月5日，ドイツのライン州トリーアに，弁護士の息子として生まれました。高等中学校（ギムナジウム）を卒業後，大学の法学部に進んだマルクスは，やがて哲学の勉強に熱中するようになります。フリードリヒ・エンゲルス（Friedrich Engels）は，1820年11月28日，同じドイツ・ライン州のバルメンに生まれました。父親は当地の有力な工場経営者であり，その会社を継ぎ発展させることを期待された長男エンゲルスは，17歳のときから実業家としての修業を始め，最終的には共同経営者の地位にまでのぼります。

　ところで，この2人の名前は，中学校や高等学校の社会科教科書にも登場しますが，そのさい，カール・マルクスと並べて，「マルクス・エンゲルス」と書かれることが多いようです。しかしもちろん，マルクスとエンゲルスとは別人物です。また，このエンゲルスは，「エンゲルの法則」で有名なドイツの社会統計学者エルンスト・エンゲル（1821-1896）とは別人です。

　若いころから文筆にすぐれていたエンゲルスは，会社での激務の合間を縫って，精力的に研究をおこない，またさまざまな新聞・雑誌に文芸・哲学・時事問題に関する評論・論文・論説を多数発表していました。『独仏年誌』に寄稿された，古典派経済学を批判しその前提たる私的所有がもたらす悪幣を明らかにした『国民経済学批判大綱』（1844）が有名です。単独でのまとまった著作としては，労働者の悲惨な状態の詳細なルポルタージュとして名高い『イギリスにおける労働者階級の状態』（1845）があります。

　一方マルクスは，大学ではじめ法学を学びますが，やがて哲学を専攻するようになり，そして1841年に学位論文『デモクリトスの自然哲学とエピクロスの自然哲学との相違』をイエナ大学に提出し，哲学博士の学位を取得します。その後『ライン新聞』『独仏年誌』の活動に参加し，多数の論説を寄稿しました。『独仏年誌』に掲載された，彼がはじめて労働者階級の歴史的使命を明らかにし，真の人間解放を論じた『ユダヤ人問題によせて』『ヘーゲル法哲学批判』（ともに1844）はよく知られています。そしてその同じ雑誌に掲載されたエンゲルスの論

文『国民経済学批判大綱』に大きな刺激を受け，これを契機として本格的に経済学の研究に入ります。またこのころ，市民社会の発展を歴史的に分析し労働疎外論を展開した，初期マルクスの代表的著作とされる『経済学・哲学草稿』を執筆しました。

マルクスとエンゲルスとが交友を結び，ともに研究をするようになるのは1844年頃からです。2人の共同著作としては，『聖家族』(1845) をはじめとして，ヘーゲル以後の哲学や「真正」社会主義を批判したが未刊に終わった『ドイツ・イデオロギー』(1846-1847)，「共産主義者同盟」の綱領文書として起草された有名なパンフレット『共産党宣言』(1848) をあげることができます。

マルクスと共同で仕事をするようになってからも，エンゲルスは多数の論文や論説を新聞・雑誌に寄稿し，またいくつもの著書を発表しました。エンゲルスによる後期の著書の代表的なものには，科学的社会主義の入門書・啓蒙書である小冊子『空想から科学へ』(1880) ——これは彼が以前に書いた『反デューリング論』(1878) から3つの章を抜粋したものです——や，マルクス主義の哲学論である『フォイエルバッハ論』(1888)，マルクスが遺したノートをもとに，史的唯物論の立場から人類の歴史的発展を論じた『家族・私有財産・国家の起源』(1884)，弁証法的唯物論を自然科学の領域に拡張し体系化しようとした，彼の長年の試みの集大成たるべきものながら未完に終わった『自然の弁証法』などがあります。

マルクスのほうは，著作の数ではエンゲルスほど多くはありません。代表的なものとしては，フランスの思想家プルードンの著作『貧困の哲学』に対する批判の書である『哲学の貧困』(1847)，パリ・コミューンの事件を分析してその歴史的意義を積極的に評価し，またマルクス主義の革命論・国家論を引き出した『フランスの内乱』(1871)，資本主義社会の没落の必然性を明らかにしながらその次に来るべき社会についてはあまり語らなかったマルクスが未来社会を論じた数少ない文献資料のひとつ『ゴータ綱領批判』(1875) などをあげることができます。『賃労働と資本』(1849) と『賃金，価格および利潤』(1865) は，いずれもマルクスが労働者に向けておこなった講演・報告に基づくもので，マルクス主義理論の核心部分が平易に解説された，経済学の入門書です。また彼もエンゲルスと同じく，多数の新聞論説・雑誌論文を執筆寄稿しました。

さて，マルクスといえば，『資本論』です。「経済学批判」という副題を附されたこの大著は，第1巻「資本の生産過程」，第2巻「資本の流通過程」，第3巻「資本主義的生産の総過程」の全3巻からなっています。

マルクスが経済学の研究を開始したのは1843年のことです。1857年から1858年にかけて，それまでの約15年間の経済学研究の成果をまとめた『経済学批判要綱』が起草されました。この中の一部分をさらに発展させて1859年に刊行されたのが，『経済学批判 第1分冊』です。ここで論じられたのは商品論・貨幣論のみでした。また，1861年から1863年にかけて書かれたいわゆる『1861-1863年草稿』というものがありますが，その大半をなしていた，剰余価値に関する古典派経済学説の発達史を扱った部分は，20世紀に入ってから『剰余価値学説史』として刊行されました。『資本論』全3巻の中心的な草稿が執筆されたのは，1863年から1865年にかけてです。そして1867年，『資本論』第1巻の初版がドイツ語で刊行されました。この後もマルクスは第1巻の改稿・改訂を重ねますが，第2巻・第3巻出版の仕事は大きく遅れます。結局，マルクスは1883年，第2巻・第3巻の刊行を果たすことなく死去しました。

　ここから，『資本論』第2巻・第3巻公刊のためのエンゲルスの奮闘がはじまります。マルクスが遺した第2巻・第3巻のための草稿は，そのまま印刷に付せるようなものはほとんどなく，大部分未完成のものでした。エンゲルスは，時として断片的なこれらの草稿を整理し，脈絡をつけ，補足や注記を加え，そうして仕上げていく，という編集作業に没頭しました。そして1885年には第2巻が，1894年には第3巻が出版され，ついに『資本論』全3巻の公刊が果たされました。こうしてマルクス没後，1895年に74歳で亡くなるまで，エンゲルスの生命の大部分は，『資本論』第2巻・第3巻を世に送り出すために捧げられたのです。

　今日，マルクス／エンゲルスによる著作の多くは，日本語で読むことができます。『ドイツ・イデオロギー』は草稿そのものを底本とする翻訳が新日本出版社から出ていますし，大月書店の『資本論草稿集』（既刊全9冊）や新日本出版社の『自然の弁証法』の底本は，学術的にもっとも権威がある新MEGAの刊本です。

（玉岡敦）

参考文献一覧

1. 原論関係
   a) 経済原論入門
   ・工藤晃『経済学をいかに学ぶか』新日本出版社, 2006年
   ・柴田信也編著『政治経済学の原理と展開』創風社, 2001年
   ・田中菊次編著『現代の経済原論』創風社, 1987年
   ・鶴田満彦編『入門経済学〔新版〕』有斐閣新書, 1990年
   ・富塚良三『経済原論』有斐閣, 1976年
   ・松石勝彦『新版現代経済学入門』青木書店, 2002年
   ・常盤政治・井村喜代子他『経済原論』有斐閣, 1980年
   ・宮田和保『資本の時代と社会経済学』大月書店, 2000年
   ・長嶋誠一『経済学原論』青木書店, 1996年
   b) 『資本論』紹介・解説
   ・内田義彦『資本論の世界』岩波新書, 1966年
   ・木暮太一『マルクスる?』マトマ商事, 2006年
   ・嶋崇『いまこそ『資本論』』朝日新聞出版, 2008年
   ・的場昭弘『超訳『資本論』』祥伝社新書, 2008年
   ・的場昭弘『マルクスだったらこう考える』光文社新書, 2004年
   ・宮川彰『『資本論』第1巻を学ぶ』ほっとブックス新栄, 2006年
   ・宮川彰『『資本論』第2・3巻を読む』上下, 学習の友社, 2001年
   ・富塚良三・服部文男・本間要一郎他編『資本論体系 1〜10』有斐閣, 1984-2001年
   ・重田澄男『資本主義とは何か』青木書店, 1998年
   ・浜村正夫『『資本論』を読む』上下, 学習の友社, 1995年
   ・伊藤誠『『資本論』を読む』講談社学術文庫, 2006年
2. 学説史・思想史関係
   ・伊藤誠編『経済学史』有斐閣, 1996年
   ・宇沢弘文『経済学の考え方』岩波新書, 1998年
   ・内田義彦『経済学の生誕〔新版〕』未来社, 1994年(初版, 1953年)
   ・杉本栄一『近代経済学史』岩波全書セレクション, 2005年(初版, 1953年)
   ・森嶋通夫『思想としての近代経済学』岩波新書, 1994年
   ・内田弘『自由時間』有斐閣, 1993年
3. 現代資本主義関係
   a) 現代資本主義論, 『資本論』と現代
   ・一井昭・鳥居伸好編著『現代日本資本主義』中央大学出版部, 2007年
   ・基礎経済科学研究所編『時代はまるで資本論』昭和堂, 2008年

- 久留間健『資本主義は存続できるか』大月書店，2003 年
- 北村洋基『情報資本主義』大月書店，2003 年
- 井村喜代子『日本経済―混沌のただ中で』勁草書房，2005 年
- 北村洋基『岐路に立つ日本経済』大月書房，2005 年

b）格差・貧困
- 二宮厚美『格差社会の克服』山吹書店，2007 年
- 牧野富夫・村上英吾編著『格差と貧困がわかる 20 講』明石書店，2008 年
- 橘木俊詔『格差社会――何が問題なのか』岩波新書，2006 年
- 岩田正美『現代の貧困』ちくま新書，2008 年
- 青木紀編『現代日本の「見えない」貧困』明石書店，2003 年
- 湯浅誠『反貧困』岩波新書，2008 年
- 森岡孝二『働きすぎの時代』岩波新書，2005 年
- 堤未果『ルポ　貧困大国アメリカ』岩波新書，2008 年

c）労働問題
- 川人博『過労自殺』岩波新書，1998 年
- 森岡孝二『働きすぎの時代』岩波新書，2005 年
- 中野麻美『労働ダンピング』岩波新書，2006 年
- 熊沢誠『格差社会ニッポンで働くということ』岩波書店，2007 年
- 五十嵐仁『労働再規制』ちくま新書，2008 年
- 島本慈子『ルポ解雇――この国でいま起きていること』岩波新書，2003 年

4．マルクス・エンゲルス
- マクレラン，杉原四郎他訳『マルクス伝』ミネルヴァ書房，1976 年
- 大村泉他編『ポートレートで読むマルクス』極東書店，2005 年
- 都築忠七『エレノア・マルクス』みすず書房，1984 年
- 服部文男『マルクス探索』新日本出版社，1999 年
- P．シンガー，重田晃一訳『マルクス』雄松堂出版，1989 年
- T．カーヴァー，内田弘・杉原四郎訳『エンゲルス』雄松堂出版，1989 年
- 杉原四郎・佐藤金三郎編『資本論物語』有斐閣，1975 年

執筆者紹介（＊は編著，執筆順）

大村泉＊（おおむら・いずみ）
　東北大学名誉教授・IMES（国際マルクス・エンゲルス財団）編集委員会委員，1948年生，博士（経済学）。『新MEGAと《資本論》の成立』八朔社，1998年。MEGA² II/12, 13, Akademie Verlag, Berlin, 2005, 2008（共編著，編集主幹）。（「はじめに」，第Ⅱ部第4章担当）

宮川彰＊（みやかわ・あきら）
　首都大学東京名誉教授，1948年生，博士（経済学）。『再生産論の基礎構造』八朔社，1993年。『資本論』第2・3巻を読む』上下，学習の友社，2001年。『資本論』第1巻を学ぶ』ほっとブックス新栄，2006年。MEGA² II/12, 13, Akademie Verlag, Berlin, 2005, 2008（共編著）。（「はじめに」，第Ⅱ部第7章担当）

大和田寛＊（おおわだ・ひろし）
　仙台大学元教授，1948年生，修士（農学）。『栗原百寿農業理論の射程』（共著）八朔社，1990年。『舩山信一著作集』第10巻（編著），こぶし書房，1999年。（「はじめに」，第Ⅰ部「末永茂喜評伝」，第Ⅱ部「わが国における搾取・貧困告発の先駆者②小林多喜二」担当）

小野良寛（おの・よしひろ）
　東北大学大学院経済学研究科博士課程，1983年生，修士（経済学）。（本書第Ⅱ部序章担当）

平林一隆（ひらばやし・かずたか）
　一関工業高等専門学校准教授，1964年生，修士（経済学）。「資本の蓄積過程と価値法則」『研究年報経済学』（東北大学）57巻2号，1995年。（第Ⅱ部第1章担当）。

赤間道夫（あかま・みちお）
　愛媛大学教授，1952年生，修士（経済学）。『再生産論成立史研究序説』青葉図書，1994年。*Japanese Economics and Economists since 1945*, Routledge, 2000.（共著）。（第Ⅱ部第2章，「学習案内①インターネットで学ぶマルクス」担当）

齊藤彰一（さいとう・しょういち）
　岩手大学社会科学系准教授，1969年生，博士（経済学）。『マルクス剰余価値論の地層』八朔社，2012年。（第Ⅱ部第3，6章，コラム①②④担当）

久保誠二郎（くぼ・せいじろう）
　東北大学大学院経済学研究科博士研究員，1971年生，博士（経済学）。「『共産党宣言』は人々の手に渡ったか―昭和初期の事例の考察―」『研究年報経済学』（東北大学）74巻1号，2014年。「福田徳三の『マルクス全集』（大鐙閣）とマルクス主義像の形成」『マルクス・エンゲルス・マルクス主義研究』58号，2016年3月。（第Ⅱ部第3，5章担当）

鳥居伸好（とりい・のぶよし）
　中央大学経済学部教授，1955年生，博士（経済学）。『現代日本資本主義』（編著），中央大学出版部，2007年。（第Ⅱ部第8章担当）

玉岡敦（たまおか・あつし）
　陝西師範大学外国語学院外籍専家，1985年生，博士（経済学）。「『共産党宣言』邦訳史における幸徳秋水／堺利彦訳（1904, 1906）の位置」『大原社会問題研究所雑誌』603号，2009年。（第Ⅱ部「わが国における搾取・貧困告発の先駆者①河上肇」「学習案内②マルクス／エンゲルス文献」コラム③⑤担当）

『学説史』から始める経済学——剰余価値とは何か

2009年5月5日　第1刷発行
2021年2月25日　第9刷発行

編者　大　村　　　泉
　　　宮　川　　　彰
　　　大和田　　　寛

発行者　片　倉　和　夫

発行所　株式会社　八朔社
　　　　　　　　はっ さく しゃ

東京都千代田区神田駿河台1-7-7
Tel 03-5244-5289　Fax 03-5244-5298
E-mail：hassaku-sha@nifty.com

ⓒ大村, 宮川, 大和田, 2009　　組版・アベル社／印刷製本・厚徳社
ISBN978-4-86014-044-1